工商界是推动经济和贸易发展的主力军，也是推进亚太经合组织合作不可或缺的重要力量。中国高度重视工商界作用，愿意倾听工商界意见和建议，为工商界尤其是中小微企业深入便利参与经济发展和区域合作搭桥铺路。

今年8月，中国工商界成立了亚太经合组织中国工商理事会，为深入参与亚太经贸规则制定提供了机制保障，体现了中国工商界承担国际责任的积极态度。

——摘自习近平主席在2013年亚太经合组织工商领导人峰会上的演讲

中国工商界参与APEC进程蓝皮书

APEC 中国工商理事会
南开大学APEC研究中心　联合编著

南开大学出版社
天　津

图书在版编目(CIP)数据

中国工商界参与 APEC 进程蓝皮书 / APEC 中国工商理事会，南开大学 APEC 研究中心编著. —天津：南开大学出版社，2014.10

ISBN 978-7-310-04677-5

Ⅰ. ①中… Ⅱ. ①A… ②南… Ⅲ. ①亚太地区经济合作组织－经济合作－研究报告－中国 Ⅳ. ①F114.46 ②F125.53

中国版本图书馆 CIP 数据核字(2014)第 232773 号

南开大学出版社出版发行

出版人:孙克强

地址:天津市南开区卫津路 94 号　　邮政编码:300071

营销部电话:(022)23508339　23500755

营销部传真:(022)23508542　　邮购部电话:(022)23502200

*

天津午阳印刷有限公司印刷

全国各地新华书店经销

*

2014 年 10 月第 1 版　　2014 年 10 月第 1 次印刷

230×170 毫米　16 开本　20.75 印张　1 插页　301 千字

定价:48.00 元

如遇图书印装质量问题,请与本社营销部联系调换,电话:(022)23507125

《中国工商界参与APEC进程蓝皮书》编委会

序　一

时光荏苒，白驹过隙。2001 年，亚太经济合作组织（APEC）21 个成员经济体领导人身着唐装在上海出席领导人非正式会议的盛景仍依稀在目。13 年后，中国再次作为东道主举办 APEC 会议，汇聚各方智慧和力量，努力为亚太地区乃至全球经济注入新的增长动力，为实现区域共同繁荣作出引领性贡献。

成立于 1989 年的 APEC 是亚太地区级别最高、领域最广、影响最大的经济合作机制。自成立以来，APEC 始终致力于促进亚太地区的贸易投资自由化、便利化和经济技术合作，改善商业环境，以实现本地区经济的可持续增长和人民共同富裕。亚太是个大家庭，中国是大家庭中的一员。中国发展离不开亚太，亚太繁荣也离不开中国。APEC 富有成果的区域合作，为中国改革开放提供了良好的外部环境，为中国参与地区和国际经贸合作搭建了良好平台。受益于亚太经济增长大环境，中国实现了自身发展，同时又以自身发展为亚太经济增长作出了贡献。

2014 年不仅是 APEC 成立 25 周年，同时也是 APEC 标志性蓝图——茂物目标提出 20 周年，这两个重要节点凸显出 2014“中国年”在 APEC 发展进程中的特殊意义。在这承上启下、继往开来的重要时刻，中国秉承 APEC 协商一致、共同发展的“亚太大家庭”精神，将“共建面向未来的亚太伙伴关系”确定为 2014 年 APEC 会议的主题。

工商界是推动经济和贸易发展的主力军，也是推进亚太经合组织合作不可或缺的重要力量。近年来，面对经济全球化和区域经济一体化的大趋势，越来越多的中国企业走上了国际化发展道路。具有长远眼光的中国工商界领袖们已经意识到亚太地区所蕴含的巨大价值，也逐渐体会到参与并影响区域经济合作事务决策的重要性。亚太经济合作为中国工商界创造了国际化发展的途径与机遇，提供了展示中国企业实力的舞台。与此同时，中国工商界的参与也成为推进APEC合作不断发展的重要力量。2014年APEC“中国年”更是为中国工商界扩大区域交流与合作提供了难得的机遇。

“浩渺行无极，扬帆但信风。”2013年10月在印尼巴厘岛举行的APEC工商领导人峰会上，习近平主席积极评价了中国工商界成立亚太经合组织中国工商理事会，称赞此举“为深入参与亚太经贸规则制定提供了机制保障，体现了中国工商界承担国际责任的积极态度”。

如何完善协调机制、调动更多资源、提升中国工商界参与APEC合作的积极性和能力，成为诸多有识之士思考的重要问题。正是基于这一背景，在中国国际贸易促进委员会的牵头组织下，APEC中国工商理事会和南开大学APEC研究中心邀请了数十位来自国内外政府部门、企业界和学术研究机构的专业人士共同参与撰写了《中国工商界参与APEC进程蓝皮书》。经过长达一年的精心筹备和编撰，这本致力于总结与回顾中国工商界参与APEC合作阶段性成果的高端研究报告终于付梓。书中精准的政策解读、翔实的学术分析和丰富的商界案例向广大读者充分展示了中国的工商领袖和企业近年来参与亚太区域合作所取得的进展和成就，更对未来中国工商界如何依托APEC平台，更加全面、深入地参与国际和区域经济合作进行了大量的前瞻性探索。

本书的出版不仅有助于中国企业更加深入地了解APEC区域合作机制，激发企业参与亚太合作的热情；同时也可以向政府有关部门传达中国工商界在APEC相关合作领域中的意见和建议，践行“官、产、学协作共进”的合作理念，成为中国工商界对2014年APEC“中国年”的鼎力贡献之一。

在此，我谨向参与本书编撰工作的各位作者们表示衷心的感谢，也欢迎各界朋友提出宝贵意见，为促进中国工商界更充分地融入亚太区域经济合作进程、共创面向未来的亚太伙伴关系作出积极的贡献。

2014年APEC工商界活动组委会主任

中国国际贸易促进委员会会长

2014年8月

序　二

作为一名企业管理者，过去三年多有幸参与到 ABAC 的各项工作之中，亲身经历和见证了亚太经合组织成员经济体工商界参与 APEC 的全过程，有很多启发，也有很多体会。概括起来，以下几方面愿与大家一起分享。

第一，工商界在 APEC 舞台上的作用越来越大。随着全球经济一体化的不断深入，企业正在成为区域经济合作的主体，ABAC 在 APEC 中的影响力越来越大。作为 ABAC 代表，过去三年多参加了与经济体领导人的数次面对面的对话活动，直接感受到经济体领导人对来自企业的诉求的重视，再次印证了国与国之间的竞争在很大程度上就是企业与企业之间的竞争。每次 APEC 和 ABAC 会议活动，各经济体都会有庞大的企业家队伍参加。美国专门成立了由企业组成的国家 APEC 中心，组织企业有筹划、有规范地参与 APEC 活动，成员企业除了 ABAC 代表企业礼来制药、卡特彼勒外，还包括苹果、嘉吉、雪佛龙、谷歌、因特尔等 40 多家知名企业。面对这种情况，中国企业需要不断强化对 APEC 的参与程度，加强对参与活动的整体规划，一致对外，形成合力。

第二，国家利益是工商界参与 APEC 的根本出发点。ABAC 虽然是由工商界组成的向经济体领导人提供政策咨询的专业机构，表面上看代表的是共同的企业利益，但实际上代表的是不同的国家利益。作为 ABAC 代表，在 ABAC 的舞台上，更能切身感受到国家的力量和国家的作用。今天的中国工商界之所以能够在 ABAC 的舞台上发挥更大的作用，完全有赖于中国的崛起和国力的提升。因此，工商界参与 APEC，必须把企业的诉求与国家的要求、国际大势结合起来，一切以国家利益为根本出发点。只有维护了国家利益，才能确保企业利益的实现。

第三，积极参与才能在APEC舞台上更有效地发挥作用。作为ABAC代表，不应该是简单的“传声筒”，必须做到有研究、有观点、有提案，才能更好地发挥作用。有研究，是为了掌握全球政治经济发展趋势，知己知彼，有的放矢；有观点，就是要有长远的战略规划和实现路径，明确本国人民及企业的利益诉求；有提案，就是要不断地、清晰地表达工商界的利益诉求，影响经济体领导人，推动政府政策更好地为工商界服务。过去三年多，为了更深入地参与APEC工作，我们建立了专门的研究团队，先后提交了6份提案报告，全面参与ABAC各项活动并不断强化主导作用，利用各种场合表达中国企业利益诉求，与其他经济体工商界广泛交流，积极参加与经济体领导人的对话，参与起草提交经济体领导人的报告，所提建议全部被纳入ABAC提交经济体领导人报告。

第四，熟悉国际规则是工商界参与APEC工作的前提。在全球经济一体化的背景下，国际工商界已经形成了一套统一的商业语言、商业思维和商业规则。作为ABAC中国代表，首先必须清醒地了解这些规则，熟练地运用这些规则，融入其中，顺势而为。在确保国家利益的前提下，中国工商界应该创造性地把国家利益体现为企业利益，通过企业实力的不断壮大影响规则、改变规则，逐步占据主动。

第五，沟通是做好ABAC工作的基础。一方面，需要与来自各个成员经济体的63位代表进行深入沟通，作为ABAC主席还要与ABAC副主席及五个工作组主席保持密切沟通，表达中国企业利益诉求，宣传中国改革开放政策，寻求理解，达成共识，确保有利于我方的提案获得通过，坚决杜绝不利于我方的提案；另一方面，要与国内相关部委保持密切沟通，与国内相关企业保持通畅交流，准确把握国家意图，了解国内企业需求，把国家意图落实为企业需求，为国内企业创造有利的国际环境，推动和帮助国内企业“走出去”。

总之，中国工商界参与APEC，无论对企业自身，还是对国家，都是一件非常有意义的事。《中国工商界参与 APEC 进程蓝皮书》从学术理论、政策解读、企业实践、中国 ABAC 代表亲身经验和国际专家观点五个方面，回顾和总结了中国工商界参与 APEC 合作所取得的阶段性成果，相信对今后国内企业参与 APEC 国际合作会有很好的借鉴和推动作用。

中粮集团有限公司　董事长

APEC 中国工商理事会　主席

APEC 工商咨询理事会　主席

宁高宁

2014 年 8 月　于北京

目　录

政策解读篇

理论探索篇

ABAC 中国篇

实践合作篇

海外观点篇

政策解读篇

亚太经合组织与中国

谈 践[①]

改革开放 30 多年来，中国经济保持持续快速增长，综合国力不断提高，对外影响不断扩大，同世界的关系发生了历史性变化。一方面，中国的前途命运日益紧密地同世界的前途命运联系在一起；另一方面，随着中国实力的上升，各方对中国的关注程度上升，对中国的期待和要求日益提高，均希望中国承担更多的责任与义务，在国际事务中发挥更大的作用与影响。在此情况下，外交工作如何更好地维护国家利益、如何更好地服务于国内建设成为摆在我们面前的一个紧迫的现实课题。

多边外交是我国外交工作的重要组成部分，全球及区域国际组织是我国维护和拓展国家利益、树立和展示国家形象的重要平台。亚太经济合作组织（中文多称亚太经合组织，英文简称 APEC）作为亚太地区层级最高、领域最广、最具影响力的经济合作机制，囊括亚太地区各主要经济体，在全球经济活动中具有举足轻重的地位与影响，是我国参与亚太区域合作的重要机制，也是我国维护利益、展示形象的重要窗口。本文试图从 APEC 的基本情况、APEC 与中国、APEC 的未来发展等方面简要介绍这一重要区域经济合作机制，希望能为读者提供一些借鉴。

① 谈践，现任中国 APEC 高官，外交部国际经济司参赞。

一、APEC 的历史经纬

1989 年 1 月，澳大利亚总理霍克访问韩国时提出“汉城倡议”，建议召开部长级会议，讨论加强亚太经济合作问题。经与有关国家磋商，1989 年 11 月 5～7 日，APEC 首届部长级会议在澳大利亚首都堪培拉举行，澳大利亚、美国、日本、韩国、新西兰、加拿大及当时东盟六国的外交部长、经济部长出席了会议。1991 年 11 月在汉城举行的 APEC 第 3 届部长级会议通过的《汉城宣言》正式确定该组织的宗旨和目标为：“为本地区人民的共同利益保持经济增长和发展；促进成员间经济相互依存；加强开放的多边贸易体制；减少区域贸易和投资壁垒。”

APEC 现有 21 个成员，包括中国、中国香港、中国台北、澳大利亚、文莱、加拿大、智利、印度尼西亚、日本、韩国、墨西哥、马来西亚、新西兰、巴布亚新几内亚、秘鲁、菲律宾、俄罗斯、新加坡、泰国、美国、越南；另有 3 个观察员，包括东盟秘书处、太平洋经济合作理事会、太平洋岛国论坛。

APEC 采取自主自愿、协商一致的合作方式。所作决定须经各成员一致同意。会议成果文件不具法律约束力，但各成员在政治上和道义上有责任尽力予以实施。

APEC 机制建设较为成熟，已经形成以领导人非正式会议为引领，以部长级会议和高官会为支撑，以委员会和工作组会议为基础的金字塔型组织架构。1993 年以来，APEC 每年下半年举行一次领导人非正式会议，之前举行外交（中国台北和中国香港由专业部门首长代替）、贸易双部长会议。此外，每年还定期或不定期举行专业部长会议和 3～4 次高官会以及若干工作组会议，为领导人非正式会议作准备。APEC 于 1993 年在新加坡设立秘书处，为各级活动提供支持和服务。

APEC 起初没有领导人非正式会议，后在美国的推动下，APEC 第 1 次领导人非正式会议于 1993 年 11 月 20 日在美国西雅图举行。在每年一次的领导人非正式会议成为固定机制之后，APEC 在促进区域贸易和投资自由化、便利化方面不断取得进展，在推动全球和地区经济增长方面发挥了积极作用。

1994 年印度尼西亚茂物会议确立了 APEC 实现贸易和投资自由化的目标，即茂物目标，提出发达成员于 2010 年前、发展中成员于 2020 年前实现这一目标的两个时间表。

1995 年日本大阪会议制定了以贸易投资自由化、商业便利化、务实合作为主要手段实现茂物目标的合作框架。

1996 年菲律宾苏比克会议确立了以自主自愿、协商一致为原则的 APEC 合作方式。

2001 年上海会议推动 APEC 在多边贸易体制发展、贸易便利化、电子 APEC、人力资源能力建设、新经济、反恐合作等多个领域取得积极进展，达成了旨在加速实现茂物目标的《上海共识》。

2005 年韩国釜山会议完成了对茂物目标的中期审评，制定了旨在实现茂物目标的"釜山路线图"。

2006 年越南河内会议又进一步制定了实现"釜山路线图"的行动计划。

2007 年澳大利亚悉尼会议深入讨论了气候变化问题，通过了《关于气候变化、能源安全和清洁发展的悉尼宣言》。

2009 年新加坡会议深入讨论了经济增长、多边贸易体制、区域经济一体化、气候变化等问题，发表了《"倡导新的增长方式，构建 21 世纪互联互通的亚太"领导人声明》。

2010 年日本横滨会议通过了实现经济平衡、包容、可持续、创新、安全增长的战略，提出了以实现经济融合、强劲和安全增长的亚太地区为目标的横滨愿景。

2011 年美国檀香山会议深入讨论了"下一代"贸易投资、绿色增长、规制合作、环境产品和服务、能源安全等问题，通过了《檀香山宣言——迈向紧密联系的区域经济》及 4 个附件。

2012 年俄罗斯符拉迪沃斯托克会议重点讨论了贸易投资自由化和区域经济一体化、加强粮食安全、建立可靠的供应链、加强创新增长合作等议题，通过了《领导人宣言》。会议另达成环境产品清单，要求各成员在 2015 年底前将 54 项产品的关税降至 5%或 5%以下。

2013年印尼巴厘岛会议重点讨论了茂物目标、可持续和公平增长、推进互联互通等议题，通过了《APEC第21次领导人会议宣言》。

二、APEC的特点

APEC是亚太地区最重要的经济合作机制，其人口、经济和贸易额分别占全球的40%、57%和46%，在全球经济中的地位举足轻重。经过20多年的发展，APEC已逐步形成以下特点：

（一）合作机制较为完善，建立了领导人非正式会议以及部长、高官、专家、工作组会议等多级工作机制，并有常设秘书处。合作形式较为规范，已建立起一整套规定和惯例。

（二）合作范围较为广泛，从贸易投资自由化、便利化与经济技术合作扩展到财政、能源、交通、卫生、中小企业，以及气候变化、粮食安全、食品安全、防灾救灾、海洋、林业等领域。

（三）合作方式较为灵活，合作重点随形势不断调整，及时对国际问题作出反应。国际社会关注的能源、粮食、环境、气候变化等重大问题，也能在APEC中得到体现。

（四）成员包括了中国、美国、日本、俄罗斯、澳大利亚、加拿大、韩国、印尼等亚太主要国家，是各方运筹大国关系的重要舞台。

三、APEC与中国

（一）APEC对中国的重大意义

首先，APEC是我国开展首脑外交、大国外交、周边外交的重要舞台。APEC会议为我国领导人每年就全球和地区重大问题与其他经济体领导人交换看法提供了定期平台。

其次，APEC是我国对外经贸合作的重要抓手。我国10大贸易伙伴中，APEC成员占有8席（美国、东盟、中国香港、日本、韩国、中国台北、澳大利亚、俄罗斯）。利用APEC平台推动亚太地区贸易和投资自由化、便利化，有利于在本地区建立更加开放的贸易和投资环境，促进我国同APEC成员经贸关系发展和国内经济增长。

第三，APEC 是我国对外交流的重要渠道、提升软实力的重要平台。我国通过 APEC 学习借鉴国际先进理念、经验和做法，服务于国内建设；积极宣传改革开放取得的巨大成就和发展理念，展示我国开放、进步、负责任的大国形象，增进了各方对我国科学发展模式与和平发展外交政策的理解和认同。

（二）中国参与 APEC 合作及对 APEC 的贡献

我国对 APEC 合作高度重视，国家领导人出席了历次 APEC 领导人非正式会议，我国各部门也积极参与 APEC 各层次、各领域的合作。中国主办了包括第 5 届 APEC 人力资源开发部长级会议、首届 APEC 林业部长级会议在内的数百场会议和活动，先后牵头 APEC 电信、矿业、农业、科技等领域合作，在财经、港口、林业、人力资源、海洋等领域成立了专门合作机制，出资设立了“中国 APEC 科技产业合作基金”和“中国 APEC 合作基金”，并向 APEC 项目基金捐款，为促进 APEC 发展作出了积极贡献。

在 20 多年的合作历程中，中国始终推动 APEC 尊重亚太地区丰富多样、相互依存的基本现实，秉承团结一致、矢志不渝的合作信念，坚持灵活务实、协商一致的合作方式，实行尊重差异、互利共赢的合作原则，要求照顾各方舒适度，妥善处理分歧，在不同层次、不同范围，通过多种途径推动区域经济一体化。中国始终推动 APEC 探索不同国情特点、不同发展阶段、不同文化背景的成员深化经贸合作的有效途径，建立比较完善的组织机构和自我修复的改革机制，为各成员深入参与 APEC 提供有力的机制保障。中国始终推动各成员结合现实需求和长远发展需要，不断深化和拓展合作领域，在贸易和投资自由化与便利化、区域经济一体化、经济增长战略等领域不断迈出新步伐，为 APEC 应对重大国际经济问题创造广阔空间。中国始终高举经济技术合作的大旗，照顾发展中成员关切，推动“两个轮子一起转”。

（三）地方参与 APEC 合作

APEC 成员覆盖域内主要经济体，多数与我国联系密切，经济互补性强，合作潜力大；APEC 许多议程契合我国转变经济发展方式、实现科学发展理念，能够与我国经济社会发展需求实现有效对接；APEC 秘书处每年有 1000 多万美元资金供各成员开展项目合作，我国设立的“中国 APEC 合作基金”每年可提供 100 万美元项目资金，为地方参与对外经贸合作提供了诸多机遇。近年来，地方省市参与 APEC 合作的主动性和积极性不断提高，已成为我国参与和引导 APEC 合作的重要力量，服务了外交大局，提升了地方对外开放合作水平，为地方利用外部资源、促进经济社会发展提供了重要渠道。

第一，增强我国引导 APEC 合作议程的能力。地方积极参与 APEC 合作，为我国 APEC 工作提供了充足的动力源泉，也为我国引导有关议程发展方向、全方位参与国际合作打下了深厚的基础。

第二，为地方发展提供对外合作平台。北京、天津、上海、苏州、无锡、厦门等地近年来成立了亚太森林恢复与可持续管理组织、APEC 研究中心、亚太财经与发展中心、技术转移中心、技能开发促进中心、海洋可持续发展中心、电子商务工商联盟、环境保护中心、港口服务网络、中小企业服务联盟、APEC 中国工商理事会等机制，在上述领域开展了大量工作，成为相关地方参与国际合作的有力抓手。

第三，提升地方的国际知名度和影响力。杭州、成都、宜宾、烟台、青岛、福州、义乌等地分别举办的 APEC 中小企业峰会和中小企业技展会吸引了 500 多家中小企业参加，成为亚太地区中小企业合作品牌项目。北京举办的 APEC 农业技术转移大会为国内外农业企业技术合作提供了良好平台。以上述会议为代表的 APEC 活动的吸引力和影响力不断扩大，正成为有关城市的新“名片”。

第四，服务地方经济社会发展。天津主办“APEC 低碳城镇示范项目”，推动滨海新区低碳城镇建设，吸引山西等地积极跟进；昆明、南京、苏州、深圳等地主办沼气、太阳能、智能电网、电动汽车等项目，促进能源环境技术合作和产业开发；西安主办科技企业孵化项目，与港台地区深化科技园区开发经验交流与合作。相关项目的实施对于借鉴国外经验、促进技术交流、推动产业发展具有积极意义。

四、APEC 的优势及未来发展的机遇

（一）APEC 成员涵盖亚太主要经济体，且发展水平多样性突出，为未来亚太经济合作提供了良好基础

APEC 现有 21 个成员，既包括美、日、澳、加等发达成员，也包括中、俄、印尼、韩国等新兴经济体。APEC 涵盖了东亚、北美、大洋洲、拉美等地区的主要经济力量，具有广泛的代表性。APEC 成员的多样性，为成员间开展优势互补的互利合作提供了基础和持续不断的活力。

（二）APEC 自身面临着变革需求，为未来发展提供了内在动力

经过 20 多年合作，APEC 已处于改革的十字路口。2010 年和 2020 年分别是发达成员和发展中成员实现茂物目标的达标年。此后 APEC 的发展方向和目标将如何定位；APEC 如何在地区贸易与投资自由化和便利化方面进一步发挥作用；与其他地区合作机制相比，APEC 有哪些优势，应在未来亚太地区扮演什么样的角色等，成为 APEC 成员共同面临的问题。这为各主要成员加强协调、共谋未来 APEC 发展大计提供了重要机遇。

（三）APEC 合作领域日渐宽泛，为未来发展提供了外在机遇

发展到今天，除了在贸易与投资自由化和便利化、经济技术合作等传统领域方面发挥领导作用外，APEC 关注的议题已逐渐涉及气候变化、人类安全、能源与粮食安全、社会发展、文化交流等方面，日益成为亚太地区全方位、宽领域交流与合作的重要平台，为 APEC 未来发展注入了新的动力与活力，也为 APEC 发挥正面外溢效应、寻找新的合作关注点、深入影响和引导亚太未来发展方向提供了巨大平台。

（四）APEC 机制成熟、合作经验丰富，为未来发展提供了制度保障

与其他机制相比，APEC 机制相对完善，成员覆盖面广泛，具有得天独厚的优势。目前亚太地区存在的各种合作机制，或仅关注于政治安全领域，或成立时间较短、发展方向还不明确，或处于设想阶段、争议较多，还没有任何机制在参与度和成熟度方面能与 APEC 比肩。领导人—部长—高官—委员会—工作组合作模式既确保了“领导人引领”的战略方向，又能将这种战

略意图贯彻到具体项目中，实现宏观与微观相统一、战略与行动相统一。

（五）APEC 合作议程、方式等不断与时俱进，为未来发展提供了强大的生命力

APEC 在坚持贸易和投资自由化、便利化核心议程的同时，能够根据世界和亚太经济发展需要及时更新议题，时刻关注国际经贸领域的重大前沿课题，与时俱进，与经济发展高度同步。APEC 合作的非约束性使各成员能够将其作为多边经济合作的"试验田"，不断开拓思路，提出合作新倡议、新设想、新方式。探路者方式（部分成员先行一步，其他成员在条件成熟时再加入）、企业社会责任、包容性增长、与工商界开展对话等概念和合作方式均起源于 APEC 或通过 APEC 平台发扬光大。随着机制改革的不断深入，APEC 将在更多领域挖掘潜力，大胆尝试，引领区域和国际合作潮流。

五、APEC 面临的挑战

APEC 在 20 多年的发展中也暴露出诸多不足，面临巨大挑战，主要包括：

（一）APEC 的效率和执行力有待提高

自主自愿、非约束性、协商一致、成员主导的合作方式，一方面使各经济体能够搁置争议、谋求共识，推动 APEC 合作不断取得均衡的成果；同时又意味着每个成员都具有实质性的"否决权"，容易出现议而不决、决而不行的情况，影响工作进展和效率。

（二）APEC 成员发展不平衡，加大了合作难度

一方面，由于亚太地区几乎所有重要的经济体均参与其中，因而 APEC 视野广阔，地位重要，对亚太地区事务具有重要的发言权。另一方面，APEC 成员在社会制度、发展阶段、经济水平等方面有较大差异，发达经济体、新兴经济体、不发达经济体并存，多样性突出，各成员关注也不尽一致，在一些具体问题上立场差别较大，客观上增加了达成共识的难度。

（三）APEC 合作具有一定的滞后性

20 多年来，国际关系变化的速度和程度远远超出 APEC 适应变化的速度和程度，亚太地区格局发生了复杂深刻的变化，APEC 现有合作需要如实反

映亚太合作格局的最新发展变化。如何更积极有效地参与 APEC 合作，加以积极引导，既服务于中国自身发展需要，又勾画出亚太长远合作愿景，确定 APEC 未来发展方向，成为对 APEC 合作进行定位的立足点和出发点。

（四）APEC 合作涉及内容过于广泛，分散了有限的资源

成立之初，APEC 的宗旨为促进地区贸易与投资自由化、便利化，加强成员间的经济技术合作。随着形势发展，包括气候变化、人类安全、粮食安全、能源安全、防灾救灾等领域被列入议事日程，APEC 面临合作领域拓展与合作资源有限的矛盾，增加了各成员和秘书处的负担，也与 APEC 促进贸易投资自由化和便利化、开展经济技术合作的初衷有所偏离。

此外，APEC 还面临工作组数量众多、职能重叠、资源分散、成效不彰等问题，有待加强整合。同时，还面临二十国集团（G20）、东亚峰会（EAS）、大湄公河次区域经济合作（GMS）、跨太平洋战略经济伙伴关系协定（TPP）、区域全面经济伙伴关系协定（RCEP）等国际和地区其他合作机制的冲击。

六、APEC 发展建议

20 多年的发展证明，区域经济论坛的角色定位对 APEC 合作至关重要，一方面使其能够有效避开敏感问题，推动合作进展；另一方面也可以凸显自身优势，使 APEC 与其他区域合作机制有所区别。在未来的发展中，应继续维护 APEC 亚太区域经济合作论坛的定位，立足亚太，聚焦经济合作，发挥积极影响，推动 APEC 合作为中国的改革开放和亚太共同发展、繁荣与进步服务。

（一）排除干扰，将 APEC 打造成推动经济合作、充分利用区域经济一体化成果的有效平台

避免引入政治敏感问题、专注于经济合作是 APEC 的特征，也是 APEC 在未来亚太合作机制中占有一席之地的重要保证。更好地利用 APEC 机制参与并推动亚太地区经济合作，对于为中国对外贸易发展创造良好的外部环境至关重要。目前，APEC 在亚太区域经济一体化进程中扮演着重要角色，我国应充分利用 APEC 的渠道密切关注并有效参与一体化进程，充分利用区域

经济一体化成果，服务于中国和亚太经济发展。

（二）坚定立场，将 APEC 打造成反对贸易保护主义、促进自由贸易发展的有效平台

随着经济的迅速发展和对外贸易的突飞猛进，中国日益成为贸易保护主义的受害者。APEC 的理念是促进贸易与投资自由化、便利化，与我国反对贸易保护主义、促进自由贸易发展的主张一致。应推动 APEC 凝聚共识，促进多哈回合谈判，建立公平、合理、非歧视的多边贸易体制。

（三）加大投入，将 APEC 打造成加强成员间经济技术合作的有效平台

经济技术合作是 APEC 的“两个轮子”之一，对于增强发展中成员的发展能力、缩小与发达成员的差距有重要作用。目前，APEC 经济技术合作进展缓慢，成果不彰，国际金融危机对此也有所冲击。应加大投入，倡导合作，促进各成员加强能力建设和经验交流，在亚太地区构建共同发展、和谐共赢的理念。

（四）交流互鉴，将 APEC 打造成为交流发展理念与经验的有效平台

APEC 成员具有多样性，处于不同发展阶段的经济体并存，为相互交流和借鉴经济发展经验提供了良好渠道。APEC 成员多样性突出，既有鲜明个性，又有文化上的认同性、经济上的互补性、发展思路上的相似性，为推广先进理念、共谋亚太和谐奠定了良好基础。

七、中国主办 2014 年 APEC 会议

中国是 2014 年 APEC 会议东道主，将于 2014 年 11 月 10 日至 11 日在北京主办 APEC 第 22 次领导人非正式会议。这是新时期、新形势下的一场国际盛会，也是新一届领导人在全面深化改革开放的大背景下，在外交领域的一次重大行动，规模大、级别高、影响深远。我们对主办一次富有成果的 APEC 领导人会议充满信心，相信这次会议将为亚太的发展注入更大活力，中国也将为亚太的发展带来更大机遇。

（一）办会形势

2001 年，中国在上海成功主办了 APEC 第 9 次领导人非正式会议。13

年过去，世界在变化，中国在发展，今年的APEC领导人会议面临新的形势。

从全球层面看，世界经济喜中有忧，形势更加复杂。总的看，世界经济呈现复苏势头，向好迹象增多，增长预期强于往年。同时，不稳定、不确定因素依然存在，特别是主要发达经济体退出量化宽松货币政策节奏加快，新兴经济体外部风险上升，贸易和投资保护主义依然突出。世界经济实现全面复苏和健康成长还面临许多挑战。APEC的一些成员在世界经济中扮演着重要角色，其发展走向对世界经济有着直接和间接的重要影响。

从区域层面看，亚太的发展前景光明，也充满挑战。亚太担负着世界经济增长引擎的重要责任。在经历了国际金融危机的冲击后，亚太经济体也面临经济创新发展、改革和增长的问题，必须深入探索新的发展思路，谋求新的增长动力，以改革和创新促增长，反过来又以增长来推动进一步改革和创新，形成良性循环，不断释放经济增长的新动力、新活力。同时，亚太地区也要加快区域经济一体化进程，解决好基础设施建设等瓶颈问题，搭建符合形势发展需要的区域合作架构，用更紧密的伙伴关系谋求互利共赢、共同发展。

从中国自身看，中国的发展已站在新的起点之上，有责任、有能力为亚太和世界的发展作出更大贡献。中国经济经受住了金融危机的严峻挑战，稳中向好、稳中有进，展示出良好前景。中国坚持走和平发展道路，坚持正确的义利观，积极践行亲、诚、惠、容的合作理念，在区域和全球事务中发挥负责任、建设性的大国作用。党的十八届三中全会作出了全面深化改革的重大决定，推出了一系列改革开放的重大举措。应该说，这为中国自身的发展，为亚太区域的合作，乃至世界经济的增长，都提供了前所未有的机遇。

面对新的形势，作为东道主，中国愿与所有成员一道，共同探讨亚太地区的发展大计，共同推动亚太地区的繁荣、发展和进步。

（二）主题议题

今年APEC会议将以“共建面向未来的亚太伙伴关系”为主题，讨论推动区域经济一体化，促进经济创新发展、改革与增长，加强全方位基础设施与互联互通建设三项重点议题。

会议主题包含三大要素：一是面向未来。推动各方以前瞻和战略眼光，立足当前，着眼长远，抓住发展机遇，深化务实合作，共同谋划亚太地区的长远发展和共同繁荣。二是合作共赢。推动亚太各方加强合作，共同巩固亚太地区谋和平、求稳定、促发展的积极势头，在 APEC 框架下加强合作，以合作求得共赢。三是伙伴关系。针对本地区经济体多样性突出、发展水平不一的现实，推动各方寻找和扩展利益汇合点，克服挑战分歧，最大程度地形成合力，拉紧利益纽带，塑造开放、包容、互利、共赢的伙伴关系。

关于三个议题，一是推动区域经济一体化。当前，亚太地区自贸安排发展迅速，各方利益交融和摩擦都在增加。APEC 要继续为推动亚太区域经济一体化而不懈努力。要本着开放、包容、合作、共赢原则，充分尊重并借鉴吸收现有区域自贸安排的有益经验，凝聚合力，在实现茂物目标的基础上，推动区域经济一体化进程向更高水平发展。

二是促进经济创新发展、改革与增长。转变经济发展方式、调整经济结构、推动改革创新、实现经济持续健康增长，是亚太所有经济体面临的共同任务。我们着眼于亚太发展提出这一议题，希望各方通过挖掘创新发展、改革与增长的内在联系，推动有关务实合作，为推动本地区经济增长提供新的动力。

三是加强全方位基础设施与互联互通建设。APEC 在这一领域的合作将以惠及太平洋两岸所有成员为目标，以硬件、软件和人文交往三位一体为特征，促进本地区经济发展和民生改善，推动实现亚太大市场、大联通、大发展。

我们希望各成员秉持开放包容、互利共赢的思想，积极应对挑战，共谋亚太发展愿景，巩固亚太地区的全球经济引擎地位，推动会议取得积极务实的成果。

（三）会议安排

APEC 会议是一项庞大的系统工程。据统计，我们将在全国多个省市主办 100 多场会议和活动，除领导人会议外，还有外交和贸易双部长会议，9 场专业领域（贸易、妇女、矿业、海洋、能源、中小企业、旅游、农业与粮食、财政）部长级会议，5 次高官会和下属委员会、工作组会议等。我们还将开展一系列工商界活动，并根据需要举办 APEC 相关领域政策对话、研讨会等。作为东道主，我们要全面设计好有关会议安排，本着务实、高效、节约的原则，既为各方与会提供便利，也为有关讨论概念文件、成果设计等做好准备，主持好、引导好会议进程，确保全年的会议进展顺利，确保最后阶段的领导人会议圆满成功。

（四）成果设想

今年的成果设想总体将突出三个特点：一是战略视野。勾画亚太长远发展愿景，为 APEC 未来发展作出总体规划，证明 APEC 依然在亚太经济合作中发挥引领作用，巩固亚太作为全球经济增长引擎的地位。二是开拓创新。抓住亚太和世界经济中的新趋势，提出新想法，推动经济增长、民生改善。三是注重实效。将想法转化为行动，以务实方式推动合作取得实质成果。

八、对中国工商界参与 APEC 合作的期待

工商界是亚太经济发展的主力军和国际经贸发展的重要推动力量，在引领亚太经济复苏、促进世界经济增长方面发挥着重要作用。中国工商界通过 APEC 工商咨询理事会（ABAC）深入参与 APEC 各领域合作，对 APEC 合作与发展提出了许多有价值的建议。我们对进一步发挥中国工商界优势和作用、推进 APEC 合作有以下期待：

（一）发挥优势，建言献策

工商界是各成员经济活动的直接参与者和中坚力量，对经济形势变化感受最深。中国工商界可利用自身优势，积极参与 APEC 中国工商理事会相关活动，提出战略性、前瞻性的建议，特别是就进一步推动贸易和投资自由化与便利化、深化区域经济一体化、促进 APEC 长远发展等重大问题建言献策。

（二）搭建桥梁，提供平台

参加 APEC 合作的中国企业和代表应主动了解、收集工商界对 APEC 合作的具体期望和要求，并及时向政府部门反映，使 APEC 合作更具相关性、针对性和时效性。同时，积极向工商界宣传 APEC 合作成果，推动工商界在

APEC 合作进程中交流信息、寻求商机、开展合作、实现共赢。

（三）提升效率，注重实效

参加 APEC 合作的中国企业和代表应与时俱进，从实际需要出发不断改革完善工作机制，提高合作效率，加强沟通交流，准确把握 APEC 合作重点，力争与 APEC 合作互有侧重，相互促进和补充，做好中国工商界和 APEC 合作的有效衔接。相关企业和代表应明确合作目标，跟踪倡议执行进展情况，及时总结调整，确保产生务实成果。

结束语

近年来，亚太地区的地位、作用、影响不断上升，区域合作方兴未艾，未来发展面临难得的机遇。作为亚太地区最重要的经济合作平台，APEC 的发展有着广阔的前景。中国是亚太大家庭的一员，一贯重视并积极参与 APEC 各层次、各领域合作。中国既是区域合作的受益者，也是积极倡导者和建设者。中国积极推进本地区贸易和投资自由化、便利化，支持加快区域经济一体化，大力倡导和参与经济技术合作，既促进了自身发展，也为亚太地区乃至世界经济发展作出了重要贡献。

中国将继续奉行互利共赢的开放战略，把中国的利益同亚太地区的共同利益紧密结合起来，不断扩大和深化同各方的利益汇合点。为此，中国将继续坚定不移地推动亚太区域经济一体化，维护和加强多边贸易体制，推动全球及亚太贸易和投资自由化、便利化。中国还将致力于营造开放、公平、透明的商业环境，为工商界来中国投资兴业创造良好条件。我们诚挚欢迎亚太工商界人士积极参与中国改革开放和现代化进程，共享中国繁荣进步带来的机遇和成果。

愿 APEC 与中国携手前行，愿工商界与我们并肩向前，共创亚太美好明天！

中国参与 APEC 贸易与投资自由化进程的成就与未来

孙元江[①]

亚太经合组织（APEC）作为亚太地区层次最高、影响最广的区域经济合作组织，长期致力于推动亚太地区经济一体化进程。该组织成立 25 年来，充分发挥机制优势，推动了诸多重点领域和议题的巨大发展。中国是 APEC 的重要一员，加入 APEC 大家庭 23 年来，始终与各 APEC 经济体一道密切合作，共同为亚太地区贸易与投资自由化、便利化发展而努力。

一、APEC 是中国参与区域经济一体化合作的良好平台

APEC 作为亚太地区极具影响力的区域经济合作组织，凭借其独特的区域划定以及灵活性和开放性等突出的特点，成为中国参与亚太区域经济一体化进程的良好平台。

（一）亚太地区日益重要的战略地位

亚太地区是近年来世界上最富经济活力的地区。早在 1989 年，经时任澳大利亚总理霍克提议，美国、加拿大、澳大利亚、新西兰等 12 个经济体的外交部长和经贸部门领导共同签署了《堪培拉声明》，这是 APEC 的开端，同时也为 APEC 划定了其独特的影响区域。亚太经合组织，顾名思义，亚洲和太

① 孙元江，中国商务部国际经贸关系司副司长。

平洋地区是其主要的覆盖范围，也是其成员经济体所在地区。目前，APEC 的 21 个成员经济体涵盖了中国、美国、俄罗斯、韩国以及东盟部分成员等在亚太地区经贸发展中扮演重要角色的国家或地区。当前，APEC 21 个成员的外贸总额和经济总量分别占全球的 46%和 57%，亚太经济在世界经济中扮演着举足轻重的角色，是世界经济增长的重要引擎。

亚太地区是中国在对外合作进程中关注的重中之重，是中国推进区域经济一体化发展的重点区域。2013 年，中国与 APEC 成员的贸易额占中国对外贸易总额的 60%，中国对 APEC 成员的直接投资占中国对外直接投资总额的 69%，中国实际利用来自 APEC 成员的外资金额占实际利用外资总额的 83%。在中国的 10 大贸易伙伴中，除欧盟和巴西外，其余 8 个都是 APEC 成员。近些年，中国与 APEC 成员建立了中国—东盟、中国—新西兰、中国—新加坡、中国—智利和中国—秘鲁等多个双边或地区性自贸区，正在商谈中韩、中日韩、中澳等自贸区。

中国作为 APEC 成员经济体，正在借助 APEC 这一重要国际舞台，通过多领域、多级别合作，实现与亚太地区各利益攸关方的对话与合作，发展与各经济体的自由贸易，增进与区域内各成员的经贸联系，不断推动区域经济一体化进程。

（二）灵活自由的合作环境

APEC 自成立以来始终坚持“相互尊重、平等互利、协商一致、自主自愿”的原则，为包括中国在内的各 APEC 经济体提供了一个非常灵活自由的环境。各成员经济体具有自主经济管理和决策权，无需受到让渡自主权等限制性条件的束缚。自由灵活的环境有利于各经济体平等和谐地开展协商，深化区域经济一体化议题的讨论。这种平等协商的合作方式在促进亚太地区贸易投资自由化和区域经济一体化等领域发挥了重要的推动作用，并取得了包括“茂物目标”、《上海共识》等在内的重大成果。中国在发展对外关系时始终坚持和平共处五项原则，这与 APEC 的灵活性原则有着异曲同工之妙，为中国更好地参与 APEC 进程并在其中发挥重要作用提供了先天条件。利用 APEC 灵活自由的合作环境，中国在实现自身发展的同时，为全球金融危机后亚太地区的经济复苏和增长作出了积极贡献，并通过日趋紧密的经贸往来推动区域经济一体化进程的不断发展。

（三）开放共赢的发展平台

亚太经合组织奉行开放的地区主义，是一个极具开放性的平台。从成员经济体角度看，包括日本、韩国、中国以及部分东盟成员在内的很多经济体都曾采取出口导向型的经济模式。因此，开放性是各经济体发展必不可少的要素。亚太经合组织正是顺应了这一趋势，以相对开放的贸易体系来接纳亚太各经济体，为各经济体提供了与本地区其他邻居乃至整个世界对话的机会。APEC 成立 25 年来，各经济体的平均关税税率大幅度下降，贸易与投资便利化发展有目共睹，充分显示了 APEC 作为一个开放性平台为各经济体带来的红利。

二、中国在 APEC 贸易投资自由化各领域的政策立场

中国政府以坚定的信念和实际行动支持 APEC 贸易投资自由化进程。与此同时，我们强调应在自主自愿、协商一致的基础上制定 APEC 贸易自由化和便利化措施，并明确提出 APEC 应该是非约束性经济论坛，而不应是“封闭的机制化的经济集团”。在贸易投资自由化领域，APEC 的发达经济体和发展中经济体之间的利益差别很大，因此开放、协商、自主应是中国参与区域经济发展、保护自身利益的正确立场和态度。

近年来，中国对外贸易的60%、引进外资的83%都集中在亚太地区。实施改革开放政策以来，中国的经济发展出现大的飞跃，经济开放度及贸易投资自由化水平显著提升。市场开放度的不断提高明确显示了中国对 APEC 贸易投资自由化进程的积极态度。我们赞成在 APEC 范围内制定一个实现区域贸易和投资自由化、便利化的长远目标，以实际行动积极推进 APEC 贸易投资自由化进程。

中国支持在遵循非歧视原则的基础上，积极稳妥地推动贸易投资自由化进程，促进多边贸易体制的健康发展，并敦促 APEC 应该为维护各成员的利益、完善多边贸易体制作出应有的贡献。中国坚持实施 APEC 所倡导的“开

放的地区主义”，并通过积极主动开放市场，与 APEC 各成员共享合作发展成果。

在 APEC 相关行动议程和市场开放安排方面，中国坚持灵活性原则，主张各成员在遵守“茂物目标”所确定的贸易投资自由化及便利化时间表的同时，根据自身经济发展水平及产业结构状况灵活确定市场开放步骤及自由化政策措施，特别是对发展中成员应给予适当的照顾，帮助其提升实现贸易投资发展的能力。

中国一直十分重视经济技术合作，我们认为经济技术合作和贸易投资自由化是紧密结合的，应该相互促进，应保证 APEC 合作的两个轮子共同运转。同时，主张应保证亚太经济发展的稳定性和可持续性，注重加强科技交流、人力资源开发、基础设施建设等方面的合作，进一步改善和提高投资贸易环境。

2014 年，中国担任 APEC 会议的东道主，中国年的主题是“共建面向未来的亚太伙伴关系”，三大重点议题为：推动区域经济一体化；促进经济创新发展、改革与增长；加强全方位基础设施和互联互通建设。在经贸领域，中方重点推动四方面工作：一是支持多边贸易体制和反对保护主义；二是推进亚太自贸区建设；三是促进全球价值链和供应链联接合作；四是加强经济技术合作。

三、中国为 APEC 贸易投资自由化进程作出了突出贡献

自加入 APEC 合作以来，中国积极参与贸易投资自由化进程，全面深化与 APEC 各成员经济体的合作，努力实现“茂物目标”所确定的贸易投资自由化合作目标，落实《大阪行动议程》及《马尼拉行动计划》各领域的具体工作，通过实施单边行动计划及集体行动计划在贸易投资自由化合作进程中取得了重大成果。同时，作为 APEC 进程的积极参与者，中国在确立 APEC 方式、推动 APEC 各项议程和维护地区稳定等方面发挥了重要作用，为 APEC 的发展作出了重要贡献，展现出了一个负责任大国的形象。此外，中国已与新西兰、智利、新加坡及秘鲁等 APEC 成员签署了双边自由贸易协定，进一

步促进了亚太地区贸易投资自由化进程的深化和发展。

作为世界上最大的发展中经济体，以及经济增长最具活力的国家之一，中国在整个亚太地区乃至世界的经贸交往中都具有举足轻重的地位。中国的参与全面提升了亚太区域经济合作的完整性及影响力，为亚太区域贸易投资自由化进程作出了重大的贡献。亚太地区任何经济组织或合作行动缺少了中国都是不完整的。而中国的参与也会为这一地区的贸易投资自由化带来强大活力，这与中国本身对贸易投资自由化的追求是分不开的。中国一直反对以往由少数发达国家主导的国际贸易游戏规则，而争取推动自由的、开放的、平等互利的国际政治经济新秩序的建立，这无疑与 APEC 所倡导的亚太地区贸易投资自由化、便利化发展不谋而合。在亚太地区，中国以实际行动践行了上述立场。近年来，中国大力发展与亚太各经济体的经贸关系，在全球性金融危机中履行了人民币不贬值承诺，并加大了投资和贸易力度，为本地区各经济体经济的恢复起到了很大的激励作用。与此同时，中国还积极承办了 2001 年 APEC 领导人非正式会议，与各经济体签署了《上海共识》，细化了贸易投资自由化、便利化和经济技术合作的目标，这是继《茂物宣言》、《大阪行动议程》之后 APEC 重要的纲领性文件。

此外，中国为确立 APEC 贸易投资自由化及便利化进程的基本原则也作出了突出贡献。在不断探索过程中，APEC 逐渐形成了其特有的“APEC 方式”，在推进亚太经济合作和 APEC 大家庭建设方面发挥了重要作用。中国在“APEC 方式”的形成与发展过程中作出了卓越的贡献。在 1996 年的苏比克会议上，江泽民同志提出了指导 APEC 合作的“APEC 方式”，即承认多样性，强调灵活性、渐进性和开放性；遵循相互尊重、平等互利、协商一致、自主自愿的原则；单边行动和集体行动相结合。2004 年，胡锦涛同志提出亚太经合组织未来发展的三点原则，其中一点原则即应坚持以尊重差异、平等互利、自主自愿和协商一致为主要特点的合作方式。2013 年，习近平主席出席领导人非正式会议时提出，在新形势下，APEC 成员应秉持开放包容、合作共赢的思想，提升透明度，体现灵活性，相互借鉴、相互促进，形成合力，推动亚太经合组织发挥更大作用。中方领导人提出的合作主张立足于区域和国际经济合作的特点与形势，致力于实现亚太各经济体的共同利益，对 APEC 合作机制和方式的发展与完善发挥了重要的引领作用。

在 APEC 贸易投资自由化进程中，中国在各相关领域取得了显著进展。中国的简单平均关税水平从 1995 年的 35.9%降至 2013 年的 9.6%。此外，中国积极参与并推动制订了 APEC 环境产品降税清单，为在多边及区域框架内推进环境产品关税削减发挥了积极、建设性的作用。在非关税措施方面，中国承诺不实行与 WTO 原则不符的非关税措施，非关税措施数量不断减少，相关法规和程序更加完善和透明。目前，中国根据国际公约以及世界贸易组织相关规则，出于保证生命安全及保护环境的需要，仅对极少数产品进口实施许可证管理。在服务业市场准入方面，中国在加入 WTO 后加快了服务业开放步伐，并制定了一系列相关法律，增加了银行、保险、证券、法律服务和零售业等多个服务业部门的投资政策透明度。

近年来，APEC 开始高度注重推动贸易投资便利化议程。中国积极参与了贸易便利化第一阶段和第二阶段的行动计划以及投资便利化行动计划，简化海关程序，提高国际标准在中国的采用率，扩大产品的相互认证，推进电子商务的发展，并加入"APEC 商务旅行卡计划"，为商务人员在 APEC 地区内的流动提供便利。

2014 年，中方在青岛成功主办了 APEC 第 20 届贸易部长会议。会议发表了《2014 亚太经合组织贸易部长会议青岛声明》和《亚太经合组织贸易部长支持多边贸易体制的单独声明》。会议同意制订《APEC 推动实现亚太自贸区路线图》，将从 2014 年起为加强区域经济一体化和推进亚太自贸区采取切实行动，为推动最终实现亚太自贸区奠定坚实基础。会议批准了《促进亚太地区全球价值链发展战略蓝图》，APEC 成为全球首个制订全球价值链纲领性政策文件的区域经济合作组织。会议批准了《亚太经合组织促进贸易投资发展的能力建设战略计划》、《亚太示范电子口岸网络倡议》、《建立 APEC 供应链联盟倡议》、《APEC 海关监管互认、执法互助、信息互换战略框架》等文件，同意推动建设亚太绿色供应链网络，致力于提升亚太地区贸易便利化水平。

本次贸易部长会议为中国2014年APEC领导人非正式会议取得积极务实的成果奠定了坚实基础，在 APEC 成员间强化了合作发展、互利共赢的理念，积极推动了 APEC 恢复贸易投资自由化与经济技术合作双轮驱动的合作进程，引导 APEC 在全球价值链背景下确立了新的工作重点和发展方向，对于加强亚太贸易投资领域务实合作、深化区域经济一体化进程和实现各经济体共同繁荣发展具有重要意义。

四、APEC 对中国工商界参与地区经济合作的重要意义

APEC 在亚太地区所具有的独特影响力及其灵活性和开放性等特点为各成员工商界参与区域合作提供了良好的贸易投资环境和政策便利，同时也对中国工商界的发展壮大和拓展国际市场有着至关重要的意义。

（一）APEC 为中国工商界提供了更多的参与机会与平台

APEC 高度重视发挥工商界的作用，并且搭建平台，以完整的机制保障工商界有效地参与地区经济合作，这在其他由政府主导的国际组织中是比较少见的。不论是 APEC 各级别会议，还是会议期间配套的公私对话活动，都为中国工商界提供了许多参与地区经贸合作的机会，同时也有助于培养中国工商界参与国际合作的意识与能力。

（二）参与 APEC 有利于中国工商界国际化发展

APEC 所推动的贸易与投资自由化进程可以为中国企业开展海外贸易与投资活动创造自由便利的条件，有利于帮助企业更好地参与国际竞争并融入全球产业链和价值链。此外，APEC 贸易投资自由化及便利化进程也可以通过“倒逼”机制，促使中国企业以更加积极主动的姿态进行创新与改革，改善经营管理、提高技术水平从而提高产品质量和美誉度，增加中国产品的国际竞争力。

同时，APEC 贸易与投资自由化、便利化进程有助于我国引进先进技术和设备、相对成熟的管理体制以及吸引外资投资和高技术人才等，有助于扩大企业活动范围、增强企业活力。APEC 是中国工商界与亚太工商界之间互动合作的重要平台。APEC 成员经济体都是我国重要的贸易伙伴，因而工商

界借助 APEC 平台可以完成与跨国公司以及区域内其他经济体的合作，并能够取长补短，借鉴海外企业相对完善和先进的国际管理经验以及销售市场网络，实现劳动力、原材料以及资金等生产要素的合理配置，降低生产成本。参与 APEC 经济合作有利于中国企业拓展海外市场，提高其国际化发展水平与能力。

五、未来中国工商界参与 APEC 贸易投资合作的路径与模式建议

（一）在 APEC 贸易投资合作中提升企业大局观

亚太地区跨境贸易与投资合作逐渐扩大并深化，为 21 个经济体工商界提供了丰富的商业机遇。APEC 地区各个单独市场的供需差异促进了区域内货物、人员、资金的流动，同时也为中国工商界人士开展跨境贸易与投资提供了原动力。

企业在开展跨境业务时不可避免地要考虑两方面因素，即市场因素与政策因素，其中又以政策因素最难把握。在贸易与投资日趋自由化的大背景下，虽然各经济体政府有义务协调和给予工商界贸易、投资便利，但是，由于受制于纷繁复杂的国内外政治、经济形势，各经济体很难完全消除壁垒。一旦企业在外遇到制度、规则方面的障碍，很难仅凭一家之言维护自身利益。面对此种情况，区域性的经贸规则制定平台将会帮助工商界更好地应对和解决此类问题。通过集合亚太地区工商界广大企业之力来影响政府决策，由此带来的积极影响与利益是十分长远的。这也是为什么我们长期鼓励中国工商界提升企业大局观，积极融入 APEC 合作平台，深度参与亚太地区贸易与投资规则的制定。这将对我国工商界的成熟和国际化发展产生重要推动作用。

（二）深度运用 APEC 平台实现长期布局

中国工商界应更多关注 APEC 作为区域内最重要的多边经贸合作平台的作用。首先，中国企业应当树立企业大局观，不但踏实经营，并且在政策层面做好长远的战略规划。其次，善于总结经验教训，能够充分意识到自身在国际化过程中所面临的困难，了解自己的问题与需求，从而使企业有针对性地、有计划地深度参与 APEC 合作，并使这种参与发挥其真实的作用与价值。

1. 中国工商界参与 APEC 贸易投资合作的路径

中国工商界参与 APEC 贸易投资合作的最终目的是影响亚太地区经贸规则的制定，为自身发展争取更有利的经济环境。目前，工商界参与 APEC 进程主要有几条重要途径。

主流途径是参与 APEC 工商咨询理事会（ABAC）的合作。亚太地区工商界人士通过 ABAC 平台，对亚太地区贸易投资自由化、经济技术合作以及创造有利于工商界发展的经济环境等问题提出设想和建议。多年来已经有很多建议被 APEC 经济体所采纳。然而，每一个经济体只有 3 个最具代表性的企业可以代表整个经济体工商界参与 ABAC，难免存在局限性。我们鼓励更多具有明确诉求的企业与 ABAC 建立联系，以便更好地向 ABAC 传达中国工商界的声音，从而使更多企业间接参与到 APEC 合作中来，帮助更多企业从中受益。

第二个途径是积极支持和参与中国与 APEC 成员开展的双边或区域性自由贸易区谈判，鼓励企业提出政策建言，帮助谈判官员及时了解工商界的观点与诉求，为政府决策提供有价值的参考。

最后一个途径是通过相关政府机构参与更多专业型会议与论坛活动，可以为政府提供专业领域意见，也可以独立发声，争取在相关领域实现自身利益与发展。

2. 中国工商界参与 APEC 贸易投资合作模式建议

（1）参与 APEC 合作的能力建设

为提升参与 APEC 合作的能力，中国企业首先应充分了解 APEC 及相关组织机构的运行机制。其次，企业应十分明确自身在国际化道路上的诉求，并且将其转化为积极参与 APEC 平台各级别活动的动力。通过吸引专业研究型人才，搭建研究团队来深入研究国际经贸平台的应用，在研究的过程中将企业的自身诉求与 APEC 所关注的重点议题相结合，帮助企业在 APEC 活动中切实有效地参与到议题的讨论与推动工作中去。

（2）积极推进官、产、学沟通机制建设

中国企业应积极参与 APEC 框架下的官、产、学沟通机制建设，及时准确地把握国家战略规划与政策安排，同时吸收权威学术机构的研究成果或与之合作，共同开展APEC议题研究，进一步提高和完善企业参与APEC合作能力。

（3）强化长期战略布局意识

APEC 各项议题由最初概念的提出到最终形成可执行的政策性文件需要通过若干年的不断推动。一旦转变为亚太地区的合作共识及倡议，其影响力是十分重大而长远的，关乎众多工商界从业者的直接利益。中国企业在参与APEC议题建设过程中，应逐步提高在APEC平台进行长远战略布局的意识与能力。

结语

亚太地区是未来拉动世界经济发展的重要区域。一直以来，中国政府高度重视APEC在亚太区域合作中所发挥的平台作用，并积极推动亚太地区贸易与投资自由化、便利化进程，取得了丰硕的成果。我们相信，APEC 进程的不断发展符合中国工商界的长远利益。所以，我们希望并鼓励中国工商界重视APEC的作用，积极参与到亚太地区多层面、多领域的经济合作与规则制定中去，为亚太地区经济可持续增长贡献积极力量。

中国工商界参与 APEC 合作的发展历程与成功经验

于 平[①]

亚洲太平洋经济合作组织（Asia-Pacific Economic Cooperation, APEC），简称亚太经合组织，成立于 1989 年，是亚太地区级别最高、影响最大的区域经济合作组织。中国自 1991 年成为 APEC 成员以来，随着综合国力的不断增强，中国工商界开始逐步深入参与 APEC 平台的搭建与运用。从学习国际规则、服从国际规则到深入参与国际规则的制定，20 多年来，中国工商界从 APEC 平台的观望者，逐渐成长为平台的主角。本文将分四个阶段，回顾中国工商界参与 APEC 的发展历程。

一、平台搭建阶段（1989～1996 年）

20 世纪 80 年代末，随着冷战的结束，国际形势日趋缓和，经济全球化、贸易投资自由化和区域一体化的趋势渐成潮流。同时，亚洲地区在世界经济中的比重也明显上升。在此背景下，1989 年 1 月，澳大利亚总理波比・霍克访问韩国时在汉城（首尔）倡议召开“亚洲及太平洋国家部长级会议”，讨论加强亚太经济合作问题。

1989 年 11 月 6 日至 7 日，12 个创始成员在澳大利亚堪培拉举行首届“亚

① 于平，2014 年 APEC 工商界活动组委会副主任，中国国际贸易促进委员会副会长。

洲太平洋经济合作部长级会议”。这是 APEC 的开端。

1991 年 11 月 12 日至 14 日，第 3 届部长级会议在韩国汉城举行并通过《汉城宣言》，正式确定 APEC 的宗旨、目标、工作范围、运作方式、参与形式和组织架构等。在这次会议上，中国正式与中国香港、中国台北同时加入 APEC。中国积极参与 APEC 事务，是 90 年代中国经济外交的重要举措。

1992 年 9 月 10 日至 11 日，第 4 届 APEC 部长级会议在泰国曼谷召开，确定将 APEC 秘书处设于新加坡，并确立 APEC 运作基金的预算规则。

1993 年 1 月，APEC 秘书处在新加坡成立，负责该组织的日常事务性工作。自此，APEC 从部长级会议升格到经济体领导人非正式会议，发展进程加快。

可以看出，尽管 APEC 是一个讨论亚太地区经济合作的平台，但在成立伊始，工商界真正参与的力度并不大。经济领导人非正式会议和部长级会议是各成员经济体参与 APEC 的主要渠道。当然，正是因为有了非常良好的高层沟通平台，APEC 才成功吸引了工商界的关注。1994 年，在 APEC 的进程中有一件重要事件发生——是年 11 月 15 日，在印度尼西亚茂物举行的 APEC 经济领导人非正式会议上设立了“茂物目标”，即 APEC 发达成员在 2010 年前、APEC 发展中成员在 2020 年前实现贸易和投资的自由化。自此，茂物目标和亚太地区贸易与投资的自由化开始贯穿 APEC 发展的进程。直至今日，这仍然是 APEC 的主要关注点之一。

二、买票入场阶段（1996～2000 年）

时间进入 1996 年，这一年发生了 APEC 进程中的另一件重要事件，同时也是工商界参与 APEC 进程最重要的历史事件之一，即 APEC 工商咨询理事会（APEC Business Advisory Council, ABAC）的成立。

ABAC 由英语中最简单的四个字母组合而成，但它所代表的意义绝不简单。ABAC 是 APEC 中代表工商界的常设机构，其主要任务是：为创造有利于工商界的发展环境提出设想和建议，并向 APEC 经济领导人提交咨询报告。ABAC 每年最重要的活动是在领导人非正式会议期间与 APEC 经济领导人进行对话。自 1996 年起，ABAC 建议书每年面呈 APEC 经济领导人，并在 APEC 经济领导人宣言中得到具体的体现。因为 APEC 实行的是非约束性承诺、开放对话、平等尊重各成员意见的运作模式，与世界贸易组织等其他要求成员签订约束性条约的国际组织不同，APEC 的决议是通过全体共识达成，并由成员自愿执行。因此，每年 APEC 经济领导人宣言表达的是 APEC 各经济体的共识，各经济体原则上应积极遵循宣言中作出的承诺。可以说，ABAC 拥有直接"上达天听"的报告渠道，为工商界参与亚太地区国际经贸规则的制定创造了良好的平台。

我国对应 ABAC 事务最初由国家经贸委负责，国家经贸委因机构改革撤销后，ABAC 暂由外交部接管。考虑到 ABAC 是商界领域，2004 年下半年，外交部将 ABAC 事务交由中国贸促会牵头负责。

尽管 ABAC 的成立为工商界参与 APEC 进程创造了平台，但这并不意味着中国工商界已经可以充分地利用该平台表达中国工商界的诉求、参与亚太地区经贸规则的制定。在这个阶段，中国工商界做得更多的是拿着 ABAC 的入场券，进入到 ABAC 的舞台，观看美国、日本、澳大利亚等相对强势的 APEC 经济体如何主导 ABAC 关注的议题，如何将其工商界的诉求融入到 ABAC 提交 APEC 经济领导人的报告中，如何由其代表亚太地区工商界向政策制定者提出诉求。与此同时，中国工商界还不得不被动防守，致力于不让其他经济体的提议对我国利益造成负面影响。这种局面的产生，一方面是因为中国的经济实力还不够强，难以对整个亚太地区造成足够的影响；另一方面也是因为中国工商界对 APEC 的关注度不够，参与的愿望也不够强烈。

三、主动点戏阶段（2000～2007 年）

2000 年，APEC 工商领导人峰会在文莱斯里巴加湾举行，300 多名亚太工商界代表参加了会议。峰会的主题为"重申 APEC 商业进程并赋予其新的活力"。中国国家主席江泽民、美国总统克林顿、俄罗斯总统普京、智利总统拉各斯、文莱苏丹哈桑那尔·布尔基那等 APEC 经济体领导人在峰会上发表了演讲。时任中国贸促会副会长的万季飞率中国企业家代表团出席了本次会议。这是中国贸促会第一次组织中国企业家参与 APEC 相关活动，并就此成为中国工商界参与 APEC 活动的主要牵头单位。

2001 年，对中国工商界参与 APEC 进程来说是非常重要的一年。这一年，中国首次担任 APEC 东道主。2001 年 10 月 18 日至 20 日，由中国贸促会负责筹办的 APEC 工商领导人峰会在中国上海成功举行。会议围绕"新世纪、新经济：在全球化中发展"的主题，对世界经济的形势及发展前景、亚太地区经济技术合作的发展方向和企业未来的发展战略等重要问题，进行了深入讨论。本次峰会是在特殊的背景下筹备和举办的：世界经济增长放缓，新经济的进一步发展遇到困难，全球化虽成趋势但仍受到诸多批评；美国遭到严重恐怖袭击，国际知名企业损失惨重，工商界出现悲观情绪；另一边，中国的改革开放取得了巨大的成绩，而且中国即将加入世界贸易组织。因此，峰会受到亚太商界的广泛关注。近 500 位海外代表积极参会，其中包括 80 余家世界 500 强公司的高层领导人。我国国家主席江泽民、美国总统布什、俄罗斯总统普京、澳大利亚总理霍华德、马来西亚总理马哈蒂尔、墨西哥总统福克斯、新西兰总理克拉克和中国香港特首董建华等 APEC 经济体领导人到会发表演讲。钱其琛副总理出席了峰会的开幕式并致辞。我国澳门特首何厚铧作为特邀嘉宾发表演讲。

中国工商界对 APEC 各经济体领导人身着唐装合影的照片记忆犹新。也是从这个时候开始，APEC 真正进入了很多中国工商界人士的视野。关注带来了重视，重视引来了投入。越来越多的中国工商界有识之士注意到了 APEC 平台的价值，认识到了参与国际经贸规则制定对于中国工商界发展的意义，开始重视获得国际话语权的重要性。自此，中国工商界开始加大在 APEC 机制的投入，从看戏者变成点戏人，从被动防守改为主动出击。中国工商界开始学着利用 APEC 这一平台，表达自身的诉求，并据此参与塑造亚太地区的国际经贸规则的进程。

2001 年至今的十余年中，中国贸促会每年均固定组织中国企业家代表团出席 APEC 工商领导人峰会，并积极鼓励中国企业利用 APEC 平台向世界展示中国工商界的呼声。中国海洋石油总公司总经理傅成玉、中国远洋集团董事长魏家福、中国联通公司总裁尚冰、阿里巴巴集团首席执行官马云、中国铝业公司总经理肖亚庆、中国银行副行长朱民等一批优秀的中国企业家先后在 APEC 工商领导人峰会上担任发言嘉宾，提出代表中国工商界的看法和建议。他们的参与使中国工商界逐渐成为有能力左右议程发展的一支重要力量，并引起各经济体和新闻媒体的高度关注。

经过多年的发展，中国贸促会已经成为 APEC 工商活动的中方牵头单位，并组织中国工商界全方位参与 APEC 合作的各项进程。2008 年开始，中国贸促会每年在国内举办 APEC 中小企业峰会，并于 2011 年开始承担 APEC 中小企业峰会国际协调中心的工作。2012 年，中国贸促会开始组织 APEC 工商领导人中国论坛和 APEC 青年创业家峰会。此外，中国贸促会还负责组织 APEC 未来之声青年项目和 APEC 中国工商领袖之夜等项目。

ABAC 方面，2004 年下半年，外交部将 ABAC 事宜交由中国贸促会牵头，ABAC 的秘书处设在贸促会。近年来，在中国贸促会与有关部委的共同努力下，ABAC 平台建设不断完善，为中国工商界参与 ABAC 平台制定了清晰、高效的一系列流程。

总体来说，工商界参与 APEC 进程的态度和意见基本上都可以通过 ABAC 的活动集中地表现出来。ABAC 从其成立至今已经在一些领域形成了具有延续性的工作重点，各成员工商界和为工商界服务的政府机构也在这些领域形成了一些基本的共识。这些具体领域包括：

（一）支持和促进 WTO 多边谈判的进展

早在 2000 年“多哈回合”启动之前，ABAC 就开始建议 APEC 要为促进 WTO 新一轮多边谈判作出贡献，ABAC 在这个方面的工作一直延续至今。当前，ABAC 认为，在实现非歧视的贸易自由化方面，WTO 的多边进程比双边和区域的协定更为重要。近年来，ABAC 每年都派代表访问 WTO 总部，并表达自己的意见和建议。ABAC 就农产品、非农产品的市场准入、服务、贸易规则和便利化等问题都提出了具体的建议。

（二）监督 APEC 推进实现茂物目标的进程

这方面的工作是 ABAC 的“本职工作”。目前，ABAC 对茂物目标实现的前景并不乐观，在各种会议上多次强调，如果 APEC 不采取更为有效的措施，茂物目标就难以实现。目前，ABAC 非常重视对成立“亚太自由贸易区”的倡议进行研究。

（三）关注 APEC 地区金融体系的建设

早在 1998 年，面对东南亚金融危机的肆虐，ABAC 就开始关注 APEC 地区的金融稳定和安全问题。自 1998 年起，ABAC 设立了金融工作小组，并将 APEC 地区的金融问题作为 ABAC 持续研究的领域。ABAC 认为，APEC 各经济体应继续推进本区域的金融合作，注重引导私营部门参与这一进程，并在加强监管、机构和人员能力建设上开展合作。

（四）提倡 APEC 地区在各个方面的能力建设合作

ABAC 从 1999 年开始特别强调 APEC 在各个领域的工作都要突出能力建设问题，这些领域包括：WTO 多边体制的推进、茂物目标的实现、中小企业的发展、地区金融体系的建设、地区的科技进步，以及“反恐”、反腐败等；并且，在能力建设方面主张对发展中成员要给予特别的帮助。

（五）对 APEC 地区中小企业的发展给予关注

ABAC 从成立之初就将促进中小企业发展作为主要工作领域之一，并呼吁各成员经济体将协助中小企业的发展和提高就业水平作为其主要工作目标。自 2007 年起，ABAC 每年都牵头举办 ABAC 和 APEC 中小企业峰会，并已发展成为亚太地区关注中小企业的重要国际会议。

（六）注重 APEC 地区的科技进步

ABAC 自 2000 年起设立了科技工作小组，主要任务涉及电子商务的发展、政府工作的网络建设、新科技的推广，以及人力资源的培育和发展等。ABAC 认为，由于 APEC 地区信息科技产业发展的步伐不一，APEC 成员在经济发展上的差距逐渐扩大。为缩小差距，APEC 应加强提升成员经济体信息科技产业的发展。

这一阶段，在招商局主席秦晓、中国工商银行副行长王丽丽、中国 APEC 发展理事会理事长张力军、阿里巴巴集团主席马云、国家数字交换系统工程技术研究中心主任邬江兴、轩辕国际集团董事长杨云松、中国人寿资产管理有限公司董事长缪建民等中国工商界杰出人士的共同努力下，我国在 APEC 的影响力不断加强，中国 ABAC 代表开始在 ABAC 各工作组担任主席或副主席。中国积极推进的建立新型国际评级体系、发展中经济体货币国际化、利用电子商务促进中小企业国际化、消除高科技产品贸易限制等议题开始成为 ABAC 讨论的重点议题。中国工商界的利益与诉求开始得到重视，并在 ABAC 提交领导人的报告中得到了很好的体现。

四、登台唱戏阶段（2008～2014 年）

2008 年，中国 ABAC 代表马云担任中小企业工作组主席并在会上提出促进中小企业发展内容框架，重点包括以下三个方面：普及技术手段、培养管理人才和提供融资支持。这三点建议也作为当年 ABAC 发布的中小企业宣言被载入史册，直至今日，这三点依然是 ABAC 中小企业工作的指导思想。2008 年以前，ABAC 基本由美国、日本等国大型跨国公司的利益驱动，中小企业处于被边缘化的地位。2008 年在中方倡导下，中小企业作为代表新兴经济体的一种发展模式，得到了 APEC 的认可，并成为后来 APEC 合作的一项核心内容，将具有中国特色的企业发展模式和政策思维展示在国际舞台上。

2010 年，经贸促会和外交部联合委任，中粮集团董事长宁高宁担任中国 ABAC 候补代表，并于次年转为正式代表。2012 年，宁高宁担任 ABAC 可持续发展工作组主席和 APEC 粮食政策伙伴机构（PPFS）副主席，2013 年担任 ABAC 副主席兼可持续发展工作组主席和 APEC 粮食政策伙伴机构（PPFS）副主席。

2011 年，在美国 10 多年的大力倡导下，APEC 决定建立粮食安全领域的高级别政府与企业对话机制。在推选 APEC 粮食安全对话机制的工商界主席时，宁高宁以全票当选。这展示了中国企业家在重大国际议题上的影响力和领导力，以及国际社会对中国积极参与国际合作的信任和期望。2013 年在印度尼西亚巴厘岛举行的 APEC 工商领导人峰会上，宁高宁作为 ABAC 可持续发展工作组的主席与新加坡总理李显龙等领导人深入探讨了区域粮食安全问题。

与此同时，中国工商界参与APEC进程更令人振奋的方面表现在，越来越多的企业开始拥有高水平、高效率、专业技能纯熟、熟悉国际规则并积极参与国际贸易规则制定的专业团队，有能力对APEC平台进行深入挖掘，逐步掌握一定的话语权，成为舞台上的核心角色。一直以来，ABAC都是一个相对专业的平台，其运作有一套严格的自下而上的推进程序，从提出具体议案、提交会议讨论、形成提交至APEC部长的报告、形成提交APEC经济领导人的报告，直至与领导人进行直接对话，每一个阶段都需要大量的投入和精心的策划，一个专业的团队显得尤为重要。

在中国工商界全面参与APEC进程的过程中，中国贸促会APEC相关团队建设也在如火如荼地进行。2013年8月，APEC中国工商理事会在北京正式成立，这是为中国企业参与亚太地区贸易政策制定、进行企业家的交流与合作搭建的一个新的机制性平台。

APEC中国工商理事会是由ABAC中国代表等中国商界领袖共同发起成立的工商界非营利性组织，业务主管单位为中国贸促会，同时接受外交部和商务部的工作指导。

APEC中国工商理事会旨在通过APEC各级别的合作平台，推动中国工商界深度参与APEC的进程，为中国和亚太地区的政策制定提供积极与正确的引导，为中国企业创造自由与便利的贸易、投资环境。同时，理事会将促进APEC经济体企业间的交流与合作，促进理事会成员参与APEC框架下各项工商界的活动。

理事会主席由中国ABAC代表、中粮集团董事长宁高宁担任，首批理事包括中国国际金融有限公司总裁朱云来、中国建设银行董事长王洪章、中国银联董事长苏宁、上海汽车集团股份有限公司董事长胡茂元、招商局集团董事长傅育宁、中国银行行长李礼辉、复星集团副董事长兼CEO梁信军等30余人。

国家主席习近平出席在印度尼西亚举行的2013年APEC工商领导人峰会时指出："工商界是推动经济和贸易发展的主力军，也是推进亚太经合组织合作不可或缺的重要力量。中国高度重视工商界作用，愿意倾听工商界意见和建议，为工商界尤其是中小微企业深入便利参与经济发展和区域合作搭桥铺路。今年 8 月，中国工商界成立了亚太经合组织中国工商理事会，为深入参与亚太经贸规则制定提供了机制保障，体现了中国工商界承担国际责任的积极态度。”完善的团队建设为中国工商界进一步参与 APEC 进程提供了良好的平台。

自 1993 年 APEC 领导人非正式会议创立以来，我国国家主席连续 16 次出席 APEC 领导人非正式会议并在会上发表重要讲话，阐述中国参与亚太经济合作的重要原则，表明中国改革开放、积极参与亚太经济合作的决心，同时也就 APEC 的发展远景提出了中国的看法。中国外交部部长和商务部部长也连续参加了 APEC 双部长会议，对 APEC 的原则、活动范围和组织原则等提出了中国的意见和政策，产生了有力的影响；中国的其他部长参加了 APEC 各专业部长会议，为 APEC 在专业领域落实 APEC 领导人提出的各项倡议制定了具体的合作方针和政策。此外，中国国内 APEC 协作单位积极参与 APEC 活动，为 APEC 的合作与发展作出了独特的贡献。

2014 年是 APEC“中国年”。与 2001 年相比，中国在综合国力以及国际地位方面都有了进一步的提升。整个亚太地区都在关注中国，这一次，中国注定要成为这个舞台上的主角。深入参与 APEC 进程，扩大中国工商界的影响力，积极参与国际贸易规则的制定，既是当代中国工商界有识之士的机遇，也是不可推卸的责任。中国贸促会期待在中国工商界的支持下，共同办好 2014 年 APEC 相关活动，在中国工商界参与 APEC 进程的历史上写下浓墨重彩的光辉篇章。

理论探索篇

APEC贸易投资自由化合作与亚太区域经济一体化进程

王玉主[1]

一、APEC贸易投资自由化合作进程

1989 年成立的亚太经合组织（APEC）是以坚持和推动开放的地区主义为宗旨的亚太合作论坛。从某种意义上讲，APEC 是从落实关贸总协定乌拉圭回合成果开始推动本地区内部贸易投资自由化进程的。[2]1993 年，APEC 从部长会议层面上升为以领导人非正式主导的亚太地区合作平台，而紧接着于 1994 年确立的“茂物目标”以及 1995 年确定的《大阪行动议程》，则进一步使 APEC 从一个松散论坛向具有明确目标的亚太区域合作架构迈进。因为“茂物目标”涉及关税、非关税壁垒、服务业、投资、标准和一致化、海关程序、知识产权、竞争政策、政府采购、放松管制、原产地规则、争端解决等多达 15 个领域的问题，很显然，这与后来很多双边和多边自贸区安排所包含的内容并无太大出入。不同之处在于，APEC 为了照顾成员多样性，采取了以单边行动计划和集体行动计划相结合为特点的 APEC 方式推进这一带有明显自由贸易区特点的目标。虽然这种模式要比谈判进程更容易为大家接受，也成功调动了各成员参与行动的积极性，但却使其在真正需要各国作出利益

---

① 王玉主，中国社科院 APEC 与东亚合作中心主任、研究员。

② 宫占奎、刘晨阳，《APEC 茂物目标——进程与评估》，载《南开学报（哲学社会科学版）》2011 年第 4 期第 1 页。

让步时显得苍白无力，“茂物目标”提出的20年后的今天APEC贸易投资自由化进展因此乏善可陈。[①]

（一）APEC尝试转向自贸区建设

或许是认识到了茂物目标的“建设性模糊”给APEC贸易投资自由化进程带来的迷惑，[②]在APEC通过评估茂物目标落实情况推动贸易投资自由化建设的同时，APEC工商咨询理事会（ABAC）则开始了在APEC范围内建设亚太自贸区（FTAAP）的可能性探讨。2004年，ABAC准备了一份报告《FTAAP方案的初步评估：为ABAC准备的一份文件》。这份报告认为，亚太自贸区对APEC各成员经济体、对亚太地区整体乃至全球经济都将有很大好处。但这份报告的写作者们本身就对“亚太自贸区”这个概念存在分歧，也导致了最终这份报告是以新西兰人斯科利的个人名义提交给APEC领导人。虽然美国和中国一样，在一开始的时候并没有支持FTAAP这个倡议，但两年后美国却改变了主意。乔治·布什总统在2006年APEC峰会上呼吁各方郑重考虑成立亚太自贸区的倡议。由于美国的支持，在接下来的两届APEC峰会上，亚太自贸区概念都得到了充分关注。但对于亚太自贸区的怀疑和批评并没有停止，特别是对这个倡议的政治可行性问题的争论，使其没有得到有效的推动。[③]

无论如何，亚太自贸区代表了APEC发展的一种全新思维。我们还记得，APEC在其创始之初的澳大利亚会议上曾确定不谋求成立内部自由化而对外实施保护的区域集团。[④]而亚太自贸区从设想上看，显然不会再走APEC以往采取的通过单边和集体行动来实现自愿自由化的路径，协议性的亚太自贸区当然无法像以往那样坚持“开放的地区主义”。这种路径的变化是一些人认

① 刘晨阳，《APEC二十年：成就、挑战与未来》，载《南开学报（哲学社会科学版）》2010年第4期。

② 为了照顾各成员之间的发展水平差距，APEC提出茂物目标时，只设了长期发展目标和具体合作领域，没有对茂物目标进行明确的界定，也没有设立量化指标，这在当时被认为是一种建设性模糊。参见刘晨阳的《APEC二十年：成就、挑战与未来》。

③ 中方对亚太自贸区的态度也主要是怀疑。参见张振江，《亚太自由贸易区：美国战略与中国应对》，载《世界经济与政治》2009年第4期。

④ 宫占奎、古昕，《APEC茂物目标：憧憬、行动、评估与展望》，载《亚太经济》2013年第4期第8页。

为亚太自贸区会面临很大挑战的另外一个原因，[①]坚持以“APEC 方式”推动 APEC 的贸易投资自由化仍是一些学者坚持的路径。[②]但各方面对亚太自贸区倡议的关注并没有停止，主要是亚太自贸区提出了 APEC 发展的一个新方向。因为自身的自由化进展一直饱受诟病，APEC 当然希望借助这种新的机制来重塑其在亚太合作中的核心平台作用。

（二）跨太平洋战略伙伴关系（TPP）

尽管亚太自贸区倡议受到一定的关注，部分 APEC 成员也支持亚太自贸区建设的设想，例如韩国就认为亚太自贸区倡议与韩国的自由贸易区战略并不抵触，[③]2007 年 APEC 经济领导人宣言也声称，要“通过一系列务实和渐进的步骤，对亚太自贸区模式的选择和前景进行研究”；但大家都清楚，各方对亚太自贸区建设仍倾向于 APEC 既有的协商原则，这不会改变 APEC 通过落实“茂物目标”推动贸易投资自由化所曾经经历的坎坷历程。毕竟，亚太自贸区对 APEC 的发展会造成挑战。在一些研究者看来，这是美国转向 TPP 的重要原因。[④]支持这种看法的人更进一步认为，美国加入由 APEC 内部四个小国新加坡、新西兰、文莱和智利形成的以构建高水平自由化安排为目标的“跨太平洋战略经济伙伴协定”（简称 P4），并将其包装改造成为今天在亚太地区产生广泛影响的跨太平洋战略伙伴关系，目的就是要摆脱 APEC 内部成员差异化造成的约束，从小范围开始在 APEC 内部构造高水平自由化安排，把 APEC 的贸易投资自由化推向全新高度，最终实现亚太自贸区。[⑤]

事实却是，自美国加入 TPP 以来，其重塑亚太地区贸易规则的意图就引起各方高度关注，从国家实力、国家利益和国家战略角度进行的各种解读突出的是 TPP 的战略意图。[⑥]对于中国来说，TPP 被认为是中国崛起面临的重

① 金佑炯、黄鹏，《亚太自由贸易区（FTAAP）可行性及其韩国的应对》，载《国际商务研究》2011 年第 5 期。

② 宫占奎、古昕，《APEC 茂物目标：憧憬、行动、评估与展望》，载《亚太经济》2013 年第 4 期第 8 页。

③ 金佑炯、黄鹏，《亚太自由贸易区（FTAAP）可行性及其韩国的应对》，载《国际商务研究》2011 年第 5 期。

④ 张振江，《亚太自由贸易区：美国战略与中国应对》，载《世界经济与政治》2009 年第 4 期。

⑤ 张振江，《亚太自由贸易区：美国战略与中国应对》，载《世界经济与政治》2009 年第 4 期。

⑥ 戴仁荣，《TPP 的演变逻辑及中国的策略选择》，载《对外经贸实务》2013 年第 12 期。

大挑战。[①]当然也有基于 TPP 经济影响的定量模拟，中国的这类研究探讨的主要是被排除在 TPP 之外的福利损失，[②]关注点自然不在 TPP 是否将会成为通向亚太自贸区的有效平台，至于 TPP 的发展对于 APEC 的意义也就得不到深入分析和探讨。呼吁理性对待 TPP 的声音[③]也只是在考虑到 TPP 的高标准或许可以用来倒逼国内的产业结构调整等改革难题时才受到一定的重视。[④]

由于担心 TPP 冲击 APEC 进程以及东亚合作，APEC 东亚成员开始加强地区本身的合作议程。不仅中日韩三国之间的合作安排进入自贸区谈判，东盟也摆脱了 1997 年金融危机之后形成的“10＋3”、“10＋6”机制，依托以东盟为中心的五个“10＋1”自贸区，提出建设地区全面经济伙伴关系（RCEP）倡议。而亚太自贸区倡议因为代表着 APEC 整体的行动努力，又开始受到关注，2013 年 APEC 巴厘岛峰会上中国的提议反映的就是对 TPP 分裂 APEC 的担心。至少从表面上看，TPP 在实现美国声称的通向亚太自贸区的道路上刚刚起步，就给亚太地区合作带来了巨大冲击，不管是因为地区合作背景的转换还是由于某些方面的误判，TPP 合作确实遮掩了 APEC，使其从合作议程上被边缘化了。

二、亚太自贸区倡议与亚太合作

面对当前亚太区域合作出现的多种倡议共存这一全新局面，学者们提出了推动亚太一体化的多种路径选择：一是整合 APEC 成员内部各 FTA 安排，建立亚太自贸区。这涉及将 APEC 这个开放的论坛逐步改造成一个封闭性的区域自由贸易区。二是合并 TPP 与 RCEP。APEC 被认为可以在这个进程中发挥积极作用。三是把 TPP 扩展到 APEC 范围，建设亚太自贸区。这是美国原本提出的设想。[⑤]抛开这些路径的合理性不说，至少它们不是从 APEC 发

① 李向阳，《跨太平洋伙伴关系协定：中国崛起过程中的重大挑战》，载《国际经济评论》2012 年第 2 期。

② 彭支伟、张伯伟，《TPP 和亚太自由贸易区的经济效应及中国的对策》，载《国际贸易问题》2013 年第 4 期。

③ 张振江 2009 年就在前面引用的《亚太自由贸易区：美国战略与中国应对》一文中呼吁理性对待 TPP。

④ 很多呼吁中国考虑加入 TPP 的观察者提出的一个理由就是 TPP 对国内改革的可能促进作用。例如，戴仁荣，《TPP 的演变逻辑及中国的策略选择》，载《对外经贸实务》2013 年第 12 期。

⑤ 宫占奎、曾霞，《亚太地区 FTA 整合问题研究》，载《南开学报（哲学社会科学版）》2013 年第 4 期。

展的角度设计的。为了能把 APEC 发展面临的亚太合作格局看得更清楚，我们首先简要分析一下 TPP 倡议提出后亚太合作格局重构的实际情况，以便在此基础上探讨亚太自贸区的地位。

（一）亚太区域合作进入框架重构期

从回顾亚太合作进程的视角看，2009 年美国参与并推动 TPP 引发东盟于 2011 年提出新的东亚合作框架倡议 RCEP 后，亚太区域合作形势实际上进入了一个框架重构阶段。一个新的双轨运行模式正在取代原有的 APEC 和“10＋3”并行存在的亚太合作格局。

我们还记得，1997 年金融危机后，东亚合作取得了很大进展，其中“10＋3”合作的全面发展标志着东亚合作框架形成。虽然“10＋3”合作基本属于 APEC 框架内的次区域安排，但由于其作为东亚合作框架这一特点以及 APEC 合作缺乏实质性进展，使“10＋3”与 APEC 形成亚太双框架并行的模式。但这一模式在 2006 年东亚合作“10＋3”框架向更宽泛的“10＋6”扩展后，开始遭遇挑战。“10＋3”和“10＋6”两个框架之间的竞争实际上使东亚合作的主方向——建设东亚自由贸易区这一目标搁浅。此后，美国参与并全力推动 TPP 这一新的跨太平洋框架大有覆盖东亚合作的势头。面对亚太区域合作形势的新发展，特别是亚太框架占主导地位后对自身“中心地位”的侵蚀，东盟提出了地区全面经济伙伴关系倡议，试图在一个新的概念下加强以东盟为核心的东亚合作。

这就形成了美国希望通过推动 TPP 来激活亚太区域合作，以此为亚太合作制定游戏规则从而实现“亚洲再平衡”；而东盟则竭力维持东亚合作框架以图维护在东亚合作中的主导地位，亚太合作因此进入框架重构的重要阶段。当然，对于是否会形成新的双轨并行的亚太合作格局，我们还不能过于武断。TPP 要实现其提出的高标准，尤其是要实现美国所希望的地域覆盖，本身面临着很大挑战。一些观察者认为 TPP 实际上在采取妥协手段，例如它对智利实现全部商品零关税给予的延期。[①]但在日本加入后，TPP 过去一段时间宣布

① 朱延珺、董雅洁，《TPP：通向亚太自贸区的可行途径？》，载《兰州大学学报（社会科学版）》2014 年第 1 期。

的谈判目标都没有按期得到落实，这让人不禁对 TPP 能否顺利推进开始产生怀疑。但近期日本与澳大利亚经济伙伴关系（EPA）的签署，或许将为 TPP 谈判带来新的突破。而以东盟为主导的 RCEP，各方从一开始就有不同程度的担心。因为以东盟为中心签署的一系列自贸区的水平相对比较低，而日本和美国对自贸区的要求很高。RCEP 提出要在目前双边自贸区的基础上向前推进，关键的问题就落在了 RCEP 各参与方能否承受一个高标准的自贸安排上。至少从中国的国情看，这不太可行。目前中国国内经济结构存在很多问题，很难强推高标准自贸区。这些问题的存在使 RCEP 的前景不很乐观。此外，东盟自身共同体的建设是 RCEP 前景更加重要的决定因素。目前看东盟很难在 2015 年底实现其经济共同体建设目标，[①]这本身就会对 RCEP 目标的实现造成负面影响。

TPP 和 RCEP 可能会出现不对称发展趋势，这使亚太地区未来一个时期将形成新双轨运行模式的看法面临一定程度的挑战。考虑到亚洲各国的共同利益诉求，即便 RCEP 很难取得目前各方表述中所希望达到的目标，RCEP 作为东亚合作的平台还是会得到各方的支持。在美国因为照顾东盟的利益关切不会切实反对的情况下，RCEP 将会以相对较弱的合作框架首先形成，而把一些矛盾较大的问题留到下一步进程中逐步推动。而形成后的双框架之间是怎样的关系？到目前为止，有关各方，特别是东盟方面都竭力否定 RCEP 与 TPP 可能形成的竞争，强调这两个合作框架的目标都是亚太自贸区。可见，亚太自贸区建设至少从理论上讲仍是亚太地区一体化的合理方向。

（二）亚太自贸区建设的意义

当前亚太区域合作框架重塑及其面临的挑战，在一些观察者看来也就是 APEC 面临的挑战，因为这些新的合作框架被认为有可能架空 APEC 合作，[②]而更多的研究则注重这种变化对于 APEC 合作的趋势性含义，探讨 APEC 突

---

① 虽然东盟方面的评估显示其共同体建设目标已经完成接近 80%，这意味着到 2015 年底建成共同体没有困难。但实际上，东盟共同体规划的宏伟目标有些很难量化，所以从共同体建设启动伊始，就有印尼专家认为东盟一定会建成共同体，只是东盟建成的共同体可能和大家想象的，尤其是欧盟那样的共同体不相同。

② 全毅，《APEC 面临的挑战与中国的责任》，载《和平与发展》2013 年第 4 期。

破落实茂物目标所倡导的自发性单边、多边行动所造成的集体行动约束，分析 APEC 向亚太自贸区发展的可能性。[①]目前看，倡导亚太自贸区建设对于强化亚太区域合作双框架之间的协调性有一定的积极意义，也可以摆脱上面提到的 APEC 面临的挑战问题。

一方面，无论 TPP 是否将走向亚太自贸区，它都已经在 APEC 内部形成了 TPP 参与方和非参与方。在可预见的将来，中国和其他几个 APEC 成员因为无法达到 TPP 提出的高标准而无法加入 TPP 谈判。俄罗斯近期围绕克里米亚问题已经与美国和西方形成新的对抗，对于被认为是肩负美国亚太抱负的 TPP，自然不会考虑加入。这意味着 TPP 对 APEC 的撕裂会在一个时期内成为事实，而 TPP 谈判使参与谈判的 APEC 成员把注意力转向 TPP 合作，最终将导致 APEC 成员经济体之间对于未来区域经济一体化的实现路径和基础产生巨大分歧。

另一方面，整合 APEC 内部的自由贸易安排，特别是依托 RCEP 的拓展建设亚太自贸区被一些观察者认为也是一条可行之路。实际上，这种观点忽视了 RCEP 只可能是一个“浅度一体化”安排这个事实——东盟始终坚持谈判的灵活性原则，对于东盟成员发展水平的差异性给予了充分关照。这意味着 RCEP 的成败将取决于东盟各成员发展水平造成的“木桶效应”，很难达成一个高水平的一体化安排。与此同时，RCEP 包含着部分非 APEC 成员这一事实，也使其不容易成为以 APEC 为基础框架的亚太一体化安排。

倡导亚太自贸区建设可以为 APEC 合作注入新的活力，因为它首先为亚太各国提供了一个超越 TPP 和 RCEP 可能竞争的合作选择，其次也为 APEC 成员提供了超越 TPP 的选择。对于非 TPP 成员来说，他们接下来在建设亚太自贸区目标下进行的努力将与 TPP 各成员的努力具有共同的目标。更为重要的一点是，这为无法从 TPP 要求的高起点行动的 APEC 成员提供了继续沿着 APEC 自由化路径走向亚太自贸区的机会。因为在贸易投资便利化方面，亚太尚无任何机制可以取代 APEC，跨太平洋地区领导人非正式会议结构健全，

① 陈磊、曲文俏，《APEC 走向亚太自由贸易区的政治经济分析——兼论中国视角》，载《开放导报》2011 年第 5 期。

覆盖领域全面，涉及各个部门的利益合作，各部门间通过一系列项目开展合作协商的势头本身就很重要，这有利于区域的共同体建设。

三、亚太自贸区建设以及工商界的作用

前面的分析显示，亚太地区合作框架的重构在一定程度上冲淡了 APEC 合作，而其形成的竞争局面又需要 APEC 发挥协调作用，重塑一个各方共同推动建设亚太自贸区的合作平台。

（一）亚太自贸区的目标与特点

在我们前面曾经提到的新西兰人斯克利的报告中，亚太自贸区是一个高质量的协议，包括如下特征：覆盖大部分（最好是所有）产业和部门；原产地规则简单、透明；保障条款清晰，而且越少越好；禁止使用反倾销措施，代之以竞争性政策来解决相关问题；广泛的贸易便利化措施；覆盖所有的政府采购；全面投资自由化；争端解决机制透明、有效。[①]这意味着亚太自贸区将是一个包括货物贸易、服务贸易、投资和贸易便利化、知识产权等领域，与 WTO 基本原则保持一致，实施比 WTO 更高水平自由化的综合性、新一代自由贸易协定。它具有如下特点：首先，与 APEC 现行的非约束性特点和“开放的地区主义”不同，亚太自贸区要建立一个有约束力的互惠的自由贸易区；其次，亚太自贸区倡导亚太地区经济一体化的理念，真正使太平洋两岸紧密地联系在一起，并促进全球贸易自由化进程；第三，亚太自贸区建立后，APEC 内部现有的各种自由贸易区都将取消，变为单一的亚太自贸区；第四，亚太自贸区坚持《茂物宣言》的精神，实现高水平的贸易自由化，不是现有亚太区域内各种自由贸易协定的简单统一。[②]正是因为对传统 APEC 方式的改变，使亚太自贸区建设面临很多挑战：韩国学者的观点认为，在推进方式方面，如果通过整合 APEC 区内现有的自贸安排来实现，整合难度会很大。而通过扩展 TPP 实现，则部分经济体很难在短期内达到要求，会使亚太自贸区建设

---

① R. Scollay, “Preliminary Assessment of the Proposal for a Free Trade Area of the Asia-Pacific (FTAAP)”, An Issues Paper for the APEC Business Advisory Council (ABAC), 2004.

② 刘昌黎，《亚太自由贸易区的提出、新动向与前景》，载《国际贸易》2010 年第 9 期。

周期无法控制。此外，在涵盖领域、亚太自贸区内部安排与 APEC 的开放地区主义等问题上可能都面临困难局面。①而在中国看来，虽然亚太自贸区的福利效应显著，②但考虑到压力部门及敏感产业保护，其最开始的态度是消极的。③当然随着美国高调推动 TPP，中国开始改变对亚太自贸区的态度，并于 2013 年 APEC 峰会期间提出推动亚太自贸区建设。中国对于 2011 年美国把亚太自贸区建设作为夏威夷峰会优先议题的积极回应，反映了亚太地区合作格局的变化对有关各方立场的影响，这对亚太自贸区建设应该说是一个积极因素。

（二）从茂物目标到亚太自贸区

一些观察认为，美国提出 TPP 就是因为想放弃茂物目标。④美国等发达成员确实没有兑现在 2010 年率先实现完全的贸易投资自由化的茂物承诺。这或许也是 2011 年美国在夏威夷峰会上提出“下一代贸易投资问题”没有得到后续峰会主办方积极支持的原因。

然而 APEC 通过单边、多边行动等 APEC 方式努力落实茂物目标，在推动亚太地区贸易投资自由化方面还是取得了很大的成就，这是不能否定的。例如，APEC 政策支持小组对部分成员 2010 年目标评估的结果认为：贸易和投资自由化方面，APEC 地区 MFN 关税从 1998 年的 16.9%降到了 2009 年的 6.6%。其中，5 个工业化成员平均关税为 3.9%，而 8 个发展中成员为 6.4%。同年 WTO 成员平均关税是 10.4%。零关税税目占所有关税税目的比例从 1996 年的 29%上升到 2008 年的 40%。在推动贸易投资便利化方面，从 2002 年至 2006 年贸易交易成本减少了 5%；2007 年到 2008 年贸易交易成本初步估计减少了 1.7%，相当于节省了 140 亿美元。投资市场开放领域，APEC 地区的内部对外直接投资从 1994 年到 2008 年增长了 4 倍，以年均 13%的速度增长，

① 金佑炯、黄鹏，《亚太自由贸易区（FTAAP）可行性及其韩国的应对》，载《国际商务研究》2011 年第 5 期。

② 彭支伟、张伯伟，《TPP 和亚太自由贸易区的经济效应及中国的对策》，载《国际贸易问题》2013 年第 4 期。

③ 盛斌，《亚太自由贸易区的政治经济分析：中国视角》，载《世界经济与政治》2007 年第 3 期。

④ 2013 年年初，作者本人曾组织过一次关于区域合作形势的小型学术讨论。会上，研究 APEC 的有关专家认为，由于美国在 APEC 框架内高调推动 TPP，实际上茂物目标处在被搁置的危险中。相关的会议综述见王玉主、富景筠，《当前亚太区域合作形势分析》，载《亚太经济》2013 年第 4 期。

2008 年总值达到了 7910 亿美元。同期，APEC 对非 APEC 成员的投资也是以每年 13%的速度增长，2008 年总值达到了 7820 亿美元。[①]这说明尽管茂物目标没能按时实现，但推动落实茂物目标的努力对于 APEC 内部贸易投资自由化建设还是作出了很大贡献。从建设亚太自贸区角度看，部分成员通过建设 TPP 走通向亚太自贸区的快车道，并不见得与其他成员通过继续落实茂物目标来提升自身的一体化水平，最终走向亚太自贸区相矛盾，进一步强调茂物目标的落实在突出 APEC 基础目标方面是很重要的举措。[②]

（三）工商界是亚太自贸区建设的重要力量

从广义上讲，自贸区建设的服务主体就是各成员的工商企业，消费者获得福利往往是企业生产成本降低、规模经济效益提升的反映。近几年 APEC 峰会提出的供应链互联互通、中小企业参与全球产业链、基础设施互联互通等问题，都是针对企业利益的措施。但与此同时，工商界的意见又是影响各经济体自由化立场的重要因素。因此，在当前亚太地区区域合作受政治安全因素影响加剧的情况下，APEC 各成员工商界应坚持合作的互利性，在推动建设亚太自贸区过程中发挥积极作用。

首先，一体化安排尽管能够对参与各成员的整体福利带来提升，但在自由化进程中仍会有一些产业、企业要付出调整代价，有时这种代价还比较高。工商界应通过沟通合作帮助受到影响的产业或企业进行必要的转型、调整，实现共赢。只有这样才能帮助各成员摆脱自由化进程中面临的产业或部门压力，使地区一体化能够保持较快步伐。

其次，当前区域合作各种新倡议、新思想层出不穷。以 TPP 为例，它所提出的 8 个横向议题，并不是以往一体化推动过程中所必须包含的。这些合作领域被认为是建设真正高水平一体化的条件，但对 APEC 的一些成员来说，落实这些横向议题的要求是一个很大的挑战。工商界应加强对这些新要求的研究，对照自身的发展水平寻找差距，探讨通过改善和提升自身能力来坚定

---

① WTO Secretariat, 2010, Trade Policy Reviews in Selected APEC Economies. 转引自宫占奎、古昕，《APEC 茂物目标：憧憬、行动、评估与展望》，载《亚太经济》2013 年第 4 期第 11 页。

② 刘晨阳，《APEC 二十年：成就、挑战与未来》，载《南开学报（哲学社会科学版）》2010 年第 4 期。

落实这些全新倡议的信心。事实上，只有工商界对新倡议、新安排有充分的认识和评价，政府才能够自信地作出推动一体化的决策。在一个经济体内部存在着不同的利益集团，会对自由化决策在政治、经济、安全甚至文化等领域的影响作出评估，从而影响决策。工商界站在市场经济第一线，坚持从经济利益角度认识和评估合作倡议，可以中和过度被安全战略利益考虑主导的部门意见，为决策的制定创造一个相对中性的环境。

第三，一体化的一个重要方面在于标准、规则的一致性和相互认可。在这方面工商界有大量工作可做，例如，2011 年 APEC 峰会提出的确立医疗器械道德规范，对于 APEC 合作就是一种贡献。而 APEC 中国工商领导人会议倡导的创新与责任观念，也是提升各成员工商产业界共识的建设性举措。[①]

四、中国工商界参与 APEC 的实践及建议

众所周知，在推动地区经济贸易自由化进程中，企业是主动力，而领导人和政府官员在制定政策时更需要听到企业的声音。正因如此，早在 1998 年，江泽民主席在马来西亚吉隆坡 APEC 第 6 次领导人非正式会议上就宣布了中国成立“APEC 中国企业联席会议”的决定。这个以政策研讨、国际合作、技术创新、国际培训为主要工作的组织就是要提升中国企业参与 APEC 框架内国际活动的能力。为落实 ABAC 的倡议，中国外交部在 2001 年宣布中国参加商务旅行卡，很大程度地方便了中国商人在国际间的商务往来。

近几年，随着中国国力增强、企业实力扩大，特别是中国第二次作为 APEC 峰会主办国这一利好因素的作用，中国工商界参与 APEC 活动的积极性空前高涨。2013 年 APEC 中国工商理事会成立，中国企业参与 APEC 活动有了更稳定的组织。300 多家企业出席 2013 年巴厘岛 APEC 峰会这一事实说明了中国企业对 APEC 这一合作平台的重视。从目前看，中国工商界对小微企业发展的关注是 APEC 内部很有前瞻性的课题。

总体来看，中国企业对 APEC 的参与已经从最初的学习阶段过渡到了积

① 赵丽芳，《APEC 中国工商领导人论坛倡导创新与责任》，载《WTO 经济导刊》2013 年第 8 期。

极参与和利用APEC平台的阶段，但企业真正应该发挥的作用在于从自身的发展需要出发，通过与政府的积极配合，引导APEC的一体化发展方向，即向引导APEC的规则制定这个方向发展。这是我国主导区域合作的战略目标所要求的。

具体来说，中国企业学习发达经济体的经验是深度参与APEC的核心目的。在一体化进程方面，贸易投资自由化、便利化怎样推动最有利，拟议中的亚太自贸区如何影响各自企业，中国企业应根据自身的实践提出相关倡议，明确利益诉求。

APEC 贸易便利化合作对中国企业的影响

刘重力　王小洁[①]

贸易便利化是指清除企业跨国或跨境交易过程中机制性和技术性障碍，以减少交易成本和困难，从而最大程度地实现国际贸易的自由和开放。早在1996年的大阪会议上，APEC 便把贸易便利化放在与贸易自由化并重的地位，并将其视为消除贸易障碍、促进国际贸易不可或缺的手段。

选择贸易便利化作为 APEC 实现其远景目标的重要措施，主要是基于对阻碍贸易自由化进程诸因素的深刻认识。非便利化的障碍对 APEC 地区贸易发展有着严重的影响。据有关专家组研究发现，APEC 地区跨境贸易每笔交易平均涉及 27～30 个不同的部门，需要 40 份文件、200 个数据（其中 30 个数据要重复 30 次以上），60%～70%的数据至少要重复输入一遍。另有专家组研究发现，一些发展中成员由于基础设施落后，技术或行政能力不足，导致跨境交易成本成倍增加。因此，APEC 成员认识到，仅仅努力去推动贸易自由化仍不足以带来贸易的扩大，进一步促进贸易便利化对国际贸易的发展有着重要的意义。

中国企业在亚太地区经济发展中占有重要地位，随着 APEC 在贸易便利化领域取得丰硕的成果，中国在推进贸易便利化进程中也取得了相关进展；但就现实情况来看，仍有许多非便利化障碍对中国企业参与国际贸易构成严

① 刘重力，南开大学经济学院国际经济贸易系教授、博士生导师。王小洁，南开大学经济学院国际经济贸易系硕士研究生。

重制约。因此，充分认识贸易便利化的重要性，审慎分析贸易便利化带来的挑战，加大政府和企业相互交流与配合，才有可能从根本上提高中国企业参与国际贸易的深度和水平。

一、APEC 贸易便利化合作的重点领域

根据“APEC 贸易便利化行动和措施清单”，目前 APEC 贸易便利化合作主要包括海关程序便利化、标准与一致化、商务人员流动和电子商务等四个重点领域，这些领域有各自的目标和行动措施。APEC 各成员会从措施清单中作出选择，并通过集体行动计划、单边行动计划和“探路者方式”等不同途径完成既定目标。

（一）海关程序便利化

海关是国际货物贸易的重要流通环节，在 APEC 贸易便利化领域中，货物流动涵盖的内容最为广泛，各成员和工作组的行动将集中在 11 个方面，主要包括：海关和其他与贸易有关的法律及规章信息的公共使用性；恰当的、透明的和可预测的与贸易有关的程序；遵照协调关税制度，协调各成员的关税结构；在《京都公约》基础上简化和协调相关机构与程序；与贸易有关的程序逐渐实行无纸化、自动化；采取标准电子格式和一致化数据要素；采用 WTO 估价协议的原则；清晰申诉条款；风险管理；快件物品清关指南；临时进口条款，比如加入《A.T.A.公约》或《伊斯坦布尔公约》等。通过海关程序的便利化推进 APEC 贸易便利化的进展。

（二）标准与一致化

标准与一致化问题是 APEC 贸易便利化的另一重要领域。在 APEC 制定的“APEC 贸易便利化行动和措施清单”中，其篇幅仅次于货物流动部分，涉及四个方面内容。

第一，使 APEC 各成员的标准与国际标准保持一致，为技术性规章的开发和执行实施最佳惯例。第二，在受管理和自愿的部门实现一致化评估的认可。APEC 一致化评估的认可涉及较多行业，“APEC 贸易便利化行动和措施清单”中的电子和电气设备、食品、电话等产品的一致化评估和相互认定安

排仍是各成员采取行动的重点领域。同时，在推动信息技术产品贸易便利化、参与全球和区域性此类活动的一致化评估与相互认定安排方面，“APEC 贸易便利化行动和措施清单”也提出了行动目标。第三，技术基础设施的发展，其最主要的行动是鼓励各成员参与技术基础设施中期发展计划。第四，确保APEC 经济体标准和一致化评估的透明度。在这方面，APEC 所强调的行动集中在标准和一致化评估信息的提供与交流上。

（三）商务人员流动

商务人员流动的便利化主要涉及程序性规定和技术性要求。对此，“APEC 贸易便利化行动和措施清单”提出了促进人员流动和信息、交通技术使用两方面的措施，主要包括：旅行文件检查、专业服务、旅行文件安全性等方面标准的开发和制定；根据 APEC 已达成的 30 天标准，简化公司内部人员的跨境流动程序，缩短时间并提高效率；继续实施和促进 APEC 商务旅行卡计划，对出于商业目的的跨境商务活动，比如签署合同、参加商务会议、洽谈投资等给予便利；在技术上采用先进的旅客信息系统，实现通过网上获得相关信息和申请表等内容。

（四）电子商务

在电子商务领域，“APEC 贸易便利化行动和措施清单”提出了两个方面的要求：第一，在减少电子商务壁垒方面，各成员可以通过内容广泛的范例交换，确定电子商务壁垒的种类和内容，并以此为基础找出最佳的解决方法；需要各成员以高层次承诺的方式切实克服这些障碍；加强与私营部门的协商与合作，建立一个网口以使所有有关电子商务范例交换的数据通过网络直接进入。第二，在加速电子商务的使用方面，各成员应为使用安全的电子支付方式提供便利；促进对消费者和企业的电子商务法律教育；通过提高透明度减少商业成本；具有竞争性和支付得起的信息与交通服务需要相应的政策基础，政府应实行这方面的政策；在建立电子政府门户、开发在线服务手段等问题上，APEC 各成员也应采取相应举措。

二、APEC 贸易便利化的主要进展

2001 年，在上海召开的 APEC 贸易部长会议通过了 APEC 贸易便利化原则。同年的领导人非正式会议达成的《上海共识》中，特别强调了落实贸易便利化原则的后续行动。领导人们指示各成员部长于 2002 年部长级会议前确定具体行动和措施，在 2006 年以前将 APEC 贸易便利化原则付诸实施，其目标是努力在 5 年中将 APEC 地区的贸易交易费用减少 5%。在此基础上，APEC 进一步提出继续推进第二阶段贸易便利化行动计划的实施，到 2010 年将亚太地区的交易成本再降 5%。

（一）APEC 贸易便利化第一阶段进展

1. APEC 贸易便利化行动计划

APEC 制定并通过的“贸易便利化行动计划”（TFAP）以《上海共识》中的目标为出发点，明确了 2002 年至 2006 年期间的行动时间表和内容框架。

根据安排，APEC 在 2002 年的主要任务是由 CTI 制定实现贸易便利化目标的框架和时间表，各工作组和成员经济体制定出有关具体行动和措施清单，经由高官会、贸易部长会议批准，在年底的双部长会议和领导人会议上通过后即可生效。此后若干年中，APEC 的活动是围绕落实行动计划的具体内容而进行的。在 2003 年第一次高官会上，各成员都应报告其为实现持续削减交易成本的目标所要采取的行动和措施，并应尽最大努力估计采取这些措施的潜在收益。尽管在衡量贸易便利化措施的实际收益方面存在诸多困难，APEC 仍然希望各成员确定相应的衡量标准，从而使评估效果尽量准确。

APEC 实现交易成本减少 5%的 5 年期限截止到 2006 年。因此，在 2006 年 APEC 各成员应报告其贸易便利化行动和措施的全面进展，由 CTI 进行评估。尽管《上海共识》已经确立了时间要求，但是在实际效果上，要想看到减少交易成本的真实收益必须考虑时滞因素。对此，APEC 规定了两年的期限。在此后的后续行动中，APEC 一方面将对贸易便利化的实际收益作出评估，另一方面将探讨采取措施进一步降低交易成本的可能性。

2. APEC 实现贸易便利化的路线图

从提出 TFAP 到实现 2006 年的既定目标，APEC 各成员只有 5 年期限。而且，贸易便利化涉及的领域繁多，措施复杂，各成员经济体的实际情况相去甚远。为督促各成员的工作，各经济体领导人在《圣地亚哥宣言》中特别强调应加紧落实有关贸易便利化的措施，通过与私营部门的合作，在减少贸易的繁文缛节、实现自动化和标准一致化、推动 WTO 贸易便利化谈判、促进贸易安全、加强能力建设以及在贸易便利化方面为 FTAs 确定 APEC 最佳惯例等采取行动，达到削减交易成本的目标。同时，为推动 TFAP 的有效实施，APEC 贸易投资委员会（CTI）制定了“贸易便利化——实现 2006 年目标的路线图”，该路线图于 2005 年提交 APEC 第二次高官会，并在同年 6 月的贸易部长会议上得到通过。从根本上看，路线图的目标和时间框架与 TFAP 完全一致，其特殊作用旨在确保 TFAP 目标能够如期实现。

（二）APEC 贸易便利化第二阶段进展

APEC 在 2006 年越南会议上对第一阶段贸易便利化行动计划的实施效果进行了评估，评估结果表明该计划实现了《上海共识》所确定的目标。在此基础上，APEC 领导人决定继续推进 APEC 贸易便利化第二阶段行动计划（APEC's Second Trade Facilitation Action Plan, TFAP II）的实施，目标是到 2010 年将亚太地区的内部交易成本再降低 5%。因此，APEC 贸易便利化第二阶段行动计划成为确保 APEC 各成员按时实现茂物目标的重要后续行动之一，同时也成为短期内 APEC 合作最有可能取得显著成果的热点领域。

1. APEC 贸易便利化第二阶段行动计划实施框架

2006 年越南会议上，APEC 领导人审议通过了《关于执行〈釜山路线图〉的河内行动计划》，为持续推进 APEC 贸易便利化第二阶段行动计划制定了总体时间框架。该时间框架涵盖了现有的贸易便利化合作行动、未来行动规划和具体执行时间表。《河内行动计划》还特别明确指出了与 TFAP II 相关的能力建设合作的发展方向。总体时间框架的确定为 APEC 实现 2010 年之前将亚太地区的内部交易成本再降低 5%的目标提供了时间约束。

2. 重点领域行动计划

《河内行动计划》除了为第二阶段的贸易便利化行动计划制定了整体时间框架外，还为贸易便利化的四个重点合作领域设置了时间表和行动计划。

（1）海关程序

海关程序的简化和协调将加快亚太地区商品的流动。考虑到海关程序对贸易便利化的重要性，APEC 将继续在该领域采取一系列相关的行动，包括海关的电脑化和现代化、风险管理技术、快速委托清关和税则分类预先核定制度等。APEC 将继续积极推进协调一致、标准化和简化的海关措施，以及“单一窗口”模式的海关服务，以促进贸易便利化目标的实现。

表 1　海关程序领域便利化行动计划表（TFAP II）

活动主旨或主体	现有行动	未来行动	时间表	能力建设
海关程序简化和一致化	● 实施 2007 年版的“协调制度”（HS） ● 完成《SCCP 海关蓝图》并出版 ● 实施一系列与汽车产品有关的海关估价、快速清关和定期备案方面的最佳范例	● 与 SCCP 和 ECSG 合作，在适当的情况下，努力推广英文海关表格的使用 ● 开展数据协调方面的工作	2007～2009	● 开展风险管理、公共伦理和责任感方面的培训 ● 开展“单一窗口”方面的培训，共享最佳范例 ● 开展数据协调方面的培训 ● 针对“单一窗口”和数据协调所需的基础设施提供技术援助
加强公共和私人部门的伙伴关系	● 召开“APEC 海关与商界对话会” ● 对 SCCP 成员所采取的加强海关和工商界伙伴关系的各项计划进行总结和评估 ● 对海关和工商界伙伴关系最佳范例的纲要进行更新	● 召开每年一度的“APEC 海关与商界对话会” ● 着手实施“APEC 贸易安全框架”	2007～2010	

资料来源：Ha Noi Action Plan to Implement the Busan Roadmap towards the Bogor Goals, Ha Noi Viet Nam, 18-19/11/2006.

（2）标准一致化

APEC 在标准一致化领域开展相关的工作，以确保此类措施不会对贸易产生限制作用，并在可能的情况下促进贸易活动的开展。目前，APEC 在标准一致化领域的优先活动包括：加快经济体内部标准和国际标准的一致化；促进良好的管理措施；在规定的或自愿部门建立一致化评定的国际认可机制；加强技术基础设施发展的合作，确保各成员标准一致化评定程序的透明度。

表2 标准一致化领域便利化行动计划表（TFAP II）

活动主旨或主体	现有行动	未来行动	时间表	能力建设
标准兼容和相互认可	● 自愿开展国际电工委员会（IEC）电气设备标准的兼容工作 ● 实施“全球化学品分类及标签制度”（GHS） ● 组织环境产品标准实际应用方面的网络课程学习	● 明确可以开展自愿标准兼容的潜在领域 ● 在有关的 APEC 论坛组织中促进各部门管理者之间的交流和协作 ● 召开 APEC 各成员标准制定机构负责人之间的会议，并力争达成一致性的目标，使会议的成效最大化 ● 在标准一致化委员会（SCSC）开展的行动中促进与商界的交流与协作 ● 继续明确相互认可协定（MRAs）及其他现行机制的有效性，以便于接受一致化评定的结果	2007	● 开展标准、度量衡和监管措施兼容方面的能力建设项目
各部门的标准化和法规	● “APEC食品体系”和食品安全合作活动 ● 落实环境和化学品监管方面的各种倡议，如欧盟的化学品注册登记、评估和批准（REACH）法规、《关	● 在 APEC 成员中继续促进食品安全合作行动的实施 ● 继续推进标准协调和部门相互认可方面的工作，包括电子电气产品和食品部门的相互认可协议 ● 鼓励 SCSC 的成员更加	2007～2009	● 开展食品安全和危险分析关键控制点（HACCP）合作项目 ● 与区域性专家组织（SRBs）

	于在电子电气设备中禁止使用某些有害物质指令》（RoHS）和国际化学品管理战略方针（SAICM）。在医药领域，APEC 的代表参加了医药标准化国际大会的全球合作小组（GCG） ● 实施 SCSC/便利化工作组的工作计划 ● 在生命科学法规方面加强国际最佳范例和标准的实施与应用	积极地参与国际标准化活动，包括 ISO/TC 223 和 IEC/TC 111 等 ● 促进 APEC 地区工作计划中的标准教育 ● 继续在与产品相关的环境法规方面分享信息和提起关注，并为 APEC 采取进一步的行动提供建议 ● 实施“生命科学创新论坛（LSIF）战略计划”关于法规协调和/或药品和医疗设备生产程序方面的建议		合作实施工作计划 ● 开展与“APEC 战略性标准教育计划”有关的项目 ● 举办医药产品许可证、临床试验规范、产品设计与质量方面的研讨会，并考虑举办更多关于全球医疗器械协调大会（GHTF）的研讨会

资料来源：Ha Noi Action Plan to Implement the Busan Roadmap towards the Bogor Goals, Ha Noi Viet Nam, 18-19/11/2006.

APEC 将继续在各成员有兴趣的部门推进标准一致化和相互认可，以及标准一致化评定方面的能力建设。APEC 将鼓励部门管理者之间的对话，对那些限制贸易发展的障碍达成共识，并共同采取行动消除这些障碍。

（3）商务人员流动

促进商务人员在各成员之间的流动是 APEC 贸易投资便利化整体目标的重要组成部分。APEC 将在该领域取得的既有成果基础上，继续寻求简化商务人员短期入境和临时居留的程序，尤其是要进一步推广 APEC 商务旅行卡的使用。考虑到促进贸易安全的需要，APEC 成员将继续在旅行证件的安全性方面加强技术合作，例如推广应用生物测定电子护照、旅客信息预报系统（API）等。

表 3 商务人员流动领域便利化行动计划表（TFAP II）

活动主旨或主体	现有行动	未来行动	时间表	能力建设
减少工商界的经营成本	● 改进商务人员短期入境安排，并提高相关公共信息的透明度 ● 实施了APEC商务旅行卡（ABTC）计划	● 鼓励 APEC 推广 ABTC 计划 ● 继续更新商务人员流动专家组（BMG）的网站，以确保向工商界人士提供关于 ABTC 计划、各成员短期入境要求和BMG其他倡议的确切、全面的最新信息 ● 继续实施商务人员流动专业服务的既定标准，以保证服务过程的公正和透明度 ● 对 BMG 专业服务标准进行考查和评估，以便各成员通行采用	2007 ～2008	● 为 APEC 商务旅行卡的推广使用提供技术援助和培训
采用先进技术	● 实施 API 探路者倡议 ● 采用符合国际标准的生物测定可机读旅行文件（电子护照）	● 通过定期的信息交流，包括融资方式等，促进 API/APP 系统的实施 ● 在网络上提供关于生物测定电子护照的技术性和非技术性事宜及最佳范例的参考文献	2007 ～2010	● 提起对 API 系统融资方式的关注 ● 针对生物测定可机读旅行文件及相关边境管理体制进行经验教训和最佳范例的对话

资料来源：Ha Noi Action Plan to Implement the Busan Roadmap towards the Bogor Goals, Ha Noi Viet Nam, 18-19/11/2006.

（4）电子商务

电子商务可以拓展商业机会、降低成本、提高效率，并为企业更多地参与全球贸易提供便利，从而加快经济和贸易全球化的步伐。APEC 已经开展了各种各样的行动，努力推广电子商务在亚太地区的应用，以协助各成员应对电子商务带来的机遇和挑战。到 2020 年，APEC 地区将形成一个全面的无纸贸易环境，使各种与贸易有关的信息都能够通过电子手段进行传输。

表 4　电子商务领域便利化行动计划表（TFAP II）

活动主旨或主体	现有行动	未来行动	时间表	能力建设
加强电子商务的监管环境	● 实施《APEC 电子商务行动蓝图》	● 通过与全球信赖联盟（GTA）和东盟信赖联盟（ATA）的合作加强信托服务	2007～2008	● 开展电子商务方面的培训 ● 加强消费者和工商界对电子商务的认识
开展电子商务的最佳范例	● 在 APEC 成员中实施政府采购的电子投标 ● 通过电子商务投诉受理中心提供与网上交易有关的问题调解服务	● 与潜在的伙伴合作加强电子商务和电子贸易服务	2008	● 为改善技术性基础设施（互联网、宽带等）提供技术援助 ● 开展信息安全和信息安全管理方面的培训

资料来源：Ha Noi Action Plan to Implement the Busan Roadmap towards the Bogor Goals, Ha Noi Viet Nam, 18-19/11/2006.

三、APEC 推动中小企业贸易便利化的安排及趋势展望

中小企业在亚太地区经济发展中占有重要地位。据不完全统计，就公司数量而言，当今全球 99%的公司都是中小企业，其提供了全部就业岗位的 60%～80%，并且对 GDP 的贡献率达到了 40%～60%[①]。因此，APEC 一直密切关注中小企业的发展，为推动中小企业开拓国际市场、提高出口业绩作出了不懈的努力。

（一）APEC 推动中小企业贸易便利化的具体安排

APEC 中小企业工作组（SMEWG）与贸易和投资委员会（CTI）将中小企业的发展视为其核心工作，努力推进清除中小企业在国际贸易中所面临的障碍[②]，不断推出促进中小企业提升国际市场开拓能力的具体部署安排。

① 数据来源：APEC 中小企业电子商务调查结果主题演讲，新加坡，2009 年 8 月 3 日。

② 2012 Annual Report to Ministers: Committee on Trade and Investment, 2012 (9).

1. 组织建设阶段（1994～2000 年）

1994 年，APEC 召开了首届中小企业部长会议。首届部长会议申明了中小企业的重要性，指出未来该领域的政策方向在于推动中小企业发展、放松贸易投资管制等。1995 年，中小企业政策非正式小组（PLGSME）正式成立，提出了该小组的五个具体工作目标，即人力资源开发、技术培训、完善金融市场机制、建立信息交流和市场渠道。1998 年，中小企业部长会议提交了《中小企业一揽子行动计划》（SPAN），成为各经济体开展中小企业领域合作的指导性文件。2000 年，中小企业政策非正式小组更名为中小企业工作组（SMEWG），负责中小企业合作项目的规划和实施。这一阶段，有关中小企业的 APEC 组织制度逐步建立起来，但专业部长级会议仅就中小企业的重要性及组织建设、政策方向展开讨论，具体涉及贸易便利化项目的实施开展并不多。

2. 议题完善阶段（2001～2007 年）

2001 年起，中小企业部长级会议开始根据 APEC 当年主旨议题设立本领域的合作议题，并规划当年的中小企业合作工作重点，SMEWG 的工作机制也日趋完善，关于贸易便利化与中小企业的相关议题也逐渐丰富和具体起来。如 2002 年的中小企业部长级会议专门就“中小企业应如何针对茂物目标做出反应”进行了讨论，并从政策层面给出了建议。2005 年，SMEWG 通过与其他 APEC 机构积极沟通，设计并规划了促进中小企业参与国际合作的行动：针对那些出口潜力巨大但缺乏产品和服务出口正式渠道的中小企业，鼓励各成员采取必要措施促进国际贸易，继续减少和消除其进入国际市场的障碍。2007 年，在第 14 届中小企业部长级会议上，部长一致认为可以通过以下措施促进中小企业国际贸易：第一，减少政府施加的交易成本和繁琐的程序，使得创办企业更加容易；第二，为中小企业节省时间成本，鼓励使用电子商务和网上交易；第三，鼓励中小企业国际化。可见，推动中小企业贸易便利化的相关议题和措施逐渐完善和具体起来。

3. 全面发展阶段（2008 年至今）

2008 年爆发的金融危机使得 APEC 更加注重中小企业的发展。2009 年，第16届中小企业部长级会议提出了“协助中小企业进入全球市场并克服贸易障碍”的主题，认为应通过中小企业进入全球市场的政策来发展中小企业，实现包容性增长目标。会议首先讨论了如何提高中小企业市场研究和进入能力以及积极消除在中小企业能力建设和融资渠道方面的限制，强调商业便利化、供应链链接、友好的原产地原则等因素将直接影响到中小企业发展。2011年，贸易与中小企业部长联席会议上，美国提交了《解决中小企业贸易障碍》的报告，分析了中小企业面临的9大贸易障碍，认为应由CTI和SMEWG联合解决这些问题。2013年，第20届APEC中小企业部长级会议将主题设定为“促进中小企业全球竞争力”，对强化中小型企业拓展国际市场的能力等议题进行深入探讨和研究。可见，APEC 中小企业领域的贸易便利化合作已进入多层面相互配合的全面发展阶段。

（二）APEC推动中小企业贸易便利化合作的趋势展望

1994年《茂物宣言》明确规定：“发达成员应不迟于2010年，发展中成员应不迟于2020年实现上述目标。”自该目标提出迄今已20年，从目前来看，由于APEC长期以来非约束性协调的单边主义合作机制，不同成员之间在经济、政治、地理等多方面的不同和对贸易便利化目标的认知及战略的差异，加之WTO多哈回合谈判屡遭挫折，APEC贸易便利化合作进程有所减缓，这一状况不同程度打击了各成员实现“茂物目标”的信心，也使得各成员在推进目标时动力不足。当前，APEC 发达经济体虽然已经完成了茂物目标的评估，但仍然应该充分认识自身存在的问题以及需要进一步推进的领域，特别是要从地区整体利益出发，从技术、资金和能力建设方面对发展中经济体实现茂物目标给予足够的帮助和支持，以谋求APEC地区贸易便利化进程的如期实现。

如何协助企业应对国际贸易风险和贸易障碍、创造企业参与国际贸易的有利环境，是APEC推进贸易便利化合作的重要内容。高度共识和积极参与是推进企业贸易便利化进程的基础，这样才能有效凝聚成员间的向心力。2013年9月，主题为“促进中小企业全球竞争力”的第20届APEC中小企业部长级会议在印尼巴厘岛召开，会议广泛交流与商讨了协助中小型企业获得融资、强化中小型企业拓展国际市场的能力等相关议题。这一议题的提出，使得企业对贸易便利化的认识在广度和深度上均有所拓展，为 APEC 未来一段时间企业贸易便利化的进展指明了方向。

第 21 届中小企业部长级和相关会议于 2014 年在中国召开，本次会议确定的主题为“创新和可持续性”，包含三项子议题：增加中小企业的创新能力、改善环境对中小企业创新的影响、通过创新促进中小企业的成长。可见，创新成为下一届中小企业部长级会议的主题词，这对如何实现上届会议所提出的“促进中小企业全球竞争力”给出很好的解答，也是 APEC 推进贸易便利化合作的重要突破点。若没有创新的发展，贸易便利化的继续推进也就缺少了支撑和后劲，同时创新增长与增强企业参与国际贸易的竞争力息息相关，这与当前国际经济形势和推进企业贸易便利化合作的最新需求是相适应的。各成员企业应以长远的战略眼光来重视创新问题，积极参与创新合作，以应对经济全球化浪潮中参与国际贸易可能遇到的挑战。对中国企业而言，要更加积极地参与 APEC 贸易便利化合作，借由 APEC 推进创新合作的契机，在亚太经济组织的平台上开拓新的发展空间和机遇。

四、中国在 APEC 贸易便利化中遇到的问题及应对措施

中国历来希望通过 APEC 贸易便利化平台促进企业对外贸易的发展，并积极支持企业和为企业服务的政府机构参与 APEC 贸易便利化进程。从现实发展来看，APEC 贸易便利化在推动中国企业参与国际贸易方面取得了显著进展。

（一）中国企业参与贸易便利化的现状

随着 APEC 贸易便利化发展不断取得阶段性的成果，中国在进行贸易便利化的一系列改革和提高过程中也取得较大的进展，具体表现在以下三个方面：

1. 企业出口规模持续扩大

近年来，中国对贸易便利化问题给予了高度关注，也有更多的企业不同程度地参与了贸易便利化行动。贸易便利化水平的提高促使了企业数量和出

口贸易额的提升。截至2009年12月31日，在我国备案登记的企业累计60.4万家，比上年增长4.7%，其中有出口记录的企业26.3万家，增长4.3%，占当年备案企业总数的43.5%。2013年，我国进出口总值4.16万亿美元，首次突破4万亿美元大关，扣除汇率因素，同比增长7.6%，比2012年提高1.4个百分点。其中，民营企业进出口1.39万亿美元，同比增长20.6%。[①]值得指出的是，在中国10大贸易伙伴当中，有8个是APEC的成员，我国同APEC成员之间的贸易额占2013年我国对外贸易总额的60%。贸易便利化进程的推进为中国企业参与国际贸易创造了一个公开、透明、规范的公平竞争环境，促使我国更多的企业参与到国际贸易中来。

2. 企业通关效率有效提高

在实施贸易便利化的过程中，中国政府部门的管理水平和工作效率均有了较大提高，进出口贸易环境在很大程度上得以改善。中国加快推进口岸"大通关"和"电子口岸"建设，建立并发挥口岸工作联络协调机制作用，全国大部分口岸特别是重点口岸的通关效率不断提高。经初步测算，改革前，全国海关出口通关（从报关企业向海关发送电子数据至通关放行为止）平均时间约为2.2天，改革后降为1.5天；实行快速转关前，深圳公路口岸转关车辆平均通关时间约为30分钟，改革后缩短至1分钟；从深圳转关到东莞的车辆，整个通关时间减少了近2个小时；长江水道的出口通关环节由改革前的8个减少到5个，进口通关环节由11个减少到4个，收费项目由改革前的3个减少到1个[②]；电子检验检疫的实施，极大地提高了通关速度，减轻了企业负担，目前，企业办理每批业务的工作周期平均缩短了2～3天，达到了全面提速的目的。2011年APEC开始实施《微小货值基础标准探路者计划》，倡议免除快递和邮政运输低于100美元的微小货值商品的关税、税收和报关程序，这有力地降低了中小企业参与国际贸易的物流成本和时间成本，为中国企业的商品和服务贸易提供了便利，给企业带来了实际的经济效益，企业通关效率

① 数据引自"进出口监测预警专题"。网址 http://www.docin.com/p-261839235.html。

② 数据引自中国网"中国海关推动贸易便利化"。网址：http://www.china.org.cn/baodao/china/htm/2001/2001-21/21-1.htm。

大大提高。

3. 电子信息技术为企业参与国际贸易提供了保障

中国政府一直致力于推动电子商务的发展，为企业参与国际贸易提供技术支持和服务支持，以确保更多的企业参与到国际市场中来。2008 年，中国海关“出口结汇联网核查系统”等 8 个“电子口岸”新增项目投入使用，其上线项目达 61 个。“电子口岸”企业用户累计超过 47.2 万家，其中 2008 年新增入网企业 7.2 万家。“电子口岸”日处理电子单证量达 120 万笔。[①]现在，企业电子档案均已建立起来，企业可以足不出户随时进行网上申报，检验检疫和海关等口岸部门互联互通、电子监管、协同执法，实现了对进出口货物的全程监控，并应用信息化手段推行了电子政务，规范了检验检疫执法行为。中国正在开展新的海关清关系统 H2010 的研究与开发，以便提高海关信息技术应用水平。据 2014 年 3 月最新数据显示，海关信息数据与 58 万余家海关注册企业将实现实时共享[②]，此举旨在进一步加快社会信用体系建设，推进政府信息共享。这一系列的措施降低了企业尤其是中小企业获取充足贸易信息的难度，也提高了企业参与跨境无纸贸易的整合度，从而为我国企业参与国际贸易提供了更多的信息支持。

（二）中国企业在贸易便利化进程中面临的问题

尽管 APEC 推动贸易便利化的行动已取得了较大的进展，但从近年来的发展进程看，APEC 贸易便利化在一些具体行动领域中仍然存在着诸多需要解决的问题，整体发展速度慢于预期计划。作为发展中成员，同亚太地区其他大多数发展中成员一样，中国在贸易便利化实施与改革过程中存在着一定的困难和问题。便利化程度滞后严重阻碍了企业国际贸易的发展，这主要表现在以下几个方面：

1. 海关基础设施建设严重不平衡

尽管中国在贸易便利化的基础设施建设中取得了一定成绩，但从全局来

① 中国海关总署，《今日中国海关 2009》，中国海关总署网站，http://www.customs.gov.cn, 2010 年 3 月 29 日。

② 数据引自中国政府网。网址：http://www.gov.cn/xinwen/2014-03/24/content_2644588.htm。

看，地区经济发展的不平衡导致全国各口岸管理水平和基础设施建设不能统一，贸易便利化基础设施建设仍有待进一步提升。中国地区间经济发展水平高低不齐，仍有相当数量的口岸基础设施建设投入严重不足，后方通道不全。另外，各地方之间、部门之间的协调也存在着低效率等问题，中国海关还没有确定全国统一的货物放行时间和通关时间，各地方海关对于政策的执行理解也存在偏差，对于不同运输方式、贸易方式、不同货类通关时间的计算缺乏统一标准，对于同一种商品的通关出现了不同口岸规定不同的情况，这成为企业出口通关的障碍，严重制约了企业的出口行为。因此，各口岸基础设施建设与海关管理水平的统一与标准化成为亟待解决的问题。

2. 中国标准一致化领域有待提高

在标准化领域，贸易便利化的一个具体措施是使国内标准与国际标准接轨。目前国际标准主要是由发达国家制定的，由于受经济发展水平的限制和相关技术基础设施的落后，中国在采用国际标准方面与发达国家相比还存在较大差距。至 2006 年底，中国国家强制标准和推荐性标准的国际化比率分别达到 48.26%和 44.26%，平均比率为 46.5%。[①]而澳大利亚公布的国内标准中，国际标准的采标率为 80%，另外 20%没有采用国际标准是因为没有等同的国际标准存在。此外，在医疗设备和化学药品采用国际标准方面，中国也存在较大差距。过高的国际标准增大了中国企业的成本负担，特别是技术水平较低、管理模式不先进的中小企业，在标准一致化过程中更容易遭受歧视性待遇。

3. 新型贸易壁垒造成企业出口障碍

尽管减少或消除贸易壁垒是 APEC 贸易便利化的重要内容之一，但从现状来看，由于 APEC 成员的政策透明度不足，再加上金融危机对各国经济的冲击，贸易保护主义在非关税领域有了新的表现，例如技术壁垒、绿色壁垒等。APEC 各成员法规政策错综复杂且标准不一，新贸易壁垒存在双重性、隐蔽性、复杂性、从“非合法”保护向“合法”保护转变等特点。由于巨大

① APEC, Peer Review Report, IAP of China, www.apec.org。

贸易顺差的存在，中国已连续多年成为全球遭遇反倾销和反补贴调查最多的国家。其中，对中国发起“双反双保”调查数量排名前十的经济体大部分都是 APEC 成员。2013 年上半年，中国企业面临的贸易摩擦形势依然严峻，共有 15 个国家（地区）对中国发起 39 起贸易救济调查，涉案金额 20.9 亿美元。[①]新贸易壁垒的制订实施必然会涉及产品从生产到销售、使用乃至报废各个环节的监督和检测，产生大量单证要求，产品抽检率大幅度提高，这些都给中国企业出口设置了层层障碍，加大了中国企业出口的风险，也大大提高了贸易成本，进而削弱了中国企业的国际竞争力。

（三）中国利用 APEC 贸易便利化推动企业参与国际贸易的对策

中国应进一步发展同 APEC 成员的友好合作关系，建立起联系和信任机制，合作创造更有利的国际政治、经济环境，最大限度地利用 APEC 贸易便利化推动企业参与国际贸易，以获取更多的经济利益。从目前看，中国还需从以下几个方面作出积极努力：

1. 继续深化海关管理体制改革

加强海关基础设施建设和信息化建设，针对贸易便利化的体制、程序和机制效率深化海关管理体制改革。整合口岸海关与内陆海关资源，提高海关法规透明度和一致性，实施一体化海关监管程序，加强在风险评估方面的跨境合作，全面深化和完善无纸通关作业改革，努力缩小地区差异。在已经开展的口岸“大通关”基础之上，完善大通关统一信息平台，继续加快与贸易相关管理部门之间的协调配合，建立各部门之间信息共享、标准统一的管理制度，使贸易便利化涉及的海关、商检、边防、物流、税务、工商和银行部门能够及时沟通，强化以企业为单元的风险管理系统和执法评估监督系统，通过提高这些部门的便利化程度，压缩企业通关成本，全面提高企业通关效率。

2. 促进标准一致化相关能力建设

提高对标准一致化工作重要性的认识，加强标准一致化合作的能力建设。

---

① 《贸易便利化为出口注入新动力》，《人民日报》2013 年 8 月 2 日。

中国可积极倡导实施“探路者方式”推进合作，促进现实条件相近的成员先行就某些合作项目及其目标达成一致，并尽早启动实施。在现阶段要积极接受发达国家（如美国、澳大利亚、加拿大）提供标准一致化能力建设方面的技术援助，加强政府、学界、企业之间的协作，根据中国经济发展水平和企业承受能力，选择和确定最符合中国企业实际情况的标准一致化行动措施并予以执行。这样可以在最大限度上防止部分成员在敏感领域强行设定过高标准和实施时间表，损害中国企业的经济利益，减少标准一致化对所有工商企业尤其是中小企业参与国际贸易竞争的冲击。另外，从中国参与国际标准制修订方面的工作看，由中国起草的国际标准数量仅为10多项，已提交国际标准化组织的国际标准草案为20多项，这意味着中国所占国际标准数量的份额仅为0.18%，因此，政府也要在谈判中积极争取国际标准制修订方面的话语权，使标准一致化领域政策的制定更多顾及中国企业的利益。

3. 完善企业国际化的各项支持体系

欧盟、美国等发达国家政府对企业参与国际贸易的扶持和促进是全方位的，包括融资便利、技术创新、信息咨询、研发培训等。中国政府应借鉴发达国家的方法，政府和相关机构也应该建立和完善一套有利于企业的信息服务体系，帮助企业更好地进行海外拓展；改善外贸发展基金、企业开拓国际市场资金以及各项政策性资金的使用方式，如加大对企业市场拓展和开发新产品等方面的支持力度；有目的地鼓励企业建立核心技术，树立核心品牌，打造核心竞争力，帮助企业在国际市场上走得更好、更稳。而地方政府应该全面出击，铺开服务面，结合实际来制定本地区的外贸促进和信息服务措施。

4. 提升中国企业在APEC地区供应链中的地位

提升中国企业在APEC地区供应链中的地位，是中国推动企业参与国际贸易的重点及长期任务。目前中国企业在APEC地区供应链中大多还是处于跨国公司海外供应商的地位，在参与APEC贸易便利化和供应链合作中，可通过以下几点提升中国企业在供应链中的地位：

第一，良好的国内供应链基础是中国企业参与APEC供应链合作的前提。中国需要加强国内供应链建设，运用信息技术优化供应链的运作，保证有效的交流和信息共享，降低企业获取信息的成本；同时要积极推动企业转变观念，加强上下游企业供应链合作，将诸如物流等非核心业务进行外包，提高企业的核心竞争力，确保有效而省时地以低成本进入市场。

第二，要强化与 APEC 地区供应链的对接。中国企业要树立积极参与国际供应链的思想理念，提高企业对跨国供应链一体化管理的认识，不断拓展自己在海外的采购、生产、配送、销售体系，建立合理的利益分享机制，积极寻求向跨国供应链上的主体地位的转变，充分利用 APEC 供应链互连互通的资源，主动在更深、更广的范围内参与国际竞争。

5. 深入参与 APEC 地区的贸易便利化合作

中国应根据自身实际和对外贸易发展原则，结合市场多元化和区域经济合作的策略，继续推进与 APEC 成员的贸易便利化进程。可以预见到，在今后一段时期内，中国对外贸易规模的相当一部分将来自 APEC 成员，因此与这些国家开展贸易便利化合作具有非常重要的意义，需要加大与这些国家毗邻口岸的建设力度，尤其应积极争取与周边国家的海关进行联网合作并统一标准，促进工作人员之间交流经验与学习，使双边在海关管理与监督、贸易政策、商品检验检疫技术以及各种技术标准等信息方面得到更为有效的沟通和协调，进一步推进双边乃至多边贸易便利化程度的提高，以推动中国更多企业拓展国际市场，促进国际贸易健康、快速和可持续发展。

参考文献

[1]宫占奎、古昕，《APEC 茂物目标：憧憬、行动、评估与展望》，载《亚太经济》2013 年第 4 期第 8～13 页。

[2]李文韬，《APEC 贸易投资便利化合作进展评估与中国的策略选择》，载《亚太经济》2011 年第 4 期第 13～17 页。

[3]刘重力，《APEC 贸易便利化问题研究》，南开大学出版社，2012 年。

[4]刘重力、王丽华，《2011 年 APEC 重要议题评析及中国策略》，载《亚太经济》2011 年第 6 期第 8～12 页。

[5]APEC Committee on Trade and Investment, Annual Report to Ministers,

2012 (9).

[6]APEC Policy Support Unit, "IFAP Implementation in Facilitating Investment for the Asia Pacific Region", 2013 (3).

[7]The 35th Small and Medium Enterprises Working Group Meeting, "SMEWG Strategic Plan 2013-2016", 2012 (8).

中国参与APEC经济技术合作的进展与中国企业的选择

张 彬　余 振[①]

当前，亚太地区是全球经济增长最具有活力的地区之一。世界主要国家纷纷将经济战略的重心定位在亚太地区。APEC 作为亚太地区最重要的区域经济合作组织，理所当然受到极大重视。考虑到贸易投资自由化和经济技术合作是 APEC 不可缺少的两大支柱，中国必须在参与 APEC 活动的进程中，对自身的经济技术合作政策进行重新评估与设计。对于中国的企业而言，积极参与 APEC 经济技术合作更是意味着对亚太市场的开拓。

一、中国参与 APEC 经济技术合作进展评估

APEC 成员不仅是经济技术合作项目的受益者，而且也是其重要的承担者和参与者。自成为 APEC 成员开始，中国一直是经济技术合作的忠实支持者和积极参与者。从 2006 年到 2013 年，中国主持了 134 个经济技术合作项目，其中已完成项目 81 个，正在进行中的项目 53 个。通过分析中国主持的经济技术合作项目，可以将中国参与 APEC 经济技术合作的进展总结为以下几点：

第一，偏好“通过可持续增长确保生活质量”和“区域经济一体化”领

① 张彬，武汉大学经济与管理学院教授、博士生导师。余振，武汉大学经济与管理学院副教授、硕士生导师。

域的经济技术合作项目。如表1所示，从2006年至2013年，在中国承办的134个项目中，“通过可持续增长确保生活质量”这一领域的项目最多，达45项，占中国主办项目总数的34%。接下来由多到少依次是：“区域经济一体化”领域36项、“人类安全”领域21项、“迎接社会领域全球化”领域13项、“结构改革”领域3项，分别占中国主办项目总数的27%、16%、10%和2%。由此可知，中国在“通过可持续增长确保生活质量”这一领域开展的项目最多，符合中国走可持续发展道路的理念。中国不仅在国内大力推行可持续发展战略，并且在国际舞台上也努力贯彻这一思想。此外，中国在“区域经济一体化”领域承办的项目也较多，中国作为APEC最大的发展中成员，努力推行区域经济一体化，促进APEC地区的贸易投资自由化，推动APEC成员的共同繁荣，彰显了中国的国际地位和责任感。

表1 中国主持经济技术合作项目的优先领域和类型分析（2006～2013年）

中国主持项目所属的优先领域			中国主持项目的类型		
优先领域	项目数	比例（%）	项目类型	项目数	比例（%）
区域经济一体化	36	27	研讨会/会议	65	48.5
迎接社会领域全球化（包容性增长）	13	10	调查/研究/报告	38	28.4
通过可持续增长确保生活质量	45	34	培训	14	10.4
结构改革	3	2	数据库/网站/网络建设	7	5.3
人类安全	21	16	标准/成功例	10	7.4
其他	15	11			
合计	134	100	合计	134	100

资料来源：根据APEC PROJECT DATABASE网站资料统计而来。

第二，合作项目开展形式多样，且以信息分享型为主。如表1所示，在中国主持的134个项目中，属于信息分享型的项目包括研讨会/会议、培训、标准/成功例，共有89个，占项目总数的66.3%，居主导地位；其次，数据收集型的项目包括调查/研究/报告，共有38个，占项目总数的28.4%，居次要地位；另外，技术运用型的项目包括数据库/网站/网络建设，仅达到7个，占项目总数的 5.3%。

第三，合作项目资金主要来自自筹和 APEC 资助相结合。如表 2 所示，在中国主持的项目中，以部分 APEC 资助加上部分自筹资金的项目为主，其数目高达 127 个，占项目总数的 95%。而完全自筹项目有 7 个，占项目总数的 5%。在 APEC 提供了资助的 127 个项目中，APEC 的资助规模主要集中在 5 万～10 万美元、10 万～20 万美元，项目数分别为 65 个和 51 个，占受援项目总数之比分别为 51.2%和 40.2%；APEC 资助金额在 1 万～2 万美元、2 万～5 万美元的项目数共有 6 个，占受援项目总数之比为 4.7%；而 APEC 资助金额在 1 万美元以下、20 万美元以上的项目有 5 个。这说明 APEC 对中国主持的项目给予较大的资金支持。另外，在部分 APEC 资助和部分自筹的 127 个项目中，APEC 资助项目金额大于自筹项目金额，这说明在经济技术合作中，项目资金来源以 APEC 资助为主，自筹资金为辅。

表 2　中国主持经济技术合作项目的资金来源及受资助规模分析（2006～2013 年）

中国主持项目的资金来源			APEC 对中国主持项目的资助规模		
资金来源	项目数	比例（%）	APEC 资助金额	项目数	比例（%）
APEC 支持基金（ASF）	1	1	1 万美元以下（含 1 万美元）	0	0
自筹与 APEC 支持基金（ASF）	72	54	1 万～2 万美元（含 2 万美元）	1	0.8
TILF 账户资金	0	0	2 万～5 万美元（含 5 万美元）	5	3.9
自筹与 TILF 账户资金	44	33	5 万～10 万美元（含 10 万美元）	65	51.2
正常账户	0	0	10 万～20 万美元（含 20 万美元）	51	40.2
自筹与正常账户	10	7	20 万美元以上	5	3.9
完全自筹	7	5			
合计	134	100	合计	127	100

资料来源：根据 APEC PROJECT DATABASE 网站资料统计而来。

二、中国参与 APEC 经济技术合作的前景展望

自加入 APEC 以来，中国一直是 APEC 经济技术合作的忠实支持者和积极参与者。但是近年来，中国和亚太地区的经济形势发生了很大变化。首先，

综合国力持续提升要求新领导重新审视中国的国际地位和作用。随着经济增长、社会进步和政治稳定，中国的国际地位全方位提升。在经济方面，中国国内生产总值从 2002 年的 1.23 万亿美元上升到 2012 年的 8.26 万亿美元，世界排名也从第 6 位跃居第 2 位，中国发展道路成为西方模式之外的另一选择。中国已是二十国集团和金砖国家的主要成员，在亚太地区经济合作机制中发挥着日益重要的作用。然而中国经济已达到了相当规模，欲继续保持高速发展的势头，就需要战略能源资源的稳定供应，加强国际经贸往来。因此，确保国际运输通道的安全，发展更紧密的对外贸易关系显得至关重要。其次，国际形势的重大挑战要求中国国家新领导人及时调整中国的亚太经济与外交战略。随着全球多边贸易自由化进程的停滞，世界大国纷纷将贸易自由化的重点放在区域经济一体化之上。由此，大国越来越多地将区域经济一体化作为其控制贸易经济规则的工具，大国也随之成为区域经济一体化的主导者。与小国不同，大国的经济发展更加注重安全。因此，大国在地区主义问题上表现出更多的竞争性和排他性。亚太地区是大国经济战略倚重的重点区域，大国之间的竞争性地区主义尤为明显，其中最具代表性的就是美国的 TPP 战略。在美国"亚太再平衡战略"的催化下，中国同周边国家的关系出现了新困难。东海和南海的海洋权益争端把中国拖入"当事国"的境地，制约了中国在地区政治安全问题上的主导性和主动性。而且，在"经济上要中国"和"安全上防中国"的双重悖论下，中国原有的以经济合作牵引中国—东盟关系的作用趋弱。随着内外部形势的变化，中国的对外经济与外交战略必须重新定位。对于 APEC 经济技术合作，中国需要从战略性、包容性和经济性角度调整其参与的政策。

第一，战略性。所谓"战略" 最初指的是军事战略，只用在军事领域，其本义是对战争的整体性、长远性、基本性进行谋划。对战争的谋划有两种：局部性、短期性、具体性的谋划是战术，而整体性、长远性、基本性的谋划是战略。在目前形势下，中国对参与 APEC 及经济技术合作政策的战略性，主要是突出该政策的整体性和长远性。具体而言，中国参与经济技术合作和开展相关项目要注意把握两个方面的利益：其一，整体利益优于局部利益，即不能用某一部分合作项目的得失与利益比较影响中国参与 APEC 经济技术合作的整体政策。其二，长期利益优于短期利益，即不能用短期内的合作成效决定中国参与 APEC 经济技术合作的长期政策。换言之，战略性要求中国必须对参与 APEC 经济技术合作有一个完整的、长期的考虑。

第二，包容性。这里的包容，主要取其包括与容纳之意。如前所述，既然中国参与 APEC 及经济技术合作是中国外交战略的其中一环，并且其发展亦有 20 多年的经验，那么未来中国的经济技术合作政策即使有变化，也应该是基于现有合作内容和方式的变化，基于中国现有外交战略途径的变化，最终使中国参与 APEC 及经济技术合作和中国的其他外交战略融为一体，相互兼容并进，共同服务于中国整体国家利益。

第三，经济性。中国参与 APEC 经济技术合作，本质上还是一个经济问题，其推进过程中必然有经济因素的考量。其一，必须考虑项目的成本问题。尽管出于战略性考虑，中国参与经济技术合作不能局限于短期利益和局部利益，但是具体项目的开展还是要从成本的角度，充分体现出经济方向的评估。其二，必须鼓励私人部门的参与。与公共部门不同，私人部门更加重视利润，只有充分发挥私人部门和企业的积极性，才能使中国经济技术合作项目的经济性得到更好的保证。其重点在于把握政府和企业的关系，政府的职能在于牵线搭桥，通过制度设计激发企业参与的热情，让企业成为中国参与 APEC 经济技术合作的执行者。

三、APEC 经济技术合作为中国企业提供的机遇

APEC 框架下的区域经济合作主要以市场为驱动，因此 APEC 经济技术合作的机制调整需要适应市场需要。目前，APEC 经济技术合作出现因缺乏转化机制而致使合作效果欠佳的问题，正是由于合作项目与市场需求对接不够所致。目前，APEC 已经确立了鼓励私人部门参与的发展思路。私人部门不仅有充裕的资金和先进的技术，而且对市场需求的变化非常敏感。提升私人部门在 APEC 经济技术合作机制调整中的地位，无疑可以为健全 APEC 经济技术合作的成果转化机制提供坚实的微观基础。经过 30 多年的发展，中国

部分企业已经具备走出国门的实力。亚太地区是中国企业贸易和投资的主要对象，积极参与 APEC 进程有利于它们在亚太地区的投资和贸易。应该鼓励中国企业积极参与 APEC 经济技术合作，使它们在参与中进一步熟悉亚太市场，从中寻找更多的商机。具体而言，APEC 经济技术合作为中国企业提供了如下机遇：

第一，为中国企业了解亚太地区经贸政策变化提供了重要渠道。作为亚太地区最重要的经济合作组织，APEC 在推动亚太地区贸易投资自由化和便利化进程中发挥着无可替代的作用。在 APEC 框架下，经济技术合作主要依托合作项目开展。按照项目开展方式，经济技术合作项目可以分为信息收集、信息分享和培训等三类。其中，信息收集类项目主要包括调研和研究等，信息分享类项目主要包括研讨会、会议、成功例推广、数据库以及网站建设等，而培训类项目则主要是举办培训班等形式的合作。根据《APEC 经济技术合作报告》的统计，截至 2013 年 8 月，APEC 经济技术合作项目总数累计已达到 2229 个。在 2001～2013 年间，APEC 共开展经济技术合作项目 1346 个，年均项目数约 103 个，总体发展稳中有升。为了确保将稀缺资金用于最急需的合作项目之上，APEC 确立了经济技术合作的若干优先合作领域。早在 1996 年，APEC《马尼拉宣言》就确立了人力资源开发、发展稳定有效的市场（通过结构改革）、基础设施建设、便利技术流动并积极利用未来技术、通过环境的友好增长确保生活质量、强化中小企业活力 6 大优先领域。2010 年，APEC 经济技术执行委员会（SCE）对优先领域进行调整，将“区域经济一体化、迎接社会领域全球化（包容性增长）、通过可持续增长确保生活质量、结构改革、人类安全”列为新的中期优先领域。此次新列的 5 个中期优先领域不仅在之前优先领域的基础上有所延续，而且有新的拓展。在 2008～2013 年所开展的合作项目中，隶属于 5 大优先资助领域的项目共 530 个，占项目总数的 77.91%。各优先合作领域按照由多到少依次为：通过可持续增长确保生活质量开展的项目最多，共 161 项，占到项目总数的 30.38%；人类安全共 119 项，占项目总数的 22.45%；迎接社会领域全球化共 65 项，占项目总数的 12.26%；区域经济一体化共 49 项，占项目总数的 9.25%；结构改革开展的项目最少，共 19 项，占比仅为 3.58%。由此可见，相对于 APEC 贸易投资自由化而言，经济技术合作涵盖的范围更广，更能展现亚太经济体贸易政策以及商务环境的变化。因此，积极参与 APEC 经济技术合作，有助于中国企业更加全面和及时地了解亚太地区经贸政策的最新动态。

第二，为中国企业协调亚太地区的官产学研关系提供了重要机会。中国企业开拓亚太市场，协调该市场中的官产学研关系至关重要。APEC 是一个地区性合作组织，其成员的多样性决定了其合作内容的广泛性。从其成立和发展的历史也可以看到，APEC 与亚太地区的官产学研有着密切的互动关系。在 APEC 经济技术合作框架下，亚太地区重要的官产学研机构和组织都发挥着重要作用。例如，APEC 一直非常关注保护环境、促进性别平等、推动科技发展、持续利用海洋渔业资源、保障粮食安全等跨领域问题。由于这些问题涉及面广，亟需通过广泛合作加以解决。APEC 的体制结构使其在解决这些交叉问题上具备优势。2010 年，SCE 对优先领域进行调整，重新确立了 5 项中期优先合作领域，并规定在利用优先领域筛选合作项目的同时使用交叉分析法。交叉分析的内容包括人力资源开发、性别平等、加强 APEC 经济体之间的联系等，尽管以上交叉分析的内容不属于优先领域，但是也可作为决策的依据。APEC 的许多跨领域议题影响着 SCE 论坛的工作，为了更好地协调各论坛的职责范围，更有效地整合资源，SCE 制定了 APEC 跨领域议题讨论框架（Framework to Discuss Cross-Cutting Issues in APEC）。表 3 展示了框架涉及的议题和内容。该框架协助 APEC 领导人、部长和高级官员解决跨领域问题，确保其符合 APEC 的整体目标，对于扩大 APEC 经济技术合作的影响力具有重要意义。由此看来，中国企业积极参与 APEC 经济技术合作也有助于其协调亚太地区的官产学研关系。

表 3 APEC 跨领域议题讨论框架

框架名称	框架涉及的议题与主要内容
SCE 全体委员会（SCE-COW）	SCE 全体会议在每年 APEC 首次会议间隙举行。将出席年度经济技术合作执行委员会全体会议纳入 APEC 工作组和高官会任务组正副牵头人的职责范围。在会议期间，各正副牵头人的职责还包括：（1）更新 SCE 的年度工作计划和活动，并强调每个跨领域议题的具体活动；（2）报告过去和即将举行的联合会议、联合活动或联合项目；（3）寻求增强与其他 SCE 论坛协调互动的机会。
SCE 全体委员会政策对话（SCE-COW Policy Dialogue）	政策对话是 SCE 委员会全体会议不可分割的一部分，SCE 全体委员会所有成员、高官、APEC 工作组和高官会任务组的正副牵头人都被邀请参加。同时，按照《APEC 非成员与会者指南》，SCE 也邀请国际组织发言人参加政策对话，使两者的工作互补一致，并确保 APEC 与其他有类似目标的组织之间的协调工作更有效地开展。 政策对话的目的在于促使 SCE 全体委员针对跨领域议题进行具有建设性的、更深入的讨论，加强 SCE 论坛与国际组织之间的协调，并使其与能力建设和未来工作相一致。SCE 可以根据需要，针对某个具体的跨领域问题举行政策对话。政策对话的成果将进一步反馈给 SCE 各论坛成员，并纳入 SCE 论坛的年度工作计划。
SCE 论坛联合会议（Joint Meetings of SCE Fora）	为确保各论坛更紧密地协调合作，SCE 建议在各论坛之间（不局限于 SCE 论坛，也可扩展到其他 APEC 委员会论坛）举办联合会议，确定并讨论跨领域议题。联合会议应基于明确的议程和目标，使会议成果最大化。其成果可以是开展相关合作项目和联合活动。
联合活动（Joint Activities）	联合活动由 APEC 论坛批准和实施，目的为更有效地协调 APEC 活动以取得更好的结果和更大的影响力。活动内容包括论坛会议、研讨会、座谈会、培训课程等。联合活动不局限于 SCE 论坛的活动，也包括其他 APEC 委员会论坛的活动。跨领域性质的活动可以考虑正式邀请 APEC 论坛相关代表或成员参加。
合作项目（Joint Projects）	开展跨领域性质项目时，SCE 论坛应向其他相关论坛咨询并协调一致。
休会期交流（Intersessional Communication）	SCE 论坛应利用休会期及时沟通交流，在各成员和论坛间形成更紧密的协调和互动。休会期将根据 APEC 工作组正副牵头人指南考虑所有相关官员的职责。

资料来源：2012 Senior Officials' Report on Economic and Technical Cooperation. http://www.apec.org.

第三，为中国企业展示自身优势和特点以及获取先进技术提供了重要平台。APEC 经济技术合作的中心内容是经济合作与技术合作。在开展合作过程中，企业在其中发挥着重要作用：首先，企业是所有经济活动的微观主体；其次，企业也是技术转化成生产的载体；第三，企业不仅是经济技术合作的受益者，同时也是为 APEC 经济技术合作提供资金的重要来源。因此，APEC 在开展经济技术合作过程中尤其重视企业发挥的作用。近年来，随着改革开放的不断深入和中国经济的持续发展，越来越多的中国企业走出国门，赴海外投资与合作。中国企业“走出去”的步幅正逐渐加大，在国际化道路上，不少中国企业已经开始“小跑”。越来越多国家欢迎中国企业，也有越来越多的国家愿意拿出自己最优质的资源与中国企业达成资源合作。中国的相关企业正好可以借助 APEC 经济技术合作平台，展示自身优势和特色，并不断汲取先进知识和经验，引入创新技术，“软硬件”兼备，在实现自身发展的同时，也为中国的发展和进步带来推动力。

四、中国企业参与 APEC 经济技术合作项目的选择

具体而言，中国企业可以优先考虑在以下领域参与 APEC 经济技术合作。

第一，海洋可持续发展领域的经济技术合作项目。中国海域辽阔，海洋资源丰富。中国已经意识到海洋资源对经济以及国家安全的重要性。在《国民经济和社会发展第十二个五年规划纲要》中，中国政府作出了“推进海洋经济发展”的重大战略部署，明确提出了“坚持海陆统筹，制定和实施海洋发展战略，提高海洋开发、控制、综合管理能力”的战略任务。然而海洋不仅是中国经济发展的依托，更是中国与亚太邻国联系的纽带。中国需要结合实际需要，立足于“合作与发展，实现亚太区域海洋可持续发展”的主题，在 APEC 经济技术合作的“通过可持续增长确保生活质量”这一优先领域下，积极推动海洋可持续发展经济技术合作项目。

第二，能源与环境保护领域的经济技术合作项目。当前，随着经济规模不断增大，中国面临的能源紧缺以及环境保护方面的压力与日俱增。尤其是近年来，在继水安全、食品安全等危机之后，空气安全成为首先需要解决的

问题。雾霾已经成为中国迫切需要解决的问题。鉴于雾霾问题的严重性和紧迫性，中国可以积极推动 APEC 经济技术合作中设立雾霾专项，促进亚太地区环保企业的经验交流及技术转让、清洁生产的经验交流、企业排放标准的统一制定等。其中重点在于排放标准的统一。研究表明，空气污染主要是由工业排放导致的。中国可以通过经济技术合作，促进 APEC 成员采取对工业生产进行限制的措施，并寻求出台一些意在减少排放的严格立法。应对的措施包括：将烧木炭改烧天然气，改良汽车发动机，采用含硫量更低的汽油等。中国的相关企业可以结合自身的技术优势参与其中。

第三，基础设施建设领域的经济技术合作。当前亚太地区基础设施建设进入快速、稳定的发展时期。一方面，部分发展中成员基础设施建设普遍薄弱，对基础设施投资有着强劲的资金与技术需求，如东盟 2010 年通过了 2955 亿美元的发展基础设施投资计划，该计划包括兴建路桥、港口、机场、综合工业区和电厂等 717 个工程项目，于 2020 年完成。另一方面，部分发达成员基础设施也面临更新换代，如美国 2010 年宣布实施 500 亿美元基础设施升级计划。与此同时，中国部分基础设施建设将逐渐趋于饱和。如中国高速公路路网建设已经完成了大约 90%，逐渐趋于结束。大型水电项目的建设规模难以长期维持在很高的水平，相应的设备制造能力将逐渐出现过剩和闲置的局面。中国还形成了世界最大规模的铁路车辆、工程机械和普通机床等的生产能力。未来 10～20 年随着大规模基础设施建设的高潮在不同领域逐渐退去，中国将不断面临部分产业特别是相关制造业产能的过剩。在这一背景下，中国相关企业积极推动基础设施建设领域的经济技术合作，不仅有利于发挥中国企业的技术优势，而且也有助于推动中国施工机械及劳务的输出，带动相关商品和建材出口，消化国内过剩产能。

总之，为了实现可持续性增长和促进国民经济整体实力的提高，中国在 APEC 经济技术合作问题上必须采取积极的态度，一定要力争在兼顾发达成员和发展中成员双方利益的基础上，在遵循必要的基本原则的前提下，保持一定的灵活性，以便得到大多数发展中成员乃至一些发达成员的支持，促进 APEC 经济技术合作目标的真正实现，不断缩小 APEC 各成员之间的经济差距，达到亚太地区共同繁荣和可持续性均衡发展之目的，最终推动中国国际竞争能力的提高。

ABAC最新动态及中国企业界参与APEC合作建议

朱 彤[①]

APEC 进程的两个基本领域是贸易投资的自由化便利化和经济技术合作。随着APEC在这两个领域的合作进展，直接面临新的机遇和挑战的是工商界。因此，APEC 的进程不能不随时考虑工商界的利益，不能不聆听工商界的意见，也就是说，不能没有工商界的积极参与。亚太经济合作组织工商咨询理事会（ABAC）是工商界参与 APEC 和亚太区域一体化的主要平台。ABAC 是由亚太经合组织领导人会议于 1995 年创办的，是被授权可以参加 APEC 领导人会议的唯一非政府组织。当时，ABAC 的任务主要是就 APEC 贯彻《大阪行动议程》（the Osaka Action Agenda）和其他事关企业的议程提出咨询意见，反映亚太企业界在APEC中的观点和诉求。ABAC成员由APEC成员经济体各委派3名具有广泛代表性的私人工商界代表组成。ABAC经费来源于各个成员经济体缴纳的年费，年费额度根据成员经济规模而定。ABAC理事会主席由APEC领导人会议轮值主办经济体成员代表担当，国际秘书处设在菲律宾马尼拉。ABAC最重要的活动是每年召开4次例会，并在一年一度的APEC领导人会议期间举办APEC工商界领导人峰会，并与APEC领导人展开直接对话，充分反映工商界在APEC议程和活动中的意见。

① 朱彤，南开大学经济学院国际经济研究所教授、博士生导师。

一、2013 年 ABAC 的合作进展及中国企业界的参与

（一）ABAC 的主要工作进展

1. 优先议题与组织架构

2013 年，印度尼西亚作为 ABAC 的轮值主席，同时设有两个“副主席”（Co-Chair），由 2012 年轮值主席俄罗斯和 2014 年行将主办 APEC 领导人峰会的中国代表担当。这一年，ABAC 认为，由于欧洲债务危机的延续、主要发展中国家经济增长因调整结构和改革而减速以及亚太地区资本市场和金融市场的诸多不确定性，世界经济尽管已经开始从危机中复苏，但增长可能是缓慢的。为此，ABAC 提出的年度工作主题是“伙伴关系、复苏和构建增长的桥梁”（Partnership, Resilience and Bridges to Growth）。在这个主题下，主要的行动目标包括深化区域经济一体化、实现可持续发展、培育小中微企业的发展和企业家精神，以及推进区域金融市场一体化。为了推进上述工作，ABAC 成立了四个工作小组，包括区域经济一体化工作组、可持续增长工作组、小中微企业和企业家精神工作组、金融与经济工作组。这一年，ABAC 先后在马尼拉、新加坡、京都和巴厘岛召开了 4 次工作会议例会。

2. 参加 APEC 活动

ABAC 积极参加了 APEC 的各种会议和各项活动，诸如，APEC 高官会议（SOM）的历次会议以及附属的系列会议、财政和中央银行代表会议、APEC 粮食安全政策合作会议、APEC 贸易部长会议、财政高官会议、APEC 交通部长会议、有关妇女和经济政策的高层会议、APEC 中小企业部长会议、APEC 健康与经济高层会议，以及 APEC 部长会议等。由 ABAC 直接组织的会议包括 APEC 中小企业峰会、亚太基础设施建设合作会议、亚太金融论坛研讨会、第 2 届亚太青年企业家峰会等。

3. 组织调研工作

2013 年，ABAC 还组织了一些调研工作，例如，委托南加利福尼亚大学马歇尔商学院承担一项关于 FDI 的研究课题，对目前阻碍地区 FDI 流动的障碍进行量化研究并给出相关的政策建议；设计了“加强基础设施投资自查清

单”（Enablers of Infrastructure Investment Checklist），建议各个成员经济体用于自我评价在基础设施建设方面引进外国直接投资的进展和效益；准备了一份关于妇女与经济的报告，向领导人和政策制定者传达企业界的相关见解和意见；还对 APEC 商务旅行卡的参加和使用情况进行了调查。

4. 安排 2014 年工作

ABAC 鉴于对当前世界经济复苏脆弱性的估计，提出 2014 年的工作主题是“构建亚太大家庭，谋划长期繁荣”（Building Asia-Pacific Community, Mapping Long-Term Prosperity）。主要工作内容包括：促进区域经济一体化、优先考虑可持续发展、培育小中微企业、促进基础设施建设的发展与连接、推进金融市场的发展和一体化。为推进上述工作目标，ABAC 成立了几个工作组并制定了各个组的工作内容：

区域经济一体化工作组，支持 WTO 抵制保护主义回潮，推进实现亚太自由贸易区（FTAAP）进程，引领新的服务议程，进一步推动投资自由化与便利化；可持续发展工作组，改善粮食安全，加强能源安全和促进新能源开发，促进绿色增长和环境产品与服务贸易，增进亚太劳动者的健康；小中微企业工作组，促进小中微企业融资，推进小中微企业国际化，鼓励妇女参与经济，实现创新增长；基础设施建设与互联互通工作组，促进基础设施建设融资，加强能力建设，强化区域内基础设施的连接，完善全球供应链；金融与经济工作组，关注与评估宏观经济和 G20 的活动进展，促进区域金融一体化，并举办亚太金融论坛（Asia-Pacific Financial Forum），促进 FDI 和长期储蓄在基础设施建设领域的投资，应对亚太地区城市化挑战。

（二）2013 年中国企业参与 ABAC 合作进展

中国企业界自从 ABAC 成立以来一直积极参与其各种活动和会议。早在 1999 年，“APEC 中国企业联席会议”就已经成立，表明中国企业界积极参与 APEC 进程的意愿。随后，2001 年 10 月，中国贸促会负责筹办的 APEC 工商领导人峰会在中国上海成功举办，会议主题为“新世纪、新经济：在全球化中的发展”。会议就当时的世界经济形势、APEC 发展方向和企业未来发展战略等问题进行了深入探讨。2012 年，中国贸促会联合 APEC 工商领导人峰会共同发起举办 APEC 中国工商领导人论坛，开始为 2014 年中国主办 APEC 领导人峰会做准备。2013 年，中国工商界参与亚太一体化进程的行动更加活跃，具有里程碑意义。

1. 出席 APEC 工商领导人峰会

众多中国企业代表出席了在印尼巴厘岛举行的亚太经合组织工商领导人峰会。参加此次会议的全球企业代表有 1200 多家，是有史以来参加人数最多的一次峰会。其中，中国内地约 310 家，加上中国台港澳地区，总计近 400 家，占总数 1/3。与以往不同的是，民营企业家也第一次出现在这个高规格的盛会中。

尤其重要的是，中国国家主席习近平参加峰会并发表演讲，讲话备受关注。习近平表示，中国和亚洲只能通过合作实现繁荣，中国的发展不能孤立于亚太之外，亚太也不能在没有中国的情况下繁荣。

2. 成立“亚太经合组织中国工商理事会”（ACBC）

2013 年，亚太经合组织中国工商理事会在北京正式成立，为中国企业参与 APEC 议程、加强企业家之间的交流以及企业与政府的合作搭建了一个正式的平台，标志着中国工商界参与 APEC 合作进入了一个新的历史阶段。APEC 中国工商理事会是由 ABAC 中国代表和中国商界领袖共同发起成立的工商界组织，主管单位为中国国际贸易促进委员会，同时接受外交部和商务部的工作指导。APEC 中国工商理事会的成立旨在“通过 APEC 各级别的合作平台，推动中国工商界深度参与 APEC 进程，为中国和亚太地区的政策制定提供政策咨询和引导，为中国企业创造自由与便利的贸易、投资环境”①。

3. 举办亚太经合组织（APEC）中小企业峰会

亚太经合组织中小企业峰会由中国国际贸易促进委员会、ABAC 和 ACBC 共同主办，以“创新不止”为主题，聚焦“大制造、微创新”、“跨国公司平衡法则”、“互联网新金融”、“细分市场”、“文化与商业的融合”等多个新议题展开讨论。

① http://stock.gucheng.com/201309/2530352.shtml.

4. 举办第 2 届 APEC 青年创业家峰会

APEC 青年创业家峰会第 1 届峰会是于 2012 年由中国国际贸易促进委员会、APEC 工商咨询理事会共同主办，APEC 中小企业峰会国际协调中心、APEC 中小企业服务联盟承办的。该峰会旨在为亚太地区各领域的创业青年打造一个多元化、跨行业的交流展示平台。

二、ABAC 的基本理念和给 APEC 领导人的政策建议

ABAC 受 APEC 领导人会议委托，代表亚太地区工商界为 APEC 的发展提出咨询建议。ABAC 咨询意见的集中体现是其提交给 APEC 领导人峰会的报告。

2013 年，ABAC 给领导人报告的内容大体分为四个方面：贸易投资自由化与便利化和区域经济一体化、APEC 地区的可持续发展、对 APEC 地区中小微企业的扶持和区域金融市场的一体化。

（一）区域经济一体化

1. 贸易投资自由化与便利化

ABAC 认为，APEC 可以在多边、区域、双边和单边等几个层面推进贸易投资自由化与便利化进程，多边体制仍是全球和区域贸易的基石。2013 年 WTO 第 9 次部长会议提出要有一个切实可行的“一揽子”方案结束多哈回合，ABAC 建议 APEC 应该为此作出努力。同时，ABAC 认为推进 2020 年实现茂物目标和贸易投资自由化在当前是至关重要的。为此，建议每年一次或者两次审议各成员实现茂物目标单边行动计划进程和采取单边计划负面清单等措施。基于这样的认识，ABAC 特别就一些具体领域的自由化与便利化措施提出了意见和建议。

（1）关于亚太自由贸易区（FTAAP）

早在 APEC 成立初期，美国就提出了“新亚洲太平洋共同体”的理念。当时很多成员并不赞同，尤其是包括中国在内的许多发展中成员抵制这个理念。2004 年，加拿大代表在 ABAC 会议上提出建立 FTAAP 的倡导，之后得到了不少成员的支持和附议，ABAC 当年也将建立 FTAAP 作为正式提案提

交给 APEC 领导人会议讨论。自此以后，ABAC 一直主张将 FTAAP 作为 APEC 发展的最终目标。ABAC 认为“跨太平洋伙伴关系协议”（the Trans-Pacific Partnership，TPP）、“区域全面经济伙伴关系”（the Regional Comprehensive Economic Partnership，RCEP）和“太平洋联盟”（the Pacific Alliance，PA）都有助于推动 FTAAP 的实现，建议 APEC 支持并引导这几个区域协议与建立 FTAAP 保持一致。

（2）关于 FDI

ABAC 认为，随着产品价值链的延伸，地区经济增长出现了新的现象，FDI 在促进区域经济增长、增加就业等领域中发挥着至关重要的作用，呼吁成员开放经济，明确认识 FDI 给东道国政府、企业和社会带来的利益，政府要积极采取一系列有利于企业的、公平的、可预见的、透明的和统一的政策措施以便利 FDI 的流动。ABAC 尤其强调要高度支持《APEC 投资便利化行动计划》。

（3）关于货物贸易规制

ABAC 认为，当前 APEC 地区贸易的最大障碍来源于贸易管理和规制的分散化。在经济全球化条件下，供应链是全球性的，任何一个国家或者地区的贸易管理和规制都会影响到全球供应链。因此，ABAC 主张在亚太地区全面引进、推广和采用全球统一的国际标准对货物贸易进行管理。ABAC 支持贯彻 APEC 领导人檀香山会议提出的“良好规制实践”（Good Regulatory Practices，GRPs）议程。

（4）关于信息产品贸易

ABAC 认为，自从 1996 年《信息技术产品协议》（ITA）签署以来，技术发明有了长足进展，加入 ITA 的成员也有所增加，但是该协议的产品覆盖面却没有足够扩大和升级。因此，ABAC 建议 APEC 在多边体制框架下的 ITA 进展中发挥带头作用，使 ITA 覆盖更多有商业价值的产品和更多成员。

2. 新的服务议程

由于服务业对经济增长有巨大的促进作用，ABAC 一直坚持将推进区域服务贸易自由化作为其主要工作目标之一。ABAC 委托南加利福尼亚大学商学院进行的“APEC 地区服务贸易”的研究成果揭示，2012 年 APEC 地区全部服务产品中只有 6%的出口，对比该地区全部货物产品的出口却占到 63%。该研究还发现，内部标准和法规是阻碍服务贸易的最重要的非关税壁垒。为此，ABAC 建议，通过各种途径减少服务贸易壁垒，包括执行 WTO 规则和促成其他次区域组织达成谈判协议，如 TPP 等相关协议。

ABAC 代表工商界尤其关注“APEC 商务旅行卡”（the APEC Business Travel Card，ABTC）的发放和使用，针对目前存在的问题也提出了一些建议，要求一些转型经济体落实 ABTC 的发放，要求延长 ABTC 有效期、简化申请手续、使其有效期与护照有效期脱钩，甚至要求扩大 ABTC 的使用范围，可以尝试扩展到在欧盟的使用。

3. 加强供应链的连接

ABAC 主张通过货物和服务贸易自由化完善全球供应链的连接和建设。ABAC 在给 APEC 领导人报告中引用了南加利福尼亚大学马歇尔商学院 2011 年提供的一份关于 APEC 地区供应链的研究报告，认为供应链的改善能够使每个集装箱的平均成本降低 1307 美元，运输时间减少 5.6 天。

为加强 APEC 地区供应链的连接和建设，ABAC 建议，一是要采用产品全球标准，ABAC 已经配合 GS1[①]推进了区域产品全球标准的一系列框架建设和相关的能力建设；二是要用系统的观点和方法改善地区供应链，例如，建立 APEC 经济体应该采取的政策和最优范例数据库；三是要建设“经授权的合作经济运营人”（AEO）制度以处理贸易安全问题，其中包括区域认证和成员经济体之间的相互认证制度。

（二）可持续发展

可持续发展是 APEC 基本目标之一。为实现这个目标，ABAC 的工作集中在地区粮食安全、蓝色经济增长、能源效率改善、环境产品和服务贸易、技术扩散和基础设施建设等几个领域。

---

① GS1 拥有一套全球跨行业的产品、运输单元、资产、位置与服务的标识标准体系和信息交换标准体系，使产品在全世界都能够被扫描和识读；GS1 的全球数据同步网络（GD-SN）确保全球贸易伙伴都使用正确的产品信息；GS1 通过电子产品代码（EPC）、射频识别（RFID）技术标准提供更高的供应链运营效率；GS1 可追溯解决方案，帮助企业遵守国际有关食品安全法规，实现食品消费安全。

1. 粮食安全

在粮食安全方面，ABAC 主要是监督“APEC 粮食安全政策伙伴关系机制”的执行和进展情况。该机制制定了一系列战略措施构建地区粮食安全体系，以在 2020 年实现亚太地区有足够的粮食供给。ABAC 支持这个机制，并建议 APEC 成员经济体采取有效、具体措施实现这个目标。具体措施建议包括与食品相关的技术传播和研发、通过采用食品安全统一标准和冷冻链技术避免粮食浪费、消除粮食出口障碍、鼓励私人部门在粮食领域的投资等。

2. 能源安全

在能源安全方面，ABAC 提出的主要政策建议包括创建有利于改善环境的贸易与投资的法律法规、促进再生能源的基础设施建设以满足实现绿色增长的要求、鼓励政府与企业在消除环境产品和服务贸易非关税壁垒方面的对话，以及加速实现削减 54 种环境产品关税的承诺。

3. 供水安全

ABAC 认为，随着亚太地区人口的增长和城市化的扩展，该地区许多地方水资源匮乏问题严重，而供水安全对于保障亚太地区可持续发展是至关重要的。为此，ABAC 强调政府与私人在水资源方面需要加强对话，并建立一个由 ABAC 倡议的 APEC 水资源论坛。此外，还提出一些相关的政策主张，包括对农业生产用水征税和对城市过度用水征收惩罚税、采取鼓励水资源保护的刺激措施、使用节水设备以及提倡使用循环水和防漏设施等。

4. 基础设施建设和发展

ABAC 认为，基础设施建设是 APEC 保障地区可持续和包容性增长的重要因素，其具体的措施建议是在全球争取 FDI 流入该地区。为此，不仅仅需要政府取消对 FDI 流入的障碍，而且还要创造有利于基础设施融资、有长期计划、有政府与私人的合作伙伴关系和透明的政府采购环境。ABAC 鼓励 APEC 成员采用 APEC“加强基础设施投资自查清单”进行自我评估。

5. 政府采购

ABAC 认为歧视性的和无效的政府采购程序会冲击国际贸易格局，并且会带来资源配置的低效率和腐败。因此，ABAC 提出多项建议以改善政府采购的透明度、防止歧视，还要建立有私人部门参与的相关仲裁程序。

6. 促进技术传播和创新

ABAC 尤其重视为中小企业创造获得先进技术的机会，拥护 APEC 推行领导人 2011 年提出的 14 项非歧视性市场导向的创新政策。同时，ABAC 也正在寻求有利于 APEC 地区中小企业发展的“APEC 开放创新平台”（APEC Open Innovation Platform）。

（三）中小企业发展

ABAC 认为，中小企业的创新和创造就业能力对 APEC 地区经济增长和发展有重要拉动作用，因此建议采取一系列措施扶持中小企业发展。

1. 创造新的企业和商业模式

ABAC 倡导建立“APEC 创业加速器（APEC Start-up Accelerator）”，通过这个加速器，中小企业可以获得来自私人部门的金融、管理和技术等方面专家的帮助以提高中小企业的经营能力，并希望政府部门委派代表和高水平专家参与其中。

2. 促进企业融资

为帮助中小企业融资，ABAC 将构建 APEC 中小企业融资架构，其中包括动员天使基金、种子银行、风险投资、银行借贷为中小企业融资，同时倡导大公司与中小企业的合作和政府采取支持政策完善资本市场的发展等。

3. 发展信息技术

ABAC 认为，电子商务技术可以大大降低交易成本，这对中小企业的发展和国际化是十分关键的。然而，目前电子商务交易缺乏有效的融资平台，因此建议金融机构进行金融创新以解决中小企业的网上交易融资问题，建立“一揽子”的“网络供应链融资平台”。

4. 支持中小企业峰会

ABAC 认为，“APEC 中小企业峰会”是集中反映中小企业在 APEC 进程中的意见和诉求的平台，主张增加中小企业峰会次数和扩展会议主题。

5. 妇女和青年参与经济

ABAC 高度重视妇女和青年在经济中的作用和创造力，主张采取措施促进妇女和青年参与经济。ABAC 准备了一份关于“妇女与经济”的报告，2013 年主办了“青年创业家峰会（北京）”，还建议各成员经济体派驻 ABAC 代表中至少要有一名是女性。

6. 提倡自愿的企业道德行为规范

2011 年，APEC 领导人提出了在医疗器械、生物制药和电子电机产品三个领域中的道德规范，ABAC 对此高度赞赏，并建议政府采取措施通过反腐推行这些规范。

（四）金融与经济

区域金融一体化对工商界的国际运营具有重要的意义。因此，亚太工商界一直关注 APEC 在金融领域的合作进展。尤其是本世纪从美国蔓延世界的金融危机给亚太工商界带来巨大的负面冲击，更使得工商界开始关注国际金融货币制度的改革。

第一，继续推动 2012 年 ABAC 提出的“亚太金融论坛”。该论坛得到了 APEC 财长会议的支持，是一个促进私营部门和政府合作以推进区域金融一体化的对话平台。

第二，动员地区资金，促进地区平衡和创新增长。主要是动员亚太地区的储蓄，尤其是主权财富资金和其他机构储蓄资金投资于当地和区域基础设施建设。为此，ABAC 还提出了一个为期三年的旨在促进储蓄投资计划并具可预见性和透明性的倡议。

第三，促进亚洲和拉美这两个次区域之间的金融合作和一体化。这里主要是考虑到这两个地区之间近些年来的贸易，尤其是初级产品和制成品之间的贸易有很大的发展，而这两个地区之间在贸易、投资、金融合作等方面的连接与其他次区域之间的合作相比较还需要进一步的发展。

第四，警惕新金融规制产生的一些意外损害。例如《巴塞尔协议III》对中小企业贸易融资和从银行贷款就有不利的影响。为此，ABAC 建议采用全球最低规制标准以使当局在处理内部涉及中小企业的一些特殊问题时具有灵活性。

第五，促进新兴经济体货币的国际化。随着新兴经济体在国际经济中地位的提升，它们的货币在全球和地区市场也将发挥重要的作用，尤其是在贸易结算和投资领域。促进这些经济体货币的国际化可以促进地区金融和经济发展、降低外汇风险、促进经济增长和复苏。新兴经济体货币成为真正的国际货币的必要前提是运行机制与操作要顺畅和具有透明度。为此，需要考虑在货币流动性和运营这两个领域采取具体的完善和促进措施。

第六，支持采用“国际财务报告标准”（IFRS）。ABAC 认为这是促进 APEC 地区规制协调和一体化进程的很重要的组成部分。

纵览 2013 年 ABAC 给 APEC 领导人的建议，可以看出有以下几个明显的特点：

第一，反映了 ABAC 多年来在推进 APEC 进程中一直坚持的重要政策主张，即加强多边贸易体系建设，促进多边贸易谈判尽快取得最终成果；促进亚太区域经济一体化，主要政策主张是加强成员之间的互联互通，包括促进贸易投资自由化、完善基础设施建设、统一规制、进一步促进人员流动。近年来更是将亚太区域经济的互联互通提升到完善全球供应链的高度进一步加强认识；保持区域经济的可持续发展，主要政策建议包括重视能源安全、粮食安全、环境产品贸易；主张培育地区竞争性，主要的政策建议包括扶持中小企业的发展、促进技术发明和传播、鼓励和支持妇女与青年参与经济活动等。

第二，注重提出具体的和可操作的政策建议。ABAC 与学界和商界沟通主持调研课题，根据行动议题设立工作小组进行相关研究工作，在此基础上往往提出非常具体的政策目标和操作措施建议。例如，2013 年，ABAC 进行的两项标志性工作：一是参与完成了实现粮食安全路线图，包括冷冻运输链和采用国际食品安全标准；二是建立亚太金融论坛，促进亚太金融市场一体化。

第三，重视建立和发展私营部门与政府的合作伙伴关系。例如要求政府派高官参加 ABAC 举办的各种议题论坛，建议政府和私营部门共同融资进行亚太地区的基础设施建设。

三、关于中国企业参与 APEC 的对策

中国企业界参与 APEC 进程对中国工商界具有重要的意义。当前，世界经济重心正在向亚太地区转移，世界贸易与投资主要是在亚太地区进行的，而中国对外贸易与投资活动的半数以上也都是在亚太地区进行的。因此，亚太贸易投资自由化将有利于中国企业顺畅地融入世界经济，更好地利用国内国外两个资源和两个市场，拓展企业的发展空间。尤其是，随着经济全球化和产业链的国际延伸，工商界更是需要一个良好的、和谐的国际经营环境。中国工商界应该积极主动地利用 APEC 平台，为改善亚太贸易投资环境发表自己的意见、提出自己的诉求，要有战略思想，高瞻远瞩，为推进亚太地区经济一体化建言献策。

（一）关于亚太区域一体化

习近平主席在 2013 年 APEC 工商界领导人峰会上的发言指出，“亚太地区应该谋求共同发展。亚太各经济体联系紧密、利益交融，要充分发挥各自优势，优化经济资源配置，完善产业布局，建设利益共享的亚太价值链，培育普惠各方的亚太大市场”。习近平主席的这段讲话揭示了亚太区域经济一体化的实质，并表述了实现一体化的重要战略思想。

1. 实现“互联互通”

从 APEC 成立至今，完善亚太大市场一直是亚太工商界的努力目标。近年来，建立亚太大市场目标越来越清晰，其内涵也更加丰富和明确。目前，亚太大市场的核心概念应该是通过互联互通完善亚太地区乃至全球的供应链建设。这个概念比较 APEC 建立之初就提出来的“贸易投资自由化与便利化和经济技术合作”的目标更为具体，更为明确，内涵也更加丰富。互联互通至少包括四个方面的内容：第一，货物和要素在区域内的自由流动，主要是贸易投资自由化和便利化，包括服务贸易自由化和便利化；第二，区域内规制的一致化，为此，或可采用全球统一规制；第三，区域基础设施建设的完善，保障供应链的顺畅连接；第四，经济人员的自由流动。

2. 争取制度创新

为了实现区域内的互联，重要的是要使亚太地区每个经济体都能够从互联互通中获得利益，从而都有积极性为互联互通作出努力。长期以来，实现亚太大市场、互联互通的障碍主要来自区内发达成员经济体和发展中成员经济体的利益分歧。如何冲破进程中的这道屏障，需要合作思路与战略和策略的创新。因此，作为在 APEC 地区影响日显重要的中国，其政府和工商界可以试图在 APEC 的制度创新中发挥引领作用。

例如，实现 FTAAP 是亚太地区大市场建设的长远目标，实现这个目标的主要障碍也是来自亚太地区各个经济体的利益冲突，这就需要合作方式与制度的创新，考虑各方利益推进合作。一方面，如果希望建立机制化的一体化组织，将面临利益纷争，难以达成合作协议，尤其是要建立如 TPP 所设想的高水平一体化组织的谈判所面临的矛盾将更是难以克服；另一方面，现在的非机制化、自主自愿和开放的 APEC 方式，长期以来也一直饱受诟病，被认为是导致 APEC 贸易投资自由化进程缓慢的主要原因之一。如果通过合作制度创新，建立一个考虑各方利益的、比较中庸的、渐进的、机制化与自主自愿相结合的、封闭与开放相结合的合作机制，就有可能实际推进 FTAAP 的建设。

（二）关于可持续发展

1. 明确可持续发展的概念

可持续发展的概念，普遍接受的是 1987 年由世界环境及发展委员会所发表的布特兰报告书所载的定义，即：可持续发展是既满足当代人的需求，又不对后代人满足其需求的能力构成危害的发展。1989 年，“联合国环境发展会议”（UNEP）认为可持续发展的定义和战略主要包括四个要素：（1）国家和国际平等；（2）支援性的国际经济环境；（3）自然资源的维护和合理使用；（4）结合对环境保护的发展计划和政策。这里包含了人类全体都应为实现可持续发展而共同努力的原则。1992 年 6 月，联合国在里约热内卢召开的环境与发展大会指出，“人类应享有以与自然和谐的方式过健康而富有成果的生活的权利，并公平地满足今后世代在发展和环境方面的需求”。这里突出了可持续发展要实现人类资源与利益共享的公平原则。根据这些定义，我国学者归纳了实现可持续发展的三原则，即可持续原则、公平原则和共同原则；并且归纳了可持续发展涉及的几个核心问题，即人口、资源、环境与发展问题。

2. 优先考虑发展中经济体的可持续发展

根据可持续发展的概念、原则和核心问题，结合 ABAC 的相关理念和我国的实践，我国工商界在亚太地区可持续发展问题上应坚持优先考虑发展中经济体的发展问题。因为：

第一，从可持续原则看，发展中经济体产业结构集中于第一产业和第二产业，且由于技术、资源、管理、基础设施和人力资本等生产要素的匮乏，只能在破坏和浪费本国自然资源的基础上从事生产和发展。因此，发展中经济体面临最严重的可持续发展困境，要给予发展中经济体克服困境的能力建设。

第二，从公平原则看，发展中经济体占有自然资源不足，同时却要以自己有限的资源向亚太地区和世界提供越来越多的物质消费产品，这本身就是对自然资源分配和占有的不公平，发达经济体的物质消费中其实就包含着发展中经济体生产这些物质产品所耗费的自然资源和对环境的破坏。因此，在环境污染、技术标准等方面，现阶段还要给予发展中经济体优惠待遇和技术支持。

第三，从共同原则看，亚太地区供应链的连接将增强亚太的全球竞争力，供应链的互联互通是亚太工商界的共同愿望，也是亚太地区经济发展的源泉。亚太供应链的连接需要亚太各个经济体在利益共享前提下的共同参与。因此，要提倡“亚太大家庭”精神，要使所有经济体，尤其是发展中经济体在供应链的互联互通中享受利益。习近平主席在 APEC 工商领导人峰会上指出，“亚太地区应该寻求联动发展。亚太各经济体利益交融，命运与共，一荣俱荣，一损俱损。在这个动态平衡的链条中，每个经济体的发展都会对其他经济体产生连锁反应。我们要牢固树立亚太命运共同体意识，以自身发展带动他人发展，以协调联动最大限度发挥各自优势，传导正能量，形成各经济体良性互动、协调发展的格局”。

（三）关于中小企业发展

1. 重视中小企业在国民经济中的重要地位

APEC 和 ABAC 历来都将扶持和促进地区中小企业发展的议程视为重中之重。因为在亚太国家和地区，尤其是发展中经济体，中小企业在国民经济中的地位是至关重要的。以我国为例，我国注册企业总数的95%以上都是中小企业，工业总产值、销售收入、实现利税的半数以上也来自中小企业。很多研究都证明，中小企业在我国就业、技术创新、出口等领域的重要作用更为突出。

2. 关注支持中小企业发展的重点领域

在 2001 年于上海召开的“APEC 中小企业部长会议”上，我国提出对中小企业支持的三个主要领域：推动技术创新、便利融资和改善中小企业发展环境。这实际上是扶持和促进中小企业发展的几个核心领域。此后，APEC 历届中小企业部长会议和中小企业工作组、ABAC 以及 APEC 中小企业峰会都在这三个领域中探索扶助中小企业发展的各种途径和措施。前述 2013 年 ABAC 提交 APEC 领导人的关于中小企业发展的建言也涉及这几个领域。

3. 需要制度创新和经验交流

从区域合作的角度看，促进亚太地区中小企业发展的政策措施可以分为两类：一类是在区域层面的实质操作，诸如提供资金、便利融资、建立实体合作机构与平台等；二是通过区域相关会议、论坛交流经验，现有的 APEC 中小企业工作组活动、APEC 企业家峰会、APEC 青年创业家峰会等都是很好的交流平台。

从目前区域合作的进展看，实质操作进展缓慢，成效不大，这与各国在区域合作中的利益分配不均、国内利益集团的影响以及各国政府的政策理念差异等因素对政府采取行动的束缚相关。因此，需要合作机制和制度的创新，需要政策理念的创新。但是，从扶持中小企业的经验交流看，APEC 议程以及 ABAC 的工作都取得了良好的成效，亚太各个经济体都会从中受益，这也是推动地区中小企业发展的重要一环。

中国目前在促进中小企业发展方面已经采取的一些政策措施是可以与其

他国家和地区进行交流的。例如税收政策，我国依据《中小企业法》制定了有利于中小企业发展的税收政策和措施，特别是对一些劳动密集型产品采取退税政策；在财政政策方面，中国设立了"中小企业发展专项资金"，支持方向主要包括服务体系、融资环境、科技创新和国际合作四个方面，资金总规模在 2014 年已达到 115 亿元；在融资方面，鼓励发展各种类型的创新基金、体制基金、种子基金、小额贷款公司，开辟股市创业板助推中小企业融资；在服务方面，我国已建成面向中小企业的技术创新服务中心、科技企业孵化器、大学科技园区、留学生创业园区等；在信息服务方面，我国开通了中国技术创新信息网，着力发展网络金融并已取得明显成效。

（四）关于亚太金融市场

1. 重视亚太区域金融市场一体化对工商界的重要意义

国际金融市场一体化的实质就是在金融自由化、金融创新和科技进步的促进下，国内和国外金融市场联系日益密切、相互影响加深，逐步形成统一的金融市场的过程和趋势。亚太金融市场一体化有利于通过加快金融信息传递的速率和扩大金融信息传递的范围提升金融市场效率；有利于扩大金融资产的选择性，满足各种金融需求；有利于加强金融资产的流动性，提高资本配置效率。所以，实现亚太金融市场一体化有利于工商界的经营活动。

2. 积极支持"亚太金融论坛"

首先，中国工商界要积极支持并参加 ABAC 倡导的、经过 APEC 财长会议认可的"亚太金融论坛"，这将有利于改善我国的金融环境。金融服务是经济体的血脉，是工商界赖以生存和发展的基础。相对来说，我国当前的金融业发展经营理念落后、金融产品匮乏、服务水平低下、诚信建设和管理缺失等问题普遍存在。"亚太金融论坛"将汇聚专家、学者、高层管理者和相关政府高级官员探讨经济与金融发展对策。因此，我国工商界、管理者和政府官员参与其中将获得知识、经验和信息，从而改善我国金融服务业。

其次，要通过"亚太金融论坛"继续探索亚太货币与金融合作的道路和途径，近期目标可以是先从推进酝酿已久的亚洲金融合作着手。早在上个世纪 80 年代初人们就预料，随着美国经济在世界经济结构中地位的衰落，美元将不能继续保持其在国际货币体系中的中心位置，将会出现国际货币的多极化。而同时，国际货币的多极化又会导致各种货币之间汇率的不稳定，因此会产生对区域货币合作的需求[①]。但直至亚洲金融危机之前，亚太金融与货币合作并没有取得实质进展。危机之后，受到危机冲击同时又无法得到 IMF 救助的亚洲国家迫切感到亚洲货币金融合作的必要性，各种形式的合作和合作设想层出不穷。在货币合作方面，1977 年日本提出建立“亚洲货币基金”构想；1988 年日本提出“新宫泽设想”，并依此向亚洲受到金融危机冲击的国家提供中长期贷款；1999 年马来西亚提出建立“东亚货币基金”；2000 年东盟十国和中日韩（10+3）签署了《清迈倡议》，从此亚洲货币合作进入实质推进阶段；2010 年亚洲区域外汇储备库签约生效。在金融监管与合作方面，1997 年，包括中日韩在内的亚太地区 14 个国家和地区通过了《提高亚洲地区合作促进金融稳定新框架》（即《马尼拉框架》）；1998 年，东盟各国签署了《理解条约》，确立了东盟监督进程；2009 年“10+3”财长会议发布了《亚洲经济金融稳定计划》；2010 年，“10+3”正式签署了清迈倡议多边协议。可见，亚洲金融货币合作已经有了相当多的探索。

3. 关注“亚洲基础设施投资银行”的进展

习近平主席在 2013 年 APEC CEO 峰会上提出筹建“亚洲基础设施投资银行”的倡议，并承诺愿向包括东盟国家在内的本地区发展中国家的基础设施建设提供资金支持。习主席指出，“新的亚洲基础设施投资银行将与域内外现有多边开发银行一道，共同合作，相互补充，共同促进亚洲经济的持续稳定发展”。中国的这项举措不仅是推进亚太基础设施互联互通的引领行动，或许还将对亚太金融市场一体化产生后续的重要影响。

4. 推进人民币国际化

在 APEC 金融合作进程中，着力推进人民币国际化进程在当前是恰逢其时。美国在世界经济结构中霸主地位的衰落也导致美元逐步丧失了作为唯一国际储备货币的地位。但是美国一直在人为维护美元霸主地位，这与当前已

---

① 参见 1980 年 5 月，日本《环太平洋设想最终报告》。

经变化了的世界经济结构是不相适应的，从美国蔓延开的世界性金融危机的发生就是这种情况的表征。ABAC 已经意识到崛起的新兴经济体货币在区域和全球市场将发挥重要作用。由于中国经济在世界经济结构中的地位急速上升，摆脱美元在国际货币体系中的统治、推行人民币国际化是世界经济结构变迁的适时要求，是国际货币体系的大势所趋。中国企业界更需要为推进人民币国际化进程作出贡献，尽量争取在国际结算和投资领域使用人民币，这将不仅有利于中国工商界，同时还将有利于整个亚太工商界降低国际交易成本与风险，从而促进亚太区域更好地合作。

结语

APEC 从 1989 年成立至今已经有 20 多年了，曾经启动并仍在推进《大阪行动议程》、“茂物目标”、FTAAP 等行动议程，目标在于实现亚太地区贸易投资自由化和区域经济一体化。尽管实际取得的效果不能高估，但是，在这 20 多年中，成员经济体通过各种论坛的交流和实践磨合逐步形成了一种“APEC 大家庭”理念。在这个理念下，APEC 成员经济体都渴求相互提携、共同发展，这可能是 APEC 进程取得的最重要成果。目前，中国在这个“大家庭”中应该，也有能力为了实现全体成员的共同目标发挥引领作用，承接更多的担当，中国企业界也要配合政府参与 APEC，并将随着 APEC 贸易投资自由化和便利化以及亚太一体化进程的进展获得更多的发展机遇和更大的发展空间。

参考文献

[1]ABAC, APEC Business Advisory Council Report to APEC Economic Leaders, 2013.

[2]APEC,《活力亚太，全球引擎——亚太经合组织第二十一次领导人非正式会议宣言》，2013 年。

[3]习近平,《深化改革开放 共创美好亚太——在亚太经合组织工商领导人峰会上的演讲》，2013 年。

[4]习近平，《发挥亚太引领作用，维护和发展开放型世界经济》，在亚太经合组织第二十一次领导人非正式会议上的讲话，2013 年。

ABAC 中国篇

在亚太舞台上彰显中国企业家独特魅力

——中粮集团董事长宁高宁参与 APEC 进程的实践

2010 年 11 月，经中国外交部和中国贸促会的联合委任，中粮集团有限公司董事长宁高宁担任 APEC 工商咨询理事会（简称 ABAC）中国候补代表，自 2011 年 11 月起转为 ABAC 中国正式代表，并担任 ABAC 可持续发展工作组主席、APEC 粮食政策伙伴机构（简称 PPFS）副主席和 ABAC 副主席。经中国国务院批准，2014 年起宁高宁代表担任 ABAC 主席。

三年多来，宁高宁代表积极代表中国企业参与 ABAC 各项会议和活动，精心设置提案，主动与各方沟通，努力引导 ABAC 合作方向与合作重点，组织和推动 ABAC 代表与经济体领导人进行深入对话，阐述中国企业和企业家对 APEC 合作的立场观点，表达中国企业和企业家清晰合理的政策主张，维护中国工商界利益诉求，展示了中国企业在国际舞台上不断崛起的新形象，彰显了中国企业家的独特魅力，是优秀的中国企业家参与国际合作的典范。

一、积极履行代表职责，全面参与 ABAC 各项会议活动

三年多来，宁高宁代表先后出席了 11 次 ABAC 会议，并出席了 10 多次其他相关会议，主要包括 ABAC（广州）会议、ABAC（利马）会议、ABAC（夏威夷）会议、ABAC（香港）会议、ABAC（海参崴）会议、ABAC（新加坡）会议、ABAC（京都）会议、ABAC（巴厘岛）会议、ABAC（新西兰）会议，ABAC（智利）会议和 ABAC（西雅图）会议。其间还出席了 APEC 中小企业（利马）峰会、APEC 工商领袖（夏威夷）峰会、中美（夏威夷）

工商领袖会议、APEC（北京）工商领导人论坛、APEC 工商领袖（海参崴）峰会、APEC 工商领袖（巴厘岛）峰会、APEC CEO（西雅图）中国主题论坛、3 次 PPFS 管理委员会会议和多次 APEC 高官会及部长会议等。

在 2011 年 2 月 14～17 日举行的 ABAC 第一次（广州）会议上，宁高宁作为新任中国候补代表亮相，重点就粮食安全问题发表观点，引起了与会者的积极回应，在 ABAC 代表中树立了较高的威望。在随后的 2011 年 8 月 22～24 日举行的 ABAC 第三次（利马）会议上，宁高宁代表提交粮食安全提案，提出三大具体建议，即推动农业技术转移、合理粮食消费、加大对粮食市场金融投机的监管等，并在此基础上提出一系列细化措施。宁高宁代表的观点得到与会代表的一致认可，被列入 ABAC 提交领导人的报告中。

在 2011 年 11 月 8～13 日举行的 ABAC 第四次（夏威夷）会议上，宁高宁代表作为正式代表提交粮食领域技术转移与合作研究报告，得到了与会代表的充分认可。

在 2012 年 2 月 21～24 日香港举行的 ABAC 第一次会议上，宁高宁代表担任可持续发展工作组主席，主持工作组会议，阐述 2012 年可持续发展工作组工作方案，引导工作组方向，确定粮食安全、能源安全、技术转移合作为重点研究领域，制定年度计划进度表及年度预期成果。宁高宁代表还提交了《推动 APEC 粮食领域技术转移与合作》提案，在研究 APEC 区域内各成员经济体粮食种植、加工、仓储运输以及质量控制等方面技术差异的基础上，指出技术是影响粮食增产及确保粮食供给稳定、减少粮食损耗的关键因素。目前发达经济体所掌握的先进技术没有在发展中经济体有效传播。他提出了技术转移的具体建议并且提议开展技术转移示范项目。

在 2012 年 9 月 4～10 日海参崴举行的 ABAC 第四次会议上，宁高宁代表作为可持续发展工作组主席主持会议，牵头起草提交领导人报告中有关粮食安全、能源安全和技术转移合作等相关内容，从工商界角度提出了一系列切实可行的建议。由于宁高宁代表的出色表现和较高的威望，经全体代表选举，大会表决通过，宁高宁代表担任 2013 年 ABAC 副主席兼可持续发展工作组主席、PPFS 副主席。

在 2013 年 4 月 3～6 日新加坡举行的 ABAC 第二次会议上，宁高宁代表作为 ABAC 副主席、可持续发展工作组主席和 APEC 粮食安全伙伴关系（PPFS）副主席，主持工作组会议，参与 ABAC 和 PPFS 管理委员会决策，并作了《2020 年全球粮食产业发展趋势及对 PPFS 粮食安全中长期行动计划的指导原则》的报告，该报告被列为 PPFS 中长期计划的纲要性文件。

在 2013 年 7 月 8～12 日京都举行的 ABAC 第三次会议上，宁高宁代表作为 ABAC 副主席、可持续发展工作组主席和 PPFS 副主席，代理主持 ABAC 主席筹备会议，主持工作组会议，参与 ABAC 和 PPFS 管委会决策。

在 2013 年 10 月 2～7 日巴厘岛举行的 ABAC 第四次会议上，宁高宁代表作为当年 ABAC 副主席和 2014 年度 ABAC 主席全程出席了各场会议及相关活动，阐述了 2014 年 ABAC 的工作思路，就创新 ABAC 工作机制、提高 ABAC 工作效率提出一系列具体意见，得到了全体代表的一致拥护。

在 2014 年 2 月 11～14 日新西兰奥克兰举行的 ABAC 第一次会议上，宁高宁代表作为 2014 年 ABAC 主席主持全体会议，并作了关于 2014 年 ABAC 工作总体方案的报告，明确提出了 2014 年 ABAC 的总体工作目标、重点关注领域和预期成果。会议期间，宁高宁代表还出席了奥克兰市长 Len Brown 主办的欢迎会、新西兰航空公司主办的招待晚宴、新西兰企业家联谊会和新西兰肉制品协会联合举办的正式晚宴等活动并发表演讲。在宣传中国改革开放政策的同时，积极推动双边经贸交流与合作。

在 2014 年 5 月 4～7 日智利圣地亚哥举行的 ABAC 第二次会议上，宁高宁代表作为 2014 年 ABAC 主席主持全体会议，并作了关于 ABAC 2014 年下一步工作推进的报告，重申 2014 年 ABAC 总体工作目标、重点关注领域和预期成果，对 ABAC 五个工作组下一步工作推进提出指导意见。会议期间，宁高宁代表还出席了智利金融机构主办的欢迎会、智利银行主办的招待晚宴、智利林业行业协会举办的 ABAC 正式晚宴等活动并发表演讲。

在 2014 年 7 月 7～10 日西雅图举行的 ABAC 第三次会议上，宁高宁代表主持全体会议，在对五个工作组全年工作和议题研究进行全面梳理的情况下，对各组工作成果予以评价，明确起草提交领导人信函报告的指导原则，总结提炼重点内容，引导全体代表完成了 ABAC 提交经济体领导人信函和报告的起草工作。

三年多来，宁高宁代表在公务繁忙的情况下，积极参会，认真履行代表职责。在无法亲自参会的情况下，派随员先后出席了 2011 年 4 月 27～29 日举行的 ABAC 第二次（首尔）会议、2011 年 5 月 18 日在美国蒙大拿州 Big Sky 举行的 APEC 公—私营粮食对话会议、2012 年 2 月和 5 月在俄罗斯举行的 PPFS 管理委员会会议和 PPFS 全体会议、2012 年 7 月 16～19 日 ABAC 第三次（胡志明市）会议、2013 年 1 月 21～24 日 ABAC 第一次（菲律宾马尼拉）会议和 PPFS（雅加达）会议等，并提交相关提案。

二、承担 ABAC 多项领导职责，在国际舞台充分发挥主导作用

三年多来，宁高宁代表先后担任 ABAC 可持续发展工作组主席、ABAC 副主席、ABAC 主席、PPFS 副主席、APEC 中国工商理事会主席。在纷繁复杂的国际舞台上，他积极与各方沟通，做好组织规划工作，提高了 ABAC 的工作质量，提升了 ABAC 在 APEC 的影响力。

作为可持续发展工作组主席，宁高宁代表负责制定了 2012 年和 2013 年可持续发展工作组计划，负责每次会议的组织策划，包括制定会议议程、邀请会议发言嘉宾、审核代表提案、主持现场会议、形成会议决议、推动会议成果落实等。

作为 ABAC 副主席，宁高宁代表与 2013 年 ABAC 主席 Wishnu Wardhana（印尼代表）建立了良好的工作关系，在当年 ABAC 工作方案的协商过程中，从中国工商界的利益诉求出发，提出了“聚焦重点、务实推进”的原则，为中国在 2014 年全面推进 ABAC 工作奠定了良好基础。

作为 ABAC 主席，宁高宁代表与两位 ABAC 副主席和五位 ABAC 工作组主席保持了良好的工作关系，在 2014 年 ABAC 工作方案的制定过程中，依据 2014 年 APEC 战略意图和总体目标，在深入研究 APEC 进程和 ABAC 历年议题成果，准确把握 2014 年 APEC 中国战略意图的基础上，对 ABAC 五个工作组提出的 20 个议题分门别类，列出优先顺序，引导 ABAC 与 APEC

整体方向保持一致，确保2014年ABAC工作卓有成效，确保2014年ABAC在推动FTAAP进展、加强互联互通和基础设施建设、构建全球价值链、推进创新增长等方面提出切实可行的政策建议，支持APEC中国年取得实质性成果。在2014年前三次ABAC会议上，宁高宁代表分别在开幕式上作了工作报告，对整体工作进行方向性引导，对每个工作组议题研究进展和工作成果予以点评，在每场交流宴会上发表演讲，宁高宁代表创新务实的工作作风，赢得了全体代表的一致拥戴。

作为PPFS副主席（APEC 21个经济体53家粮食企业的首席代表），宁高宁代表积极参加PPFS管理委员会会议，就PPFS的功能定位、运作机制、中长期粮食安全行动计划提出了一系列的指导性意见。宁高宁代表关于《2020年全球粮食产业发展趋势及对PPFS粮食安全中长期行动计划的指导原则》的报告，被列为PPFS中长期计划的纲要性文件，所提建议被纳入APEC《粮食安全喀山宣言》。

作为APEC中国工商理事会首届主席，宁高宁代表认真履行职责，参加年度会议，两次主持中国企业家与新西兰总理约翰·基的商务会谈活动。国家主席习近平在2013年APEC工商领导人峰会主旨演讲中指出，APEC中国工商理事会的成立，为深入参与亚太经贸规则制定提供了机制保障，体现了中国工商界承担国际责任的积极态度。作为理事会首届主席，宁高宁代表积极呼吁理事会成员更多参与APEC活动，在APEC平台上发出有分量的声音，为提升中国在APEC组织中的地位作出贡献。他指出，理事会提供了中国与国际工商界交流的平台，提供了具有国际视野的发言场合，提供了良好的商业交流平台。在这个平台上，还能与政府开展交流，不断提出政策建议。

三、旗帜鲜明地表达政策主张，积极参与国际经贸规则制定

中粮集团是国有重点骨干企业，承担着维护国家粮食安全和食品安全的责任。在APEC工商领袖峰会的粮食安全专题研讨会及ABAC会议上，宁高宁代表多次就粮食安全问题发表其独到的见解。他认为粮食关乎全人类的生存，与其他商品有很大的差别，应该是全球共享的资源，APEC各成员经济

体应该加强合作，提高粮食供应能力，同时加强对国际粮食市场金融投机的监管，缓解国际市场粮价的波动。

作为ABAC代表，宁高宁从国家利益出发，积极推动APEC在粮食领域的多种形式的合作。三年多来，宁高宁代表共提交提案报告6份，所有提案均得到ABAC会议审议通过，所提建议全部纳入ABAC提交领导人报告中。重点提案报告包括：

（一）向ABAC提交关于《推动APEC粮食领域技术转移合作》提案

2012年，宁高宁代表紧紧围绕中央一号文件“关于加快推进农业科技创新、持续增强农产品供给保障能力”的核心目标，深刻领会文件中关于“面向产业需求，着力突破农业重大关键技术和共性技术、切实解决科技与经济脱节问题”的重要思想，结合中粮集团对行业的理解和中国粮食企业发展过程中面临的实际问题，在深入调查研究和广泛征求各部委意见的基础上，向ABAC提交了《推动APEC粮食领域技术转移合作》的提案，分析了发达经济体和发展中经济体在粮食种植、仓储物流、加工、检测等方面的差距，呼吁发达经济体加快向发展中经济体转移技术，并提出在公私营合作（政府政策鼓励、企业投资参与）的机制下，重点开展中国和发达国家在粮食低温储藏技术方面的多边合作及中日在稻米烘干综合处理方面的双边合作等多项具体建议。

（二）向PPFS提交《推动APEC粮食进出口贸易的基础设施建设》的建议报告

在2012年9月4～10日海参崴举行的ABAC第四次会议上，俄罗斯呼吁成员之间开展联合投资，在远东等地区开展农业合作，力推基础设施建设，建立可靠的供应链。为此，在深入调查研究的基础上，宁高宁代表提交了《推动APEC粮食进出口贸易的基础设施建设》的报告，一方面呼吁东道国政府减少投资壁垒，改善投资环境；一方面积极推动企业利用PPFS平台，开展务实合作，联合进行农业投资开发。

（三）向 PPFS 提交《2020 年全球粮食产业发展趋势及对 PPFS 粮食安全中长期行动计划的指导原则》

在该提案中，宁高宁代表从中国粮食安全的利益诉求出发，全面阐述了 2020 年全球粮食产业发展趋势，提出了增强粮食供给能力和推动粮食贸易便利化两大目标及一系列具体措施，得到与会代表的高度认可。该提案被列为 PPFS 粮食安全中长期行动计划的纲要性文件。

（四）向 ABAC 和 PPFS 提交关于《加强粮食领域基础设施投资合作》的提案

该提案重点研究了美国、加拿大、俄罗斯、澳大利亚、新西兰、巴西、阿根廷、泰国、印尼、马来西亚等全球粮食出口国粮食领域基础设施（仓储、公路、铁路、水路运输、港口码头）的现状和问题，包括投资机会和投资障碍，特别是中国国有企业海外投资所遭遇的不公正待遇，提出了一系列具体的政策建议。该提案建议被纳入 ABAC 提交 APEC 经济体领导人的报告，有力地维护了中国国有企业在海外投资的权益。

四、深入参与和主持与高层对话，务实推动亚太区域经济合作

过去三年，在 ABAC 和 APEC 会议活动中，宁高宁代表多次参与和主持与经济体领导人和高层政府官员的对话活动。

2011 年 11 月 7～12 日夏威夷 ABAC 会议期间，宁高宁代表作为 ABAC 第二小组重点成员参加了 ABAC 代表与经济体领导人的对话活动，与澳大利亚总理朱莉娅·吉拉德（Julia Gillard）、马来西亚总理纳吉布（Datuk Seri Najib Tun Razak）、秘鲁总统奥良塔·乌马拉（Ollanta Humala）、巴布亚新几内亚总理彼得·奥尼尔（Peter O'Neill）、美国总统奥巴马（Barack Obama）等 5 国首脑进行对话，并特别就粮食和能源安全议题向巴布亚新几内亚总理彼得·奥尼尔提问，进行深入对话。

夏威夷会议期间，宁高宁代表作为特邀研讨嘉宾出席了 APEC 工商领导人峰会专题研讨会，与菲律宾总统贝尼格诺·阿基诺（Benigno Aquino）、摩根大通董事总经理兼中国区全球市场业务主席李晶（Jing Ulrich）、美国自由

港迈克墨伦铜金矿公司总裁兼CEO理查德·阿德科尔逊（Richard Adkerson）就自然资源与经济发展的关系、粮食安全等问题进行深度研讨。宁高宁代表作为特邀研讨嘉宾，还出席了“加强亚太地区公私合作，解决粮食安全问题”专题研讨会，与新西兰贸易部长蒂姆·格罗泽（Tim Groser）、印度尼西亚贸易部长基达—威利亚宛（Gita Wirjawan）、美国国会经济与商务局贸易政策副助理国务卿威廉姆·克拉夫特（William Craft）、嘉吉公司执行副董事长艾米丽·克恩尼格（Emery Koenig）就政府和企业在解决粮食安全问题中的角色等问题交换看法。

2012年9月6日ABAC海参崴会议期间，宁高宁作为ABAC第三小组对话主持人，带领11位ABAC代表与俄罗斯总统普京、智利总统皮涅拉、新西兰总理约翰·基等5个经济体领导人进行对话活动，就区域经济一体化、促进粮食安全、建立可靠的供应链和加强创新增长合作等问题进行了面对面的交流，取得了良好的效果。俄罗斯总统普京在回答宁高宁的提问中，首次表示俄罗斯政府欢迎外国投资开发农业资源，对外商购买土地不设限制。这是普京总统首次在公开场合进行此类表态。宁高宁代表还作为特邀中国企业家出席了俄罗斯总统普京的晚宴，就促进两国经贸合作进行交流。

海参崴会议期间，宁高宁代表还应邀作为研讨嘉宾出席APEC工商领导人峰会的粮食安全专题研讨会，与澳大利亚贸易部长克莱格·埃姆森（Craig Emerson）、俄罗斯联合粮食公司董事长兼总裁斯格里·普里亚克（Sergey Polyako）、美国迪尔公司董事长兼首席执行官萨缪尔森·艾伦（Samuel R.Allen）等就全球粮食安全和粮食领域业务合作进行了深入探讨。

2013年10月7日巴厘岛ABAC会议期间，宁高宁代表陪同我国国家主席习近平参加了第二组ABAC代表与APEC经济体领导人的对话活动，并担任了该组对话主持人，就亚太地区热点问题与经济体领导人进行面对面交流。参加同组对话的经济体领导人还包括加拿大总理斯蒂芬·哈珀、泰国总理英拉、巴布亚新几内亚总理彼得·奥尼尔。

巴厘岛会议期间，宁高宁代表作为研讨嘉宾出席了印尼财政部长巴斯里（Chatib Basri）与印尼工商会主席苏迪·苏里斯托（Suryo B. Sulisto）、美国商会会长托马斯·德诺胡（Thomas J. Donohue）等企业家参加的商务合作研讨会。宁高宁代表指出，贸易和投资一直是推动中国经济发展的重要因素。纵观中国历史，凡是中国对国际市场持开放态度的时期，一定是中国经济繁荣富强的阶段；反之，则会出现经济发展减缓，甚至停滞不前。早在600多年前，中国和印尼之间就开始了贸易往来。明代永乐年间，中国航海家带领船队来到印尼，开启了两国之间贸易往来的先河。这也说明当时中国的贸易政策是开放的，经济也由此迅猛发展。对于未来如何吸引外资，宁高宁代表认为，投资者首先看重的是市场，中国巨大的市场潜力是外资进入中国的重要动因；其次，投资者关注成本优势，包含劳动力成本、土地成本、税费优惠政策等；最后，投资者希望能在当地得到融资方面的支持。中国在这些方面为很多外商投资者提供了便利，吸引他们在中国长期发展。

巴厘岛会议期间，宁高宁代表作为APEC中国工商理事会主席和2014年ABAC主席应邀出席并主持了中新企业家座谈会。参加此次座谈会的中新企业家代表共25位，主要来自食品饮料、生物科技、电信、金融、房地产、旅游等诸多行业。座谈会上，中新双方企业家与新西兰总理约翰·基就乳品、保健品、银行服务领域的合作进行了深入交流。

巴厘岛会议期间，宁高宁代表还应邀出席美国国务卿克里与企业家交流晚宴。出席此次活动的有普华永道董事长丹尼斯·纳利先生、美国UL总裁兼CEO克斯·威廉姆斯（Keith Eugene Williams）先生、德国邮政董事长兼CEO弗兰克·阿贝（Frank Burkhard Bernhard Appel）先生、印尼BNI银行CEO高特·苏万东（Gatot Mudiantoro Suwondo）先生、丰益国际联合创始人兼副总裁马修·斯托鲁（Martua Sitorus）先生、沃尔玛亚洲总裁兼CEO斯科特·普莱斯（Scott Anthony Price）先生等12位全球知名企业代表。交流晚宴上，宁高宁代表与美国国务卿克里就全球经济形势和商业环境等问题广泛交换了意见。

巴厘岛APEC CEO峰会期间，宁高宁代表应邀作为研讨嘉宾出席APEC工商领导人峰会首场专题研讨会，就全球和中国经济发展形势、企业面临的挑战等问题，与新加坡总理李显龙、普华永道董事长丹尼斯·纳利、穆迪咨询总裁兼首席执行官雷蒙德·麦克丹尼尔进行互动研讨。

2014 年 2 月 13 日新西兰会议期间，宁高宁代表作为 APEC 中国工商理事会主席和 2014 年 ABAC 主席应邀出席中新交流会，带领中国企业家代表，再次与新西兰总理约翰·基就乳品、葡萄酒、果蔬、肉类、信息服务、旅游、金融服务等领域的合作进行了面对面的交流，提出了具体的合作计划方案。另外，还出席了中新企业家“食品诚信与创新”主题论坛，就食品安全等问题发表观点，与当地政府和企业代表就加强中新两国经贸合作进行深入研讨。

2014 年 5 月 7 日圣地亚哥会议期间，宁高宁代表出席了“太平洋—大西洋对话暨拉美投资贸易机会午餐会”，代表 ABAC 向智利总统米歇尔·巴切莱特致欢迎词，就如何加强中国和拉美企业之间的合作与拉美企业家进行了广泛交流。

三年多来，借助 ABAC 与经济体领导人、高层政府官员的对话机制，宁高宁代表积极推动我国企业与俄罗斯、泰国、澳大利亚、新西兰、巴布亚新几内亚、智利、美国、加拿大等国在农业、生物能源等多项领域的合作，在高层政府的直接推动下，中国企业与上述各国企业开展互访考察和项目合作，取得了实质性的成效。

五、全力服务中国工商界

根据外交部和贸促会工作安排，宁高宁代表在 2012 年和 2013 年重点关注可持续发展和区域经济一体化两个工作组的议题，涉及粮食安全、能源安全、水资源安全、环境产品与服务、蓝色经济、供应链/价值链连接、贸易投资自由化（WTO、FTAAP、TTP、RCEP）、服务、规制合作等多个方面。每次会议前，宁高宁代表及其团队都密切跟踪了解其他经济体代表所负责议题的研究进展及会议提案，及时与外交部、商务部、农业部、能源部、工信部、国家海洋局等相关部委座谈调研，坚决杜绝不利于中国工商界利益的提案获得通过。例如，在 ABAC（秘鲁）会议上，美国代表就下一代贸易与投资议题中的政府采购提交了提案，并要求在给领导人报告中写入执行国民待遇等五项具体建议。对此，宁高宁代表与美方反复进行交涉，有效维护了中国企业利益。

在牵头起草ABAC提交经济体领导人报告、提交贸易部长和粮食部长报告过程中，宁高宁代表及其团队主动与外交部、商务部、农业部等部委沟通，征求意见，逐字修改，确保报告内容符合中国工商界的利益。

宁高宁代表作为2014年ABAC主席，每次会议之前都对五个工作组的所有议题进行审核。在牵头起草2014年ABAC提交领导人信函报告中，配合中国提出的APEC在2014年的三大优先领域，积极推动各经济体代表在原则问题上达成共识，从工商界角度对优先议题给予强有力的支持。

从2010年11月至今，宁高宁代表参与APEC及ABAC的过程，充分展示了中国企业的形象，展现了中国企业家的风范。宁高宁代表创新、开放、专业、务实的工作风格，风趣、诙谐、幽默、睿智的演讲风采，得到了其他经济体代表的一致好评。随着中国经济的发展壮大，会有越来越多的中国企业及企业家走上国际舞台。宁高宁代表的经历，对中国企业及企业家具有很好的借鉴作用。

（APEC中国工商理事会主席单位、中粮集团有限公司供稿）

肩负国家使命　引领金融潮流

——中国工商银行参与 APEC 合作的进展与成就

一、中国工商银行参与 APEC 合作硕果累累

ABAC（APEC Business Advisory Council，下文缩写为 ABAC）是 APEC 中代表工商界的常设机构，由 APEC 21 个经济体领导人各自指派本经济体的 3 位企业家作为 ABAC 代表组成。在我国外交部、贸促会及其他有关单位的支持下，我行原副行长王丽丽同志从 1998 年起开始担任 ABAC 中国代表，成为目前 ABAC 组织中任职时间最长的代表。在过去的十多年中，我行较为圆满地推进了 ABAC 相关工作，主要成果如下：

（一）多次陪同国家领导人参加了 ABAC 代表与 APEC 领导人的对话

从 1998 年起，王丽丽同志连续 16 次参加了 ABAC 代表与 APEC 领导人的对话，其中在 2005～2012 年连续 8 次作为前国家主席胡锦涛的协调人参加了对话。为保证本小组对话的顺利进行，王丽丽同志在正式对话前做了大量全面细致的准备工作，对本小组对话的话题和具体问题做了精心的设计与安排；会议期间，王丽丽同志陪同胡主席与 ABAC 代表们深入交流，对话会取得圆满成功。

（二）连续 8 年担任金融经济工作组（FEWG）副主席，积极在金融领域发出中国工商界的声音

从 2007 年至 2014 年，王丽丽同志连续 8 年担任 FEWG 工作组的第一副主席，并多次代表 ABAC 参加与 APEC 财长和 APEC 高官的对话及其他高层

交流活动，致力于巩固和扩大中国银行界在 APEC 金融经济领域的影响力，更有效地在 APEC 舞台上发出来自中国工商界的声音。

（三）金融领域提案取得了重大突破

从 2007 年至 2013 年，我们经过认真准备，并在广泛调研外交部、商务部、财政部、人民银行、银监会和贸促会政策立场的基础上，从工商企业的角度发出声音，就跨境资本过度流动监管、国际货币体系改革、国际信用评级体系改革、中小企业融资、人民币国际化等关系到我国利益诉求的议题提交了十多份提案及研究报告，不仅成为当年 ABAC 金融领域最为热门的议题，得到诸多经济体代表的支持，而且大多数提案被成功纳入当年 ABAC 提交给 APEC 领导人的信函、报告以及报告摘要，获得了 APEC 领导人的高度肯定和赞许。

（四）为 2008 年杭州和 2011 年广州 ABAC 会议举办欢迎晚宴

我国分别于 2008 年和 2011 年在杭州和广州举办了两次 ABAC 会议，为欢迎来自亚太地区 21 个经济体的 ABAC 代表及随员赴我国参会，我行承办了这两次会议的欢迎晚宴，王丽丽同志在晚宴上代表 ABAC 中国和中国工商银行发表了热情洋溢的致辞。我行承办的欢迎晚宴是 ABAC 会议期间到场嘉宾级别最高、规模最大、气氛最热烈的欢迎宴会，赢得了与宴嘉宾的高度称赞，有效提升了 ABAC 中国的国际形象。

（五）积极参与 APEC 和 ABAC 组织的活动

我行王丽丽同志及其工作团队积极参与了 APEC 和 ABAC 组织或协办的一些论坛、会议等活动，包括 APEC 债券市场发展公私部门论坛、亚太金融融合论坛、ABAC 与 APEC 财长的对话等。通过参与这些活动，不仅加强了与 ABAC 代表的联络与合作，而且及时掌握了当前经济金融领域热点问题的发展动态，对后续更好地做好 ABAC 工作有很大帮助。

二、我行参与 APEC 合作的成功案例和经验分享

ABAC 代表与 APEC 领导人的对话是每年 ABAC 活动的重中之重，而代表们在各自工作组提出的提案则是当年对话中最引人注目的话题，因此“对

话”和“提案”是ABAC最为重要的关键词。参与APEC合作时，我行高度重视“对话”和“提案”，尽职尽责，精益求精，成为我国工商界参与APEC合作的成功典范之一。

（一）对话协调人：责任重大，精心准备，多方斡旋

ABAC的主要任务是为创造有利于工商界发展的环境提出设想和建议。在APEC领导人非正式会议期间，ABAC代表将有幸与APEC领导人进行面对面的直接对话，并当面向领导人提交建议咨询报告。ABAC面呈给APEC领导人的建议咨询报告获得了APEC领导人的高度评价和积极响应，诸多政策建议都被领导人会议和其他部长级会议所采纳，为推动亚太地区社会和经济的和谐、可持续发展作出了重要贡献。在ABAC代表与APEC领导人的对话中，ABAC代表将就亚太地区可持续健康发展最为关键的议题向同组的APEC领导人提问，而领导人的立场和观点将有助于工商界更好地把握未来发展机遇，在推动经济增长的同时，实现企业成长与经济发展的共赢。

从2005年起，我行王丽丽同志被外交部任命为前国家主席胡锦涛参加ABAC代表与APEC领导人对话的协调人，负责为我国领导人参加对话进行沟通、协调和组织。这一任务责任非常重大，对话议题设置关系到工商界如何更好地把握整个亚太地区的长远发展趋势。为此，我行团队提前两个月就开始设计我国领导人参会的话题以及流程，做了大量全面细致的准备工作，不仅保证问题切合当年的APEC和ABAC主题，而且尽可能使整个对话在轻松愉快的氛围中进行。

其中最具挑战性的是2009年的对话，本次对话共分为五个小组进行，根据大会安排，胡锦涛主席与加拿大总理斯蒂芬·哈珀、泰国总理阿披实及文莱苏丹哈吉·哈桑纳尔·博尔基亚同在第三组。第三组的ABAC代表分别来自加拿大、泰国、文莱、日本、智利、新西兰、中国香港、俄罗斯、越南、巴布亚新几内亚及马来西亚。王丽丽同志不仅担任胡锦涛主席的对话协调人，而且受东道主新加坡的邀请还出任胡锦涛主席所在第三组对话的主持人，这意味着不仅要协助胡主席进行沟通和对话，还要肩负着组织并主持本小组对话的重任。为此，王丽丽同志在正式对话前做了大量全面细致的准备工作，

对本小组对话的话题、具体问题、形式、时间以及座位做了精心的设计与安排，于会前与第三组的 ABAC 代表进行了细致沟通。2009 年 11 月 11 日上午，王丽丽同志在新加坡主持了第三组对话的准备会，与同组 ABAC 代表共同商讨对话问题及细节。2009 年 11 月 12 日下午，王丽丽同志亲赴新加坡总统府，对本次对话的流程和地点进行了实地踩点和预演，并以书面形式向同组 ABAC 代表告知关于对话的最新注意事项。

2009 年 11 月 14 日下午，ABAC 代表与 APEC 领导人的对话在新加坡总统府举行，王丽丽同志作为胡锦涛主席的对话协调人参加了本次第三组对话，并作为小组组长主持了该组对话。对话前，王丽丽同志向胡主席介绍了各位代表，并陪同其与其他经济体领导人和代表寒暄聊天。本次 ABAC 代表的提问主要围绕区域经济一体化、反对贸易保护主义、气候变化、投资便利化、粮食安全、中小企业以及应对国际金融危机等议题展开，ABAC 日本代表（日本三井物业株式会社的高级顾问 Gempachiro Aihara）、ABAC 智利代表（智利铜业公司主席兼 CEO Jose Pablo Arellano）、ABAC 新西兰代表和 ABAC 越南代表（SOVICO 集团主席 Nguyen Thanh Hung）分别向胡主席提了关于亚太自由贸易区、贸易保护主义和中小企业的问题，胡锦涛主席不仅对代表们提出的每一个问题都耐心地作了详尽解答，而且当 ABAC 新西兰代表、ASB 银行和奥克兰港口公司主席 Gary Judd 先生向泰国总理提出粮食安全问题时，胡锦涛主席也主动发表了见解，现场气氛十分热烈。在第三组对话中，胡锦涛主席在所有领导人中是被提问最多的，同时胡锦涛主席也保持了非常高的热情。对话后，11 个经济体的 ABAC 代表都纷纷表示，中国领导人风度翩翩，回答问题机智幽默，充分展现了一个大国领导人的风范。他们非常感谢中国领导人如此重视 ABAC 和尊重亚太地区工商界人士。大家一致认为，此次对话是 2009 年 ABAC 会议中最为成功、最令人振奋的活动环节。

（二）金融提案：由被动跟随向主动进攻转变

我行每年都会针对当年经济金融焦点议题，并结合 APEC 和 ABAC 核心议题进行提案，从 1998 年至全球金融危机之前，亚太新兴经济体更多地都是跟随发达经济体主导的提案进行讨论，我们逐步探索如何在提案方面逐步扩大中国工商界的声音和影响力。2007 年我们针对亚太地区的社会保障体系建设提出了提案，不仅宣传了我国在社会保障体系建设和完善领域所取得的巨大进步，而且指出了亚太地区社会保障体系建设所面临的巨大挑战，并建议从政府和工商界层面多层次、立体全面地共同推进社会保障体系建设。从 2009 年开始，我们抓住全球金融危机和欧洲主权债务危机爆发的契机，结合我国和其他新兴市场经济体的利益诉求，针对跨境资本过度流动、国际货币体系改革、国际评级机构改革等关系到新兴市场金融稳定和安全的议题提出了改革提案。其中，国际评级体系改革提案兼具时效性、针对性和重要性，是我行在金融领域中最为突出的提案，获得了诸多亚洲经济体的广泛支持和赞同。

长期以来，国际信用评级领域形成了以穆迪、标普、惠誉三大评级机构为主体的寡头垄断格局。本次国际金融危机和欧洲主权债务危机的爆发，凸显出这种高度垄断格局下的国际信用评级体系存在弊端。国际社会关于打破现有垄断格局、完善国际信用评级体系的呼声日益高涨。欧洲已经加快了建立自主信用评级体系的步伐。在此背景下，为发出我国和新兴市场经济体的利益诉求，我行在 2010 年下半年启动了构建新的国际信用评级体系的研究，在向外交部、人民银行、银监会和贸促会征求意见后，最终在 2011 年第三次秘鲁利马会议上提交了《总结国际金融危机经验教训，完善国际信用评级体系》的提案，阐述了该提案对于 APEC 成员经济体的经济金融及企业发展的重大意义和现实效益，指出亚洲地区的经济金融发展状况对建设本地化的评级体系提出了迫切需求，建议应把推动本土评级体系发展提升至战略高度，积极参与国际信用评级体系的改革和重建，应尽快建立亚洲信用评级监管机构、亚洲信用评级标准、亚洲信用评级组织三位一体的区域评级体系，使该体系承担起向世界提供与亚洲有关的公正评级信息的责任。最终该提案被成功纳入了 ABAC 提交给 APEC 领导人的信函、报告以及报告摘要，成功实现了在金融经济领域从跟随逐步向主动进攻的转变。该提案得到了诸多新兴经济体代表的较高评价，被认为是代表广大新兴经济体发出了推动国际信用评级体系改革的声音，被认为是 2011 年 ABAC 工作方面的一大亮点。我国外交部也在多个场合对此表示了高度认可。

三、对未来我国参与 ABAC 工作的建议

（一）加强政府部门与工商部门在重大政策方面的沟通与交流

多年以来，外交部和贸促会等相关部委一直为中国工商界参与 ABAC 工作提供了大量的指导和帮助，尤其是在国内外重大事宜、国际经济金融合作以及国际外交关系等重要问题方面与工商界深入交换意见，使 ABAC 中国代表能更准确地把握形势，顺利完成参与国际合作的工作。在近些年的工作中，我们注意到其他经济体工商界在 ABAC 层面的一些提案与其政府的立场政策保持高度一致，比如 2009 年日本担任 APEC 东道主时，ABAC 日本在贸易融资方面的提案与 APEC 高官会保持了高度一致，说明其他很多经济体内部建立了较为通畅的沟通机制。建议未来我国可以建立较为稳定的政府、工商界和学界共同参与的内部沟通会，以便于在 APEC 各级部长会议、高官会和工商界等层面统一年度工作重点，互相通报工作情况、提案计划以及与其他经济体沟通合作情况的信息，这将有助于统一我国在 APEC 层面的声音，扩大在 APEC 层面的影响力。

（二）制定我国参与 APEC 和 ABAC 活动的中长期规划

我们在参与 APEC 和 ABAC 工作中，发现日本、美国等发达经济体在担任 2010 年和 2011 年轮值主席国之前就开始统筹谋划，为未来三年提前筹备议题，有助于保持该经济体在议题方面的连贯性和延伸性。建议我国在未来 APEC 和 ABAC 工作中，相关部委可以统筹制定我国参与 APEC 和 ABAC 工作的三年规划，并制定各个工作组的年度计划和提案策略，以便于我国工商界把握在 ABAC 工作上的进展，保证相互之间可以积极配合。

（三）尝试引入国内智库加强对 ABAC 提案研究的支持

亚太诸多经济体会邀请诸多权威大学研究机构和智库组织来参与 ABAC 工作，为工商界代表提供提案和智力支持，因此其代表在 ABAC 会议上提交了很多高质量的提案，具有较强的说服力。目前，我国 ABAC 代表提交的提案一般都是由机构内部工作人员提供支持的，与公司业务较为相关的领域还

可以处理，但实际中代表可能会提交与自身业务不相关的提案，或者面对其他经济体提出的不熟悉且较为棘手的提案，很难判断此提案是否会对我国产生某种影响，因此非常有必要吸纳更多的专业智库加入 ABAC 的智囊团，加大对 APEC 及 ABAC 问题的跟踪和实用研究力度，并建立一套工作机制，使其更好地为 ABAC 代表提供全方位的、强有力的后台研究支持。

（四）充分挖掘和利用 ABAC 金融经济工作组平台

金融经济工作组是 ABAC 从成立之初就设置的工作组之一，长期致力于推动亚太地区最为重要的金融经济议题的讨论，并通过与 APEC 领导人的对话来推动各经济体政府采纳部分较为重要的建议。我行王行长长期担任 ABAC 金融经济工作组副主席一职，积极推动反映包括我国在内的诸多新兴市场经济体利益诉求的议题，获得了广大新兴经济体代表的肯定和支持，有助于我国增强在国际经济金融事务方面的主动权和话语权。因此，建议我国金融经济领域的主管部门下一步应继续充分挖掘和利用 ABAC 金融经济工作组平台的潜力，推出有利于我国工商界利益的议题。

（APEC 中国工商理事会理事单位、中国工商银行股份有限公司供稿）

展现杰出女性的卓越领袖力
彰显自信务实的中国新形象
——敦煌网参与 APEC 合作进程的成就与经验

2011 年 11 月，经中国商务部的推荐，敦煌网创始人、CEO 王树彤女士被任命为 APEC 工商咨询理事会（ABAC）候任代表，同时担任 APEC 中小企业服务联盟企业家委员会的首任轮值主席。她是作为中国中小微企业和互联网高科技领域的代表进入 APEC 工商咨询理事会的。

一、长期践行光荣职责

（一）在 APEC 国际舞台上积极发声

中国有几千万中小企业，而在敦煌网这一跨境电子商务平台上有超过 100 万的国内商户，很多商户其实都是中国最为典型的中小企业。因此，王树彤女士自参与 APEC 合作之初就始终以"为中小企业争取更多的关注和支持"为己任。

1. 第一次提案便引起强烈反响

王树彤女士第一次参与 APEC 合作是 2011 年的美国夏威夷会议，当时她见到了美国时任国务卿希拉里，后者干练优雅的女性领袖魅力给她留下了深刻的印象。而刚进 APEC 工商咨询理事会时，王树彤女士还是一名"新兵"，不过凭借一股女性特有的韧劲以及亲和力，她很快摸清了 ABAC 的运行机制和脉络。

经过第一次会议的学习摸索，2012 年 5 月第 2 次马来西亚会议上，王树彤女士发表了提案——“应用电子商务平台，促进亚太地区中小企业跨境贸易”。多少有点出乎她意料的是，这个提案很快得到了全场的高度认同，很多APEC 经济体代表纷纷表示，第一次听说可以在线完成跨境贸易的整个流程，包括海外营销、交易、支付、物流、金融等，实现信息流、资金流、物流三流合一。在本次会议上，这个提案也成为中国代表最具活力的亮点之一，令APEC 工商咨询理事会对中国代表刮目相看。更让王树彤女士觉得欣慰的是，第一次提案就被列为APEC 工商咨询理事会年底给21个成员经济体领导人的信函的重要组成部分，也让她和所在的中小企业工作组倍感振奋，那是一种让中国代表在国际舞台上非常自豪的成就感。

这次提案提出后，也迅速在亚太区中小企业间引起积极反响，成为2012年中小企业组最核心的话题之一。各经济体代表兴奋于能帮助亚太中小企业跨境贸易的积极做法，中小企业组组长秘鲁代表邀请王树彤女士到秘鲁演讲推行中国做法，马来西亚记者也一直追踪采访这一热点新闻。

2. 以案例分享带动积极实践

在 2012 年 7 月 ABAC 第 3 次越南会议上，王树彤女士将敦煌网作为案例，分享了中国企业电子商务的最佳实践，反响尤为热烈。这一系列的案例再次成为各经济体效仿的焦点。一些代表听到“为成功付费”的模式表示了强烈的兴趣，希望能够尽快与敦煌网合作，推进自身跨境电子商务业务。一些经济体的代表甚至表示，会将他们的产品直接拿到敦煌网上来销售。自此之后，亚太各经济体代表参与的中小企业峰会核心内容增加了一项——就是以中国为示范案例，学习和应用电子商务。

在那个时候，通过敦煌网近十年跨境在线交易的成功实践，王树彤女士也已深切地感受到，区域经济的合作已经不局限于传统模式，通过电子商务加强 APEC 区域经济合作，已经是大势所趋。在 2012 年 8 月，王树彤女士安排了敦煌网一位会讲西班牙语的同事去秘鲁参加当地的 APEC 中小企业峰会。回来后，这位同事兴奋地告诉她，他与 1200 多位参会的秘鲁中小企业代表分享了中国在电子商务上的一些经验和建议，当地中小企业兴奋于中国的新模式，并对进一步合作方案作了积极探讨。

3.“探路者计划”进一步引发学习热潮

2013 年，王树彤女士以敦煌网作为平台，发起了“探路者行动”，同感兴趣的经济体一起搭建平台，直接把他们带上网做生意并在实践基础上提出政策建议，推进 APEC 中小企业跨境贸易领域的研究，改善政策环境。

在 2013 年的菲律宾中小企业峰会上，王树彤女士作为演讲嘉宾参与其中，与 300 多位各经济体工商界代表，特别是菲律宾金融、科技等创新领域的企业家，分享了开拓新市场的路径——跨境电子商务。而她所倡议的“探路者计划”也将帮助企业付诸实践，带领 APEC 各经济体一起找到中小企业在线交易的商业模型和实施路径。在那届峰会上，秘鲁、菲律宾等多个经济体对于“探路者计划”反应热烈，明确表示要加入“探路者行动”，有效整合资源，率先实现网上全球贸易。

4. 线上培训女性创业，线下分享女性领导力

王树彤女士和她的团队为推动女性发挥更大的经济作用付出了许多努力，并在她一直关注的女性平等就业等领域做了很多突破性的工作。尤为突出的是，她精心打造的 APEC 第一个女性在线学习平台“电商木兰”2013 年初成功上线。平台不仅在线传授女性利用电子商务创业的技能、提供职业培训指导，同时分享成功的电商女性成长故事，为不同年龄女性、不同职业发展阶段女性提供生活和工作指南。

当王树彤女士把“电商木兰”这个项目以及很多中国女性创业者通过“电商木兰”圆梦的真实经历分享给 ABAC 女性工作组的同事们时，她们都表现出极大的兴趣。女性工作组主席、中国台北代表、HTC 董事长王雪红女士和王树彤女士一同倡议，将“电商木兰”复制推广到 APEC 各个经济体，形成多语种页面，各经济体一起贡献内容，由此推进整个 APEC 地区女性的成长，激发女性运用新技术寻找创业新方向。

除了线上培训项目，王树彤女士作为 ABAC 女性，在很多论坛现身说法。例如她在 2013 年 1 月召开的菲律宾马尼拉会议、2013 年 10 月召开的印尼巴厘岛会议、2014 年 2 月召开的新西兰奥克兰会议举行的 APEC 妇女与经济论坛多次发表演讲，分享中国女性成长的经验，并多次分享电子商务帮助中国

女性成长、女性创业、中小企业获取金融支持等中国实践。新西兰首任女总理詹尼希普利也非常赞赏她身上体现出的女性领导力特质。

（二）提升APEC在中国的认知度与影响力

与WTO相比，在中国国内，普通民众对APEC的认知度相对来说还不高。有鉴于此，在国内王树彤女士也积极发起并参与了围绕APEC的主题论坛，比如APEC中小企业峰会、APEC青年创业家峰会和APEC女性领导力峰会等，扩大了APEC在中国的认知度与影响力，也为推进中小企业、女性创业者和青年创业者的成长起到了非常积极的促进作用。

1. 中小企业峰会成为竞相效尤的模板

2012年12月，ABAC中国秘书处与多个单位一同发起了2012 APEC中小企业峰会。超过800位来自跨国公司、中小企业、政府机构的代表及海内外各界精英相聚海南，共商中小企业“突破之路”。这一年的APEC中小企业峰会推出了“海外市场：重塑中国标签”、“亚洲电子商务的社会化”等重要议题，王树彤女士代表在会上宣读了《澄迈宣言》。这次峰会使得亚太地区中小企业的生存发展状况得到社会各界的高度关注，而王树彤女士和她的团队也为APEC中小企业峰会注入了一股新风，即这次峰会创新地加入了互动式的电子商务板块，这一峰会模式在后来也成为很多经济体竞相效尤的模板。目前，中国、秘鲁、新加坡等多国已成功召开过中小企业峰会，其中2012年秘鲁中小企业峰会更是欢迎中国方面的积极参与，在电子商务方面分享中国做法，倡导共同成长。

2013年3月，王树彤女士发起了APEC中小企业峰会外贸电子商务论坛。这个论坛已成功举办两届，近千名电商领袖、电商新秀企业共聚深圳，商讨中国电子商务的新趋势和新机遇。该论坛对于带领中国中小企业务实探讨跨境电子商务实践，并推进中小企业电子商务进程起到了非常积极的促进作用。

2. 与青年创业者畅谈经验

2012年6月，王树彤女士作为ABAC代表，与中国同事大力支持APEC青年创业家峰会的召开，参与拍摄了旨在激发年轻人热情、鼓励创业的青春微电影“What If”。在会上，她还分享了新一代企业家应该具备的素质和领导力。2013年王树彤女士做客APEC青年创业家峰会北京交通大学论坛，与大学生分享创业经验。

3. 推动女性互联网创业

2013年11月，王树彤女士积极发起并参与了APEC女性领导力峰会。峰会上200多位在商业、政治以及公共事业领域有杰出影响力的亚太女性领袖，共同探讨如何改进并提升女性在社会、金融、市场领域的参与度，打造核心竞争力和女性领袖力。在会上，她分享了很多女性成功的感人事例，有一个来自义乌的女孩家境贫寒，又只有高中文化，她通过电商培训项目开始在敦煌网上创业，最终把义乌产品卖到全球。通过自己的努力奋斗，她赚到人生中第一桶金并远赴巴黎学时装设计。这位义乌女孩表示，是电子商务让她获得这个宝贵的学习机会，圆了她人生的梦。

在王树彤女士看来，这种线下的学习和交流有利于让女性看到一些杰出女性代表的模范作用，而且也有益于汇集企业、民间和政府的杰出女性参与讨论世界经济所面临的机遇与挑战，提升女性经济实力，打造女性领导力。

二、参与合作成果卓著

（一）从APEC收获累累硕果

在有些人看来，APEC的论坛性质及其所签署文件不具法律约束力的特点使得APEC会议只是“务虚会”，但实际参与其中的政府和工商人士并不这么认为。在王树彤女士看来，APEC已经成为深化合作、实现共同发展的重要平台。借助这一平台，各方可以协商立场，寻找深化合作的契合点，最终将共识落实到行动中去。

王树彤女士也坚持认为，在她所接触的APEC经济体中，只有中国拥有整合全球信息流、资金流、物流的电商平台。中国作为一个发展中国家，在打造电子商务时代的国际贸易中心方面，已经具有很多先进的优势以及可复制的成功经验。

1. 供应商国际化战略启动，越南成首个“探路先锋”

在2013年APEC工商咨询理事会第一次会议上，王树彤女士积极发起了

“探路者行动（pathfinder）”，越南也成为探路者计划的第一个探路先锋。会后，敦煌网与越南最大的民营企业 Sovico 控股集团签订了战略协议，越南制造的产品将通过中国电子商务平台向全球销售。而敦煌网将为该团队提供管理和运营培训，并帮助越南供应商拓展海外市场，进行精准的产品营销活动。

王树彤女士认为，这是敦煌网供应商国际化战略迈出的第一步，未来会有更多的国家和地区的产品通过敦煌网走向全球，敦煌网已经铺就了国际供应商上线的多条路径。越南 Sovico 控股集团主席 Nguyen Thanh Hung 也表示，越南以及东南亚国家非常看好以敦煌网为代表的成熟的中国在线外贸平台，这对越南的进出口贸易乃至中小企业的发展有极大的促进作用。未来，敦煌网这条网上通道将是东南亚国家乃至 APEC 经济体重要的外贸渠道。

在 2012 年发起“探路者计划”之后，敦煌网已经与多个国家的合作伙伴签署了战略合作协议。2014 年 6 月 26 日，印尼电商平台 Ukmmarket 与敦煌网签署了战略合作协议，双方将展开深入合作，共同推动两国跨境电商的合作和发展。印尼 Ukmmarket 平台首席运营官 Izmir Putra 表示，印尼非常看好敦煌网成熟的在线外贸平台体系，此次通过与敦煌网的合作，将会有力地促进两国跨境电商贸易的发展，为两国的中小企业带来更多的商机，也将有效地推动印尼本国跨境电商的发展，以及两国经济的发展。

2. 亚洲第一个拥有全球“身份证”的电商平台

在担任 APEC 工商咨询理事会代表后，推广以敦煌网为代表的中国电子商务的实践样本、拓宽“中国制造”的出海道路一直被王树彤女士视为其神圣的使命。与平台上的中小企业一起走过多年后，她深刻地体会到，“中国制造”要走向全球必须得到全球采购商的信赖和认可，基于信任建立交易，而信赖则是采购的前提基础。

2012 年 12 月 8 日，也就是在 2012 APEC 中小企业峰会的第一天，敦煌网与全球一流的标准化组织中国物品编码中心（GS1China）签订了战略合作协议，共同推广 GS1 全球数据标准化技术，打造亚洲第一个拥有全球“身份证”的在线外贸 B2B 电子商务交易平台。

这次战略合作，有利于“中国制造”与全球数据标准接轨，产品有标识、可追溯、可信度高，有利于“中国制造”打造更积极、健康的品牌形象，这也为中国中小微企业走向全球拓展了更宽的路径。

3. APEC 跨境电商培训——CBET 项目让更多中小企业受益

由于王树彤女士的积极提案以及成功演示带来的良好效应，中小企业进入国际市场与世界经济共成长，成为近些年来 APEC 工商界非常关注的话题，各 APEC 成员经济体都对跨境电商表示出了极大的兴趣，十分热心于通过跨境电子商务带动本地企业成长。大家积极倡议中国承办培训项目，共同交流学习，把中国电子商务的最佳实践推广到 APEC 中小企业，共享中国在跨境电子商务领域的领先经验。

为了让更多的 APEC 中小企业具备跨境电商的能力，王树彤女士在 2014 年 2 月在新西兰举办的 ABAC 第一次会议上宣布启动 CBET 项目（Cross-Boarder E-commerce Training，跨境电子商务能力建设）。该项目引起了来自亚太经合组织、APEC 成员经济体代表的极大兴趣，他们表达了来中国考察学习的强烈愿望，认同跨境电商是推动中小企业入口国际市场和微金融最有效的方法之一。在国内，这一分享项目也得到了商务部、工信部的积极推荐，并已获得 APEC 工商咨询理事会、中国贸促会以及 APEC 中国工商理事会的认可。在王树彤女士看来，这是一个具有实际意义的项目，它将为 APEC 各经济体中的中小企业提供能力建设的机会，同时也将为中小企业提供一个学习和分享跨境电子商务经验的机会和平台。

2014 年 6 月 24 日，来自美国、加拿大、墨西哥等 9 个国家及中国香港的近 40 位政府和企业代表齐聚东莞，参加由王树彤女士发起的 CBET 项目，深入学习和研讨中国跨境电商的经验，参观中国跨境电商企业。同时东莞市政府对本次活动给予了大力支持。

本次研讨课程全流程展示了跨境电商供应链各环节的最新经验和趋势，学员中有电商企业、服务供应商、外包服务商、零售商，也有来自政府部门、行业协会的代表，虽然来自不同的领域，但他们在海外都很知晓敦煌网，并希望在跨境电商方面学习中国的实践经验。“我们希望 CBET 项目能获得更多国家和组织的关注，我们将设置跨境电商在线培训课程，使全世界更多关心跨境电商的人能获得学习的机会，我们也希望在 APEC 成员经济体中，能有更多的合作伙伴，以使 CBET 项目更加本土化。”王树彤表示，随着 CBET 项目的开展，希望能进一步促进跨境电商在全球范围内的发展与繁荣。目前已有菲律宾等经济体明确邀请敦煌网去当地举办培训项目，让更多的全球企业接受跨境电商的培训。

4. 搭建金融跨界国际网络

2013 年王树彤女士在印尼参加 APEC 中小企业部长级会议，她向全部 APEC 经济体的部长们汇报了中国在这个领域的创新和实践。敦煌网经过九年多的积累，已经形成了对中小企业商户的在线信用评级体系，所以敦煌网也在与银行积极合作，开发出满足中小企业需求的金融产品。例如敦煌网和建设银行在 2011 年开发的“订单贷”产品，这在中国国内第一次打破了中小企业一定要跟银行面对面，要抵押、要担保的局面，完全可以基于企业在平台上的交易历史记录和企业的订单情况获得银行的实时贷款。

这些中国中小企业利用互联网供应链融资的最新实践，得到了世界银行的高度关注。2014 年 4 月，世界银行的隶属机构国际金融公司（IFC）在《APEC 中小企业金融报告》（APEC Framework for SMME Financing Report）中，详细解读和分析了电子商务平台敦煌网应用大数据，为中小企业提供互联网金融服务的创新模式和案例，并且建议在 APEC 经济体中复制推广。这一年，王树彤女士受 2014 APEC 财长会议举办方邀请，几次在“促进区域经济的金融服务”研讨会上发表演讲和分享案例。另外，与金融相关的其他工作小组也争相邀请王树彤女士加入，如 APEC 工商咨询理事会的金融和经济工作小组（Finance and Economic Working Group，缩写 FEWG）。

（二）树立新一代中国企业家形象

很长一段时间以来，中国企业家走出国门参与国际性会议的时候，常常因为语言不通或是不擅长沟通的缘故，有些格格不入的感觉。而对于早年长期在外企工作的王树彤女士而言，语言关自然不是问题，而她身上那种特有的优雅与亲和力，也让她在 APEC 的舞台上如鱼得水，广交朋友。她用地道的英文精彩地演讲，并在各个论坛上积极发言，让 APEC 各经济体代表对中国新一代企业家从此刮目相看。这使得她本人也成为APEC工商咨询理事会中一颗冉冉升起的新星。

1. ABAC专题报道前所未有地关注中国企业

2013年11月，ABAC专刊对王树彤女士演讲的主要观点进行了长篇报道，称中国在电子商务方面提供了成功、可借鉴的经验。这是中国企业家在APEC和ABAC受到的难得的全面认同和大篇幅推荐，王树彤女士的演讲得到了各经济体嘉宾的热烈追捧，很难得地出现一个中国代表演讲后，各国代表围着追问并深度讨论的情况。

此后王树彤女士的每次提案都受到APEC公开刊物和各经济体的高度重视。2014年5月，王树彤女士发表"在线供应链金融助推中小企业发展"提案，中国跨境电子商务平台利用大数据，为数百万中小企业解决了融资困难。ABAC专刊非常详细地报道了这一领先全球、针对中小企业的融资新模式，并高度评价了在线供应链金融模式的优势，即"4V"：Volume（海量真实数据），Velocity（高效快捷），Variety（多样化），Value（可评估）。这种新兴的融资模式将成为未来发展的重要商业模式，并将引领全球金融服务产业的新一轮变革。

2. 新西兰总理高度赞赏

2014年2月11日，APEC工商咨询理事会（ABAC）年度的第一次会议在新西兰奥克兰召开。新西兰总理John Key对中国企业家的到来非常重视，并与王树彤女士等中国企业家代表交流座谈。John Key总理非常赞同王树彤女士所提出的中小企业透过电子商务走向全球市场的观点。他说，新西兰的物产丰富，但地域偏僻，市场辐射力只能到达澳大利亚，中小企业没有能力开拓广大的市场，他们强烈希望深度了解中国的平台，了解中国的卖家是怎么做的，希望他们的中小企业来中国的全球平台做全世界的生意。新西兰总理还称赞在她身上体现了务实、坚韧的中国企业家特性，使新西兰看到中国这个全球最活跃、成长最迅速的市场的魅力。

3. 电商时代中国商人的诚信形象

在APEC会议中的工作得到认同并没有让王树彤女士沾沾自喜，她深刻地认识到中国工商界在国际舞台上的重要性，过去中国在国际舞台上主动出击的方面太少，这也时刻提醒她，要更积极地代表国家发出声音。站在国际大舞台上，她更加深切地感受到，中国企业家的正能量还需要增强，中国企业在全球树立诚信的形象还远远没有得到世界的认同和尊重，新一代走出去的中国企业迫切需要树立其在全球诚信经营的形象。其实敦煌网平台上的 120 多万卖家也代表了中国企业家的形象，也代表了中国国家的形象。敦煌网有责任、有使命助力新时代中国商人打上诚信的标签。

在王树彤女士看来，打造新时代中国商人的诚信形象，电子商务平台大有可为，毕竟互联网上记录了所有的、真实的交易行为，记录着每一个商户和买家的信誉轨迹。在敦煌网平台上，通过政策引导规范卖家的诚信行为，提供中国制造的优质产品，敦煌网严格审核上线产品，对于不合格产品立即下架，对于侵犯知识产权的投诉，敦煌网会立即给出反馈。自从 2005 年平台上线以来，敦煌网就设立了诚信部门，建立了完整的商户信誉系统，确保诚信交易的商户得到鼓励。敦煌网 2012 年推出的"扬帆计划"，通过一系列具体行动，提升海外买家的用户体验，同时给卖家提供更多的曝光机会，打造了一个公平、诚信、透明的电子商务交易环境。

2014 年 7 月，敦煌网俄语平台落户哈尔滨，目标就是打造有信誉的中国商品城，让买家买到好的中国货。敦煌网正带领中国千万企业在诚信这条路上不断前行。

三、经验和体会

（一）提案重在务实、可操作性强

在 APEC 的会议上围绕电子商务进行提案，在王树彤女士看来既是当前形势的需要，也具有更普遍的实践意义。只要提案具备普适性、可操作性和务实，自然会引起与会代表的广泛共鸣。当然，提案的可操作性也会为今后的实践奠定良好的基础。

除了在理念上占据制高点，让与会代表认同其提案的可行性之外，王树彤女士还以具体的实践工作作为提案的源头与基础。在电子商务快速发展的今天，开发出与其相匹配的供应链解决方案是大势所趋。以国际物流为基础，整合贸易代理、报关、收结汇、保险、贸易认证、融资退税、保理、售后保障等，为客户提供一站式、套餐式的服务，在这一领域，中国电商已设计了一套完整的解决方案，以助力提升中小企业在海外的竞争力。

2004 年，敦煌网首创以在线交易为核心的 B2B 跨境电商模式，现如今，敦煌网已拥有 120 多万家国内供应商在线、2500 多万种商品、遍布全球 224 个国家和地区的 550 万规模的买家。每小时有 10 万买家实时在线采购，每 3 秒产生一张订单，并已实现持续盈利。在通过敦煌网积极实践跨境电子商务的同时，王树彤女士与她的团队也在这一过程中积累经验，找出问题，发掘更多的数据，并在经验积累基础上，提出 APEC 各经济体中小企业跨境电子商务相关政策建议，包括通关、物流、税收、信息描述、物品编码等标准建议，提出 APEC 各经济体在电子商务方面更加切实可行的合作模式。

（二）以责任感和使命为驱动力

要在 APEC 舞台上积极活跃，工作量对于任何人来说都不轻松，更何况王树彤女士还作为一位公事繁忙的 CEO，掌舵着一家近千人的企业。是什么让王树彤女士乐此不疲，并亲力亲为地投入 APEC 的各项工作当中去呢？

在王树彤女士看来，APEC 是一个中立的平台，跨境交流与合作为中国中小企业带来了诸多机会，因此更应该利用好这个平台走出去，在海外市场推广方面，中国中小企业应该大有可为。与此同时，还要有国际化的公益视野和心态，以责任感和使命为驱动力，才能将 APEC 的工作真正做好，并落到实处。

在参加 APEC 国际会议的时候，王树彤女士就发现，“官产学”联动让美国代表可以最大化地放大本国利益，不断提出问题，处于进攻状态。令她欣慰的是，自己的提案以全新的理念推进跨境贸易，在 ABAC 中小企业组、在 APEC 各层级会议，乃至在 21 个经济体中发挥着重要的中国影响力。

（三）电子商务时代中国有机会成为世界贸易中心

在中国，如今有超过 900 万的中小企业在互联网上进行贸易。而电子商务也成为中国经济的催化剂。2013 年，中国更是超越美国成为全球第一大电子商务市场。

随着新兴制造中心的崛起，中国的传统制造业优势已不再明显。新经济时代，只有善用电子商务开拓新渠道，才能在强手如林的经济大战中抢占一席之位。在制造业全球转移的大潮中，中国要保持国际贸易中心的地位，成为新时代世界贸易的中心，互联网电子商务是非常好的路径。而在这方面，中国已经远超许多西方发达国家。亚洲地区许多经济体，由于自身缺乏电商的基础设施建设，与中国电子商务的水平差距长达 10 年。王树彤女士认为，中国作为一个发展中国家，在打造电子商务时代的国际贸易中心方面，已经具有先发制人的优势。

小结

2014 年是 APEC 回归中国的一年，也正是大有可为的一年。王树彤女士和 ABAC 中国代表们发表了很多有创见、接地气的提案，并希望通过 APEC 会议呈现给各经济体最高领导人，为区域经济一体化提供更多的政策建议。而敦煌网也投入了更多人力物力，协助其他经济体开展实际培训，提升当地中小企业对电子商务跨境贸易的认识。

2014 年也是王树彤女士参与 APEC 合作的第 3 个年头。王树彤女士在国际舞台上积极代表中国中小企业发声，通过一年四次会议的锻炼和磨合，她自己也深刻地体会到从一个新手成为老兵的历程。即使心态愈发成熟，但在每一次国际会议之前，王树彤女士都要做精心准备，在心态上把自己当成一名刚入学的新生；而每一次会议结束后，她都能感觉到收获颇丰，并希望能把更多的参会心得与中国的企业家一同分享。

（APEC 中国工商理事会理事单位、敦煌网供稿）

实践合作篇

中信建设在国际工程承包领域"走出去"的探索和经验

王　炯[①]

中信建设是中信集团开展海外业务的窗口和重要业务单元，从上世纪 90 年代开始涉足国际工程承包业务。经过 20 多年的发展，已经成为国际大型工程承包商，2013 年 ENR 国际排名第 43 位，在中国的国际承包商中排名第 6 位。

一、在国际工程承包领域的探索

21 世纪的国际工程承包是资金、技术和管理高度密集型的行业。1 亿美元以上规模的大型工程项目、国际合作的跨境工程项目、投融资类的 F+EPC（融资＋设计—采购—施工）、BOT（建设—运营—转让）、BOO（建设—拥有—运营）、BOOT（建设—拥有—运营—转让）、PPP（公共部门与私人企业合作模式）项目模式日趋普及。在此背景下，工程承包项目利润逐渐向产业价值链的前后端转移，传统依靠项目施工获取利润的模式面临严峻挑战。

① 王炯，中国中信集团有限公司副董事长兼总经理，APEC 中国工商理事会副主席。

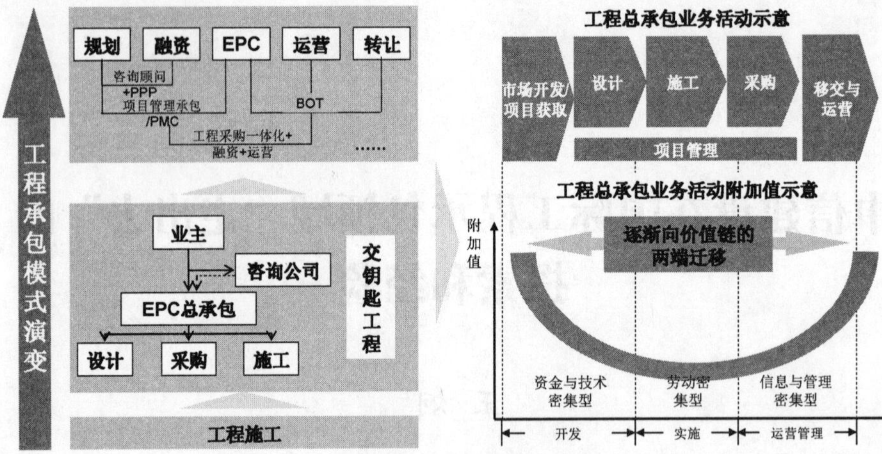

图 1　国际工程承包模式的演变

作为中信集团负责海外工程承包业务的一级子公司，中信建设在国际市场竞争日趋激烈的形势下，充分发挥中信集团特有的金融、非金融综合企业集团优势，借鉴中国改革开放的发展经验，不断探索实践国际工程承包业务，并于 2003 年制定了“以投资、融资和为业主前期服务为先导取得工程总承包，以工程总承包带动相关产业发展”的差异化经营战略。不同于传统工程承包企业，中信建设并不以劳动力为竞争优势，不以建设施工为主要利润来源，而是在项目融资、策划、设计管理、施工管理、采购、后期维护等高附加值环节构建核心竞争力。与此同时，公司紧密围绕工程总承包核心业务，扩展上下游产业链，带动相关产业发展，逐步发展成为集咨询、投融资、工程承包、运营为一体的“国际大型综合服务商”。

中信建设在发展过程中，积累了丰富的海外项目执行经验。在融资服务、项目策划、设计管理、施工管理、采购、物资物流管理、后期维护等方面，中信建设能够提供契合当地特点的服务方案，在众多的国内、国际竞争对手中脱颖而出，建设实施了一大批在国内外有重大影响的 EPC、BOT、PPP 类工程项目。目前，中信建设业务已覆盖全球不同地区的 14 个国家，主要涵盖基础设施、民用建筑、工业项目等领域。代表性项目有天津海河大桥、中国国家体育场（鸟巢）、阿尔及利亚东西高速公路、安哥拉社会住房、委内瑞拉社会住房、巴西坎迪奥塔火电厂、缅甸多功能柴油机厂、白俄罗斯三条水泥生产线、乌兹别克斯坦钾肥厂、安哥拉农业开发等多项具有国际影响力、技术领先、经营管理先进的境内外大型项目。其中，被誉为“非洲明珠工程”的凯兰巴·凯亚西（K.K.）社会住房项目一期工程项目如期竣工并荣获中国建筑界最高荣誉——“中国建设工程鲁班奖（境外工程）”。依托现有的工程承包项目，中信建设深度开发了安哥拉、委内瑞拉两大重点市场，并积极探索其他亚非、独联体和发达国家市场，其重点关注的潜力市场包括澳大利亚、俄罗斯、泰国等APEC成员国。截至2013年底，中信建设工程承包在施合同金额达到222.3亿美元，当年实现营业收入164.9亿元人民币，其中境外业务营业收入占比约90%。

中信建设积极践行国家“走出去”战略，海外实施的大型项目在当地国及周边国家产生了广泛影响，扩大了中信的品牌知名度、声誉和影响力，树立了中国公司在海外的良好形象，得到了当地国政府和人民的高度评价。

二、中信建设海外业务的实践与经验

（一）创新经营战略，以差异化战略形成竞争优势

中信建设“以投资、融资和为业主前期服务为先导取得工程总承包，以工程总承包带动相关产业发展”的差异化经营战略引领了公司过去10年的跨越式发展和战略转型。主要做法是：

1. 通过提供项目前期策划和可行性研究，帮助项目所在国政府进行项目立项，提供综合服务，赢得政府和业主信任，获得市场先机。

2. 通过为业主提供投融资安排，利用“资源预融资”等方式，将所在国资源未来收益提前使用，提升当地基础设施建设的速度和规模。

3. 通过工程总承包，搭建合作共赢平台，带动国内相关产业“走出去”，也提升了自身整合资源和拓展市场的能力。

在业务实践中，中信建设强调“以客户为中心”的经营理念，通过提供前期服务，把工程、资源与信贷三者捆绑的融资方案等，帮助项目所在国解决建设资金来源，同时提升了中信建设工程承包的竞争力，丰富了国内长期

稳定的资源供给。这种模式在诸多大型项目的实践中不断完善：

1. 阿尔及利亚东西高速公路项目。2005 年中信集团与阿尔及利亚公共工程部签署东西高速公路项目合作备忘录。中信建设主动在短短三个月时间里，借助中国高速公路建设管理经验，编制完成了全套项目建议书，得到阿国总统及相关部门的一致认可。该建议书后来成为本项目在阿国立项的重要依据，也成为 2006 年阿国面向国际招标的基础性文件之一。2006 年中信联合体经过与由 64 家顶级国际工程公司组成的 7 家联合体的激烈角逐，一举中标中、西两个标段。框架合同额超过 60 亿美元，是中国在海外承包的工程中合同金额最大的现汇国际招标项目，也是中国在海外第一个采用欧洲规范、欧洲标准进行设计的 EPC 交钥匙公路项目。

2. 委内瑞拉社会住房项目。2005 年，中信建设与委内瑞拉住房部签署合同金额约 20 亿美元、建设 2 万套社会住房项目。项目采用“工程间接换石油”的融资模式，通过为业主设计创新性融资安排，项目顺利生效，工程进展顺利，效益良好。该项目在带动项目所在国民生工程建设的同时，丰富了中国石油资源的供给。

3. 安哥拉 10 万套社会住房项目。2010 年 9 月，中信建设与安哥拉石油公司签署合同金额约 80 亿美元的 10 万套安居房项目框架协议。该项目通过工程总承包将直接带动 25 亿余美元的中国建材、施工设备出口，近 8 万中国工人参与建设，数以百万吨货物从中国运往安哥拉。该项目在带动项目所在国民生工程建设和配套产业发展的同时，促进了中国企业相关产品、服务的“走出去”。

（二）创新运营模式，通过“联合舰队”实现共赢

大型工程项目要求承包商拥有多方面的经验和能力，特别是整合资源的能力。中信建设的运营模式是，“充分利用中信集团的综合实力和良好声誉，整合国内外优质资源，形成优势互补、利益共享、风险共担的联合舰队；中信建设发挥旗舰作用，领导和控制重要环节和关键资源，各合作伙伴发挥各自优势具体实施项目”。坚持这种运营模式，使中信建设做了许多其他企业做不了或难以做到的事，形成了独特的竞争优势。

1. 阿尔及利亚东西高速公路项目。中信与多个国内外一流的工程承包企业、设计公司、物资设备供应商、大型物流企业建立战略合作伙伴关系，结为“命运共同体”、“利益共同体”，以合作共赢为原则共同发展。为掌控项目关键资源，针对当地市场供应能力严重不足的状况，中信建设投入大量资金在国内外自行采购足量、全新的先进施工设备，一次投放现场，并在全线投资建设采石场、沥青拌合站、砼搅拌站、钢结构加工厂和预制件厂等厂站，确保工程按期优质完工。目前项目已全线通车。

2. 安哥拉社会住房项目。作为安哥拉目前最大的房建工程，中信建设在该项目上发挥统一指挥和总体管理作用，带动中国近200家勘察、设计、施工、物流企业及物资材料和机械设备供应商走出去。“联合舰队”的管理运作模式日趋成熟，构建形成了覆盖成员单位和安籍员工的管理体系，并形成“大团队”、“大物流”、“大安全”、属地化及劳务管理、质量管理及售后服务的管理机制。2013年8月，安籍员工的数量首次超过中国工人，达到近1.2万人。鉴此，中信建设一方面通过引入项目所在国或第三国专业机构加入“联合舰队”，打造更具国际性的联盟体；另一方面通过加强属地化和当地员工技术培训，持续提高当地员工的技能水平和比例。

（三）重视社会责任和文化融合，与所在国政府合作共赢

中信建设在“走出去”实践中认识到，只有诚心实意帮助所在国发展经济，重视履行对当地人民的社会责任，尊重并融合当地文化，培养当地人才，带动当地技术、管理水平的提升，才有可能为海外业务创造成功的环境，使海外业务获得可持续发展。这方面，中信建设的主要做法是：

1. 以长远合作、持续开发的战略思维考虑在所在国的业务发展。根据安哥拉政府提出的“解决贫困、解决就业、发展经济”的发展纲要，中信建设立足当地的可持续发展，将在安哥拉的业务从安居房建设延伸到城市规划、农业综合开发、地质调查服务、投资合作等领域，让所在国政府和人民感受到中方长期扎根的诚挚意愿。

2. 针对欠发达地区基础设施落后等现实情况，投资帮助安方建设工程配套设施。安哥拉K.K.项目规模大、工期短，当地建材和物资极其匮乏，运输

物流等支持体系严重缺失。针对这种情况，中信建设采取“自给自足、自力更生、自我配套、自成体系”的做法，在当地自行投资建立砂石厂、砖厂、铝合金门窗厂、农场等 14 个配套厂站，有效保证了项目实施；同时，也为当地建筑相关产业发展奠定了基础。2010 年 11 月，时任国家副主席习近平同志视察 K.K.项目时，称赞中信建设开创了“安哥拉的南泥湾”。

3. 以构建东道国自主发展能力为目的进行属地化管理，大量雇用当地员工，出资创办职业培训学校，赞助文化体育事业，改善社区生活设施，积极融入和回馈当地社会，从而打造负责任的大国企业形象。公司社会责任案例被世界经济论坛与波士顿咨询公司联合发布的《中国企业国际化新兴最佳实践》报告收录。国务院总理李克强同志 2014 年 5 月访安期间，特为中信百年安哥拉职业技工学校揭牌。

（四）搭建战略合作平台，带动中国技术、标准走出国门

中信建设致力于搭建中国企业“走出去”的战略合作平台，与多个领域的国内优秀企业联合，建立了稳定的战略合作关系，努力带动中国技术、标准、金融、设计、施工、机电产品、机械设备全面“走出去”，打造海外工程的中国模式。

1. 注重带动我国成套机电、大型机械设备和物资材料出口。阿尔及利亚高速公路项目直接带动了陕汽约 3000 台套重型汽车和机械设备的出口。安哥拉社会住房项目带动了 14 亿美元、400 多万吨的国产物资、设备、施工机械出口。

2. 注重中国标准的应用推广。许多发展中国家工程项目都采用欧美建筑标准。中信建设作为总承包商，在安哥拉社会住房、缅甸柴油机厂和哈萨克斯坦沥青项目中，与业主方充分沟通，主动推介中国建筑标准、材料和设备，使中国技术和标准在海外项目中得到应用和推广。

3. 注重带动国内企业开展海外投资。中信建设以安哥拉社会住房项目为基础，根据中国产业转型升级及安哥拉启动工业化进程的要求，带动中国建材、家电等领域的企业到安哥拉投资兴业，促进安哥拉建筑相关产业的发展。

（五）发挥集团综合优势，发挥海外业务的协同效应

中信集团自1984年起就涉足海外投资业务，开发利用境外资源为中国经济发展服务，业务领域涉及木材、纸浆、铝锭、钢铁、银行等行业。经过30年的发展，中信集团的海外业务主要集中在资源能源、工程承包、金融服务、机械产品出口等领域，这种业务布局可以使中信集团为海外业务所在国提供多方面的产品和服务，具有综合性优势和能力。

中信建设发挥中信集团在金融、非金融领域的综合优势，创造业务协同机会，带动集团相关业务“走出去”。截至目前，中信建设与集团内部20余家兄弟公司，在安哥拉、委内瑞拉、澳大利亚、缅甸、哈萨克斯坦、乌兹别克斯坦、土耳其等市场开展业务协同与合作。

三、中信建设加快“走出去”的发展构想

目前世界经济正处于深度调整期，经济复苏缓慢，但扩大基础设施建设投资依然是各国刺激经济增长的重要手段。根据世界贸易组织的数据，2013年建筑与基础设施行业占全球GDP的10%左右，占全球雇员的7%。国际工程依然是带动世界经济复苏与发展的重要力量。在此背景下，中信建设积极践行国家提出的“实行更加积极主动的开放战略，加快‘走出去’步伐”。

中信建设提出并推进以“大工程”战略为核心的转型升级，致力于发展成为具有投融资能力、有主力产业支撑的、资本运作型的国际领先工程建设综合服务商。公司将立足“工程—金融—资源—实业”四位一体的“大工程”战略，强化投资对工程主业的带动作用；依托集团综合优势，通过基金、特许经营、海外并购等投资手段，撬动基础设施、房建、工业、农业、矿业等业务发展，带动建材、贸易、物流等相关产业；实施品牌战略，充分利用并继续扩大中信集团、中信建设品牌影响力，用品牌和信誉带来更多的项目和更好的效益，同时展示企业的良好形象。

具体发展构想包括：

1. 提高综合服务能力，成为“大工程”综合服务商

全球金融危机之后，发展中经济体和发达经济体都努力通过一些具备显

著区域与产业带动作用的基础设施项目来驱动区域经济发展，并引导全球经济步入良性轨道。这为中国国际工程领域带来了拓展更广阔海外市场空间的机遇；同时，也要求包括中信建设在内的中国国际工程企业更加深入地参与国际竞争。

中信建设从带动当地区域发展、产业升级与城市化的视角看待工程建设，以大型工程项目为平台，积极探索更具国际性的创新项目投融资模式，并通过股权投资、合资合作等方式着力打造更加国际化的项目实施团队，从而系统构建“大工程”综合服务能力。

2. 与合作伙伴战略合作，探索进入发达市场

中信建设过去承包的项目主要在发展中经济体，在发达经济体承包项目还是一个挑战。在市场策略上，中信建设将继续以非洲、拉美等发展中国家市场为重心，同时探索进入发达国家市场。APEC 地区是中信建设关注的重要市场，同时中信建设也积极探索将自己的经验和能力运用于澳大利亚、俄罗斯、泰国等市场。

在投融资策略上，中信建设将广泛与国内外金融机构合作，探索更加国际化的投融资模式。在业务策略上，探索并发展“工程—金融—资源—实业”四位一体的捆绑策略；在组织策略上，通过多种形式，构建更加国际化、更加稳固、更具竞争力的国际工程建设服务联盟组织。

3. 发挥集团综合优势，创造更多协同机会，带动更多企业“走出去”

中信集团在金融、非金融领域的综合优势，是中信建设独有的竞争优势。中信建设将加强与集团各子公司的协作，促进共同发展。凭借既有平台，加强信息共享，寻找切入点，利用品牌知名度，创新商业模式，深度挖掘金融服务、基础设施、房地产、区域性综合开发、石油、矿产等领域机会，提升“工程—金融—资源—实业”一体化服务能力，共同拓展市场，持续耕耘，创造更多能够发挥集团综合优势和协同效应机会，带动更多的集团内外的兄弟公司“走出去”。

4. 积极承担社会责任，做好国家经济外交的使者

工程承包虽然是一种商业活动，但大型工程项目大多是当地的重要基础

设施，与当地经济、产业、社会、社区的关联很多。中信建设并不单纯考虑商业利益，而更多地考虑当地经济发展和居民福祉。作为国有企业，中信建设不仅积极践行国家“走出去”战略，而且还努力做好国家经济外交的使者。

中信建设将一如既往地履行社会责任，积极参与当地社会公益事业，以构建东道国自主发展能力为目的进行属地化管理。具体包括：雇用当地员工，举办职业培训来带动当地技术、管理水平的提升，赞助文化体育事业，改善社区生活设施等。通过积极融入和回馈当地社会，打造负责任的大国企业形象，促进中国与项目所在国的友好关系。

把握机遇 深化合作

——国家核电技术公司参与 APEC 合作展望

王炳华[①]

今年 10 月，亚太经合组织（APEC）第 22 次领导人非正式会议将在中国北京召开。当前，APEC 成员总人口达 26 亿，约占世界人口的 40%；国内生产总值之和 19 万亿美元，约占世界的 56%；贸易额约占世界总量的 48%。经过 20 多年的发展，APEC 日益成为推动地区和全球发展的重要力量。

能源是生产资料，也是生活资料，是现代经济的血液。各成员经济体普遍高度重视能源生产和能源消费问题，能源合作是 APEC 经贸务实合作的重要组成部分。核能作为一种安全、清洁、可靠的能源供应方式，其在解决能源瓶颈之忧、助力经济清洁发展方面的作用正受到越来越多的重视，未来理应在亚太地区能源合作中占有一席之地。国家核电技术公司（以下简称“国家核电”）作为中国先进三代非能动核电技术、大型先进压水堆核电站重大专项 CAP1400 研发单位和示范电站建设单位，希望充分利用 APEC 这个平台，拓展与成员经济体之间在核能和先进能源技术领域的互利合作，为地区实现清洁、可持续发展贡献积极力量。

① 王炳华，国家核电技术公司董事长，APEC 中国工商理事会副主席。

一、国家核电承载中国三代核电自主化的使命

本世纪初，中国政府作出了积极发展核电的战略决策：引进国际先进核电技术，统一技术路线，高起点实现中国核电自主化发展。2006 年 12 月，中美两国政府签订合作建设先进核能项目谅解备忘录，启动中国三代核电自主化依托项目建设工作。

作为中国三代核电自主化实施主体，国家核电是受让第三代先进核电技术，实施相关工程设计和项目管理，通过消化、吸收、再创新形成中国核电技术品牌的主体；是实现第三代核电技术 AP1000 引进、工程建设和形成自主化发展的主要载体和研发平台；是大型先进压水堆核电站重大专项 CAP1400/1700 的牵头实施单位和重大专项示范工程的实施主体。公司主营业务涵盖了先进核电技术研发和设计、三代核电 EPC 总承包、核电设备材料制造、核电站运行服务、核电站数字化仪控系统研制、核电站运营，以及火电站、输变电工程、新能源电站的设计、咨询和 EPC 总承包。国家核电现有 13 家全资、控股子公司，3 家参股公司和 6 个分支机构，拥有国家级重点实验室和研发中心，拥有一支顶级核电专家、学者领军的研发、技术、工程、管理人员达 9000 余人的专业队伍。

目前，三代核电自主化依托项目、世界首批 AP1000 核电机组建设稳步实施；国产化 AP1000 标准设计和关键设备国产化工作扎实推进；大型先进压水堆核电站国家重大科技专项 CAP1400 研发进展顺利，于 2011 年完成初步设计，并于 2014 年 1 月通过中国政府评审，示范工程建设准备工作全面展开，截至 2014 年 6 月，施工设计完成近 70%；第三代核电产业配套加快完善，企业经营稳步发展。

二、中国三代核电自主化项目是 APEC 成员经济体之间务实合作的典范

三代核电自主化依托项目是中美两国在能源领域最大的高科技合作项目。按照中美两国政府、企业签署的合作协议，国家核电正在与美国西屋公

司牵头的联合体进行卓有成效的合作，将 AP1000 的世界首批机组在中国付诸工程实践。自工程开工以来，经过各方的共同努力，在确保安全和质量的前提下，完成了 66 个重大工程节点，首台机组——三门 1 号机组实现核岛封顶，土建基本完成，已经进入最后的设备安装和调试高峰阶段。国家核电与美国西屋公司不断拓展和深化合作关系，在技术研发、设计、工程建设管理等各个方面的合作保持良好的势头并取得了一系列成果，正在为两国的核能发展发挥重要作用。

AP1000 项目已经成为以中美企业为主体的一个多方合作与共赢平台，在中国包括了核电企业及众多装备制造企业、大学、研究机构，在美国包括了西屋、绍尔、EMD、SPX 等企业及俄勒冈大学，此外还包括了韩国斗山重工、日本东芝、三菱重工等亚太地区多国企业。可以说，AP1000 项目是中美企业乃至亚太地区企业能源和高科技合作的典范。

同时，国家核电也在因应自身业务发展和市场需求，积极推进在能源领域与亚太国家合作。2013 年，国家核电启动了 CAP1400 品牌国际市场开发工作，从市场开发体系建设和项目推进两个层面，积极推进海外市场开发工作。在亚太地区，国家核电将根据地区有关国家核电发展具体规划，在原有常规电业务的基础上，进行核电市场开发工作。目前，已在相关国家设立了代表处，并与多国政府、核监管部门、电力企业建立了紧密有效的沟通机制。常规电业务是国家核电核心业务板块之一。经过多年的发展，公司在火电、输变电、新能源业务板块形成了集工程咨询、规划评估、勘察设计、技术研发、EPC 总承包、设备成套、调试运行、性能试验、产品及服务于一身的全方位、全产业链资质和能力。目前，公司的常规电业务已覆盖了包括亚太多个国家在内的 21 个国家和地区，发展态势良好。

三、国家核电技术公司未来参与 APEC 合作的重点工作

未来，国家核电着眼于利用 APEC 国际合作交流平台和合作机制，充分发挥公司在三代核电自主化过程中所形成的产业能力和行业经验，与地区同行就分享先进核能技术进行广泛沟通，促进地区核能合作，谋求企业发展与

社会责任并重，共同推动安全、高效核能技术的普遍应用和发展，为区域发展和地区经济增长作出贡献。将重点在以下几个领域开展区域合作工作：

（一）推进国际化发展战略实施

国际化是国家核电技术公司发展战略的重要组成部分。为了有效地推进国际化战略的实施，公司将继续开展富有成效的国际合作工作，强化与战略合作伙伴间的合作纽带，为第三代核电技术自主化项目顺利开展提供坚实的保障。未来，国家核电将始终秉持持久共赢的核心商业理念，加强在战略层面筹划，根据区域核电市场新的竞争形势，适时推进与区域国家在人员培训、设计交流等领域的合作，为 CAP1400 技术的推广、应用创造条件。根据有关国家核电发展规划和产业发展需要，推进核电技术、施工、项目投融资和装备制造等领域合作，努力为进口国的能源和核电产业发展作出贡献。

（二）构建与区域成员的战略合作体系

利用好中美 AP1000 技术和项目合作这个平台，与美国西屋公司在技术研发、国际核电供应链、国际市场联合开发以及新核电技术开发等多个方面深化合作，巩固和提升双方在各自领域的引领优势，实现共同发展。致力于推动 AP/CAP 核电技术的国际市场开发，助力全球核电产业发展。

（三）推动亚太地区核能合作

通过多双边对话和产业峰会、核电产业联盟、企业合资合作等多种形式，推动与亚太地区有意愿发展核电的国家在技术研发、工程施工和装备制造等方面建立经验分享和技术交流的渠道与机制，寻求在有关国家开展三代核电技术合作的机遇。

（四）服务常规电发展

常规电产业布局方面，在推动工程项目出口同时，创新合作理念和形式，探讨向上游规划、服务等产业链高端发展可能性，形成核电与常规电、产业上中下游联动发展良性格局，全面拓展国际合作的深度和广度。在区域市场开发体系方面，探索推进公司所属常规电企业与国际国内相关大型电力投资商、总承包商建立合作关系，进一步完善开发组织架构，深化项目实施及业务开展，在亚太地区巩固已取得的成果，并实现新的突破。

（五）推动 APEC 建立核能合作机制

公司将持续关注 APEC 框架下核能合作的动态，进一步加强与有关国家原子能机构、核电科研机构、大学和企业的国际交流与合作。积极推动在 APEC 能源工作组机制下设立核能工作分组，推动亚太地区在核电公共宣传方面开展交流与合作，建立经验分享机制。加强与 APEC 成员核能产业人员互访和学术交流，重点关注成员经济体对核安全的最新标准与要求，增进成员对第三代非能动核电技术的了解，积极参与和推进区域内核能技术和产业合作。

汉能“走出去”
——抛开标准规制　融入国际社会

刘　民[①]

一、汉能集团参与国际商业合作的脚步和历史

APEC 是亚太经济体之间进行相关政策协调的边贸平台， 供各成员经济体就本身的贸易政策、投资政策、产业政策进行协商，进而建立一个更加公平、有效的地区政策，力求创造本地区繁荣。

作为正在积极扩展海外市场的汉能集团，近年来愈发看重自身企业在 AEPC 各类活动中的参与。自创立以来，汉能就重视以加强区域内及区域间的合作来深化薄膜太阳能技术在区域市场基础设施建设中的应用。在伴随着 APEC 壮大的同时而尝试“走出去”的过程中，汉能亦逐渐收获了不少经验，意识到中国企业走向海外不能仅仅着眼于具体业务层面，还要努力从标准与规制层面走出去、融合进去，才能最终成功。

亚太地区向来是汉能控股集团全球版图中最为看重的市场之一。这一区域拥有世界 40%的人口，也是近几十年来世界经济最为活跃的地区。其中包括大量基础建设和能源供应的需求。这为像汉能这样的跨国清洁能源企业提供了广阔的投资机遇以及商业机会。

亚太地区正逐渐成为世界新能源经济的主要驱动力。由联合国统计委员

---

① 刘民，汉能控股集团执行总裁，汉能全球光伏应用集团董事长兼 CEO，APEC 中国工商理事会理事。

会授权进行的国际比较项目（ICP）最新数据显示，APEC 经济体贡献了世界国内生产总值的 57%左右，并占世界能源需求的 40%。相信在未来 20 年间，该区域对能源的需求将猛涨 50%。而其中对新能源，主要是太阳能、风能的需求更会增长得尤为突出。

在各类型的可再生能源建设中，则以太阳能电厂最为普遍。虽然以往的地区分布中以欧洲市场对太阳能的需求为最大，可自 2013 年开始，整个市场都朝向亚太地区发展。除去传统中国、日本、泰国等市场外，即使在亚太地区较不发达的经济体内，需求亦在加大。因此，汉能集团对亚太市场相当看重，配置了所有海外公司中最充足的人力和其他各种资源。

二、APEC 投资、贸易的自由化和便利化的进展与汉能海外业务相辅相成

多年来，APEC 致力于加强宏观经济政策协调，推动形成了亚太地区政策协调、利益融合的开放发展格局。加之其鼓励各经济体转变经济发展方式、推进改革创新、加深产业链和价值链融合，又促进了亚太经济一体化进程，无形中削减了贸易保护主义，同时加速了自贸区启动的信息交流机制。如此一来，APEC 无疑极大地深化了各成员的经济结构调整，为亚太持久发展注入更大动力。上述影响同时为汉能这样力图在全球清洁能源领域积极作为的民营企业打开了广阔局面。

事实证明，汉能集团在亚太一些发展最迅速的市场中已站稳脚跟，而集团支持基础电力建设和工业发展的能力已经得到证实。我们在众多经济体中找到了当地合作方、投资者，甚至还在勘察在个别国家建立太阳能产品生产线的可能性。我们致力于开发公司的多元化盈利能力，提供从初期项目设计、咨询、EPC 管理，到中期项目建设施工管理，甚至后期的运营维护的光伏发电项目综合解决方案。我们提供的产品（或服务）以电力工程为主，包括太阳能、风能及水电。汉能在向日本、印尼、泰国等 APEC 经济体提供电力解决方案方面，具备良好的经验。我们相信，通过新能源产业的投资促进与技术合作，能够扩大亚太地区新能源应用的公平性与可及性，从而推进新能源

领域的区域技术共享与合作开发，以最终实现区域新能源市场的一体化建设。

亚太市场具有很强的特殊性，区域广泛，国家经济文化特性不一，因此新能源体制也参差不齐。加之受东北亚、东盟、东南亚等地缘政治因素的影响，客户开发难度较大，很难做一刀切的客户分类。因此我们亚太公司花费了更多的时间在进行市场和客户的培育，实施“以产线换市场”的策略。在巴基斯坦、日本、印度、印尼、韩国、泰国等主要市场已经或正在筹备设立国家公司。

需要承认的是，亚太地区如果要实现其所有潜力，仍面临巨大挑战。尽管该区域拥有可观的经济表现和庞大的能源需求，但仍有一部分经济体不免有过度依赖贷款和政策来刺激增长之嫌。因此在培植市场综合需求、鼓励优胜劣汰之间取得平衡的努力是至关重要的。

同时，汉能擅长的电力基建项目的开发，将会是一个复杂、高要求的过程。如果当地政府能够完善适当的激励机制，在基础建设和科技上大量投资，改善公共开支的效用，相信会促进全球供应链的配套及鼓励区域金融系统的发展。

因此，我们希望进一步借助 APEC 已搭建的自由化与贸易便利化平台，组织区域内工商界进一步推动富有建设性的关于能源安全的全面讨论，并就能源绿色开发开展全面合作。

三、汉能通过“走出去”海外实践得出的经验

如今的海外竞争，长远看已不是市场竞争，而是技术竞争、标准竞争和规则竞争。那么，中国企业走向海外的过程，在开拓陌生市场之余，其实也是其逐渐熟悉国际规制、抛去旧有观念的过程。

在初试海外并购之时，汉能不可避免地遭遇过挫败。以太阳能电池装备制造业为例，相关的关键技术之前主要为国外部分企业所掌控，我国的太阳能电池制造企业多通过采购国外装备的方式实现太阳能电池的生产，这在很大程度上制约了我国太阳能行业的发展。只有掌握先进的光伏技术，实现光伏产业的战略转型，才能使我国成为真正的光伏强国。汉能希望通过兼并重

组国外先进的光伏企业，将技术引进和自主研发相结合，尽快掌握国外先进的太阳能装备制造技术，并实现装备的国产化，从而提高中国光伏产业的国际竞争地位。

正由于此，自 2011 年下半年开始，当全球太阳能产业进入快速发展后产能过剩期、各国缩减补贴、投资者热情骤降之时，汉能决定进行海外技术并购，希望借助技术并购，消化、吸收、再创新，加速占领薄膜光伏技术优势，以利用低迷的太阳能产业现状，发挥最大的资金效应并取得市场上最成熟的量产技术。

经过反复谈判与漫长的磋商，公司在并购实现的过程中也获得了宝贵的经验。总结出中国企业海外技术并购过程中需要注意的几点:

1. 避免在并购中以价格作为唯一谈判的重点，仅仅关注价格可能在其他方面造成更大的损失。特别是技术并购，中国企业在海外寻求技术并购的过程中，第一目标是看重技术，第二才是对技术价值的评估。

2. 避免并购合同中的各种陷阱，为可能出现的风险损失预留出尽可能大的空间。要和与并购相关的各种专业机构展开合作，避免产生任何风险，全方位设计交易结构，因为交易结构设计的好坏直接影响谈判的方向和结果，最好的并购是有一个双赢的结果。

3. 并购的成功仅仅是开始，整合和运营的成功才是最终的成功。在国际上，并购一个企业，会采取一种文化审慎的法则来评估两个企业之间的文化现状与差异，从而计算出并购的代价，考虑并购后企业文化整合的难度与方式。企业要跨国发展，除必须了解进入国家的市场及其运作规则外，还必须了解其社会文化、人际交往规则、企业管理模式及其背后的文化因素等。

4. 关于技术并购后的引进与吸收。技术并购企业的价值不仅在于其持有的专利和设备，更在于其掌握的专有知识和技术诀窍，因此专业技术人才是技术企业的核心价值，首先如何保留住人才的机制在并购之初就需要建立完善。其次培养与其配合的本国技术人才，将是技术生产和设备国产化的关键。第三，在原地保留原来的研发中心，才能留住核心技术团队，并保持原来的研发环境，如当地大学等机构的支持。

在兼并收购过程中，中国民营企业面对的不仅仅是时常被提及的技术、贸易壁垒，同时还有海外并购过程中必须承担的资金压力、政策制约。上述方面，相信也是众多已“走出去”或希望“走出去”的企业期待 APEC 能带来重大变革之处。

四、个案分析：汉能对外投资并购的经验总结

汉能先后经历了从不被海外技术企业认识并被拒绝到海外公司主动出售技术、寻求合作的过程，同时也经历了从美国市场到欧洲市场，再回到美国市场的过程。

第一阶段：并购美国公司被拒

2011 年 8 月，汉能经过系列调研后，锁定第一个技术并购目标是美国的 Solopower。该公司拥有柔性 CIGS（铜铟镓锡）薄膜技术，此技术在薄膜光伏领域是领先的。在第一次的谈判中，在美国硅谷，对方拒绝了汉能控股集团 3.5 亿美元占股 51%的报价。2011 年 9 月，在与美国 Miasole 公司谈判时，Miasole 玻璃基 CIGS 技术溅射法技术公司开出 10 亿美元的高价变相拒绝了汉能的收购意向。

通过上述两次谈判，汉能意识到美国市场上的薄膜光伏技术公司还没有到山穷水尽的地步，所以，汉能将并购的目标进行转移，开始在欧洲市场寻找目标。

第二阶段：成功并购德国光伏企业

在经过对欧洲光伏市场的认真调研后，2012 年初，汉能在德国确定了三个收购目标并签署了意向协议，但随着 Solibro（欧洲转换效率最高达 12.5%的量产 CIGS 薄膜蒸发法技术公司）的母公司 Q-Cell 宣布破产保护，汉能的主要目标公司 Solibro 的收购意向协议面临作废的危险。

经过汉能的一系列努力，2012 年 9 月，汉能最终完成对 Solibro 的并购。汉能光伏国际发电集团在欧洲有多家发电企业，在意大利、保加利亚等国家进行光伏电站建设和运营。通过此次收购，汉能将在海外拥有第一家光伏制造企业，将作为在欧洲形成的包括高端装备制造、太阳能光伏组件制造和下

游光伏发电在内的完整产业链的一部分。

更为重要的是，这个并购案成功确立了汉能在薄膜市场的地位和知名度，并奠定了之后两个并购案的基础。

第三阶段：美国公司主动寻找汉能，汉能以低价成功并购美国公司

2013 年 1 月，原来拒绝汉能的 Miasole 因为汉能成功并购 Solibro 又找了回来，最终汉能以承债收购的方式以不到原价 1/10 的价格成功并购 Miasole（Miasole 在美国有 160MW 生产能力）。2013 年 7 月，汉能再次成功并购全球商用柔性电池量产公司 GSE，GSE 在美国有 40MW 柔性 CIGS 电池的生产能力。至此，汉能并购了市场上所有最先进的 CIGS 量产公司，未来三年内将很难被其他对手超越。

汉能通过三次海外技术并购，成为全球首家实现柔性薄膜太阳能组件大规模量产的公司，同时也标志着汉能通过全球技术整合，占据了薄膜光伏技术的最前沿。汉能海外技术并购不仅为汉能带来了先进的技术，同时也为汉能建立了进入欧美市场的渠道与跳板，并在短时间内提升了汉能的品牌影响力和市场知名度，使汉能快速成为一家国际化的清洁能源公司。

五、汉能利用 APEC 平台和 APEC 目前的合作成果推进国际化的展望与建议

综上而言，我们对亚太经济发展前景充满信心，将着眼长远，适应不断变化的需求。我们希望与地区国家一道、共同致力于为亚太发展注入新动力，促进全球经济复苏。

但若要实现上述目标，则需要 APEC 各经济体在技术和商业层面推进跨境协同、建立区域一体化的亚太能源新格局。APEC 各经济体在新能源开发与应用领域具有明显的互补性优势，在区域内建立公平的新能源平价政策，以及在发达成员与发展中成员间合作推广利于民生的新能源可及性项目，都具有广阔的发展前景。目前，APEC 各经济体仍需鼓励发达成员向发展中成员输出技术和投资以维护新能源市场公平性，并根据各经济体自身能力及经济需求推广新能源使用。具体建议如下：

（一）关于亚太地区新能源领域的政策层面提议

1. 建立亚太地区新能源应用的可及性和公平性原则

欧美针对太阳能产品的双反政策削弱了产业公平性原则，这是所有国家都不愿意看到的。我们呼吁 APEC 经济体按照社会使用能源公平性的原则更为有效地制定电力普及政策和政府支持政策。通过引进先进技术着力覆盖缺电人口，通过有效政策吸引外来投资带动本地投资，解决新能源产品的可及性，特别是针对新能源电力投资给予更大的支持。

2. 通过政策协调推动新能源产业的平衡性和包容性发展

APEC 地区的发达经济体和发展中经济体亟须采取有力的政策协调行动，推动和鼓励新能源发电产业在本地区的平衡性投资与包容性开发，使得区域内人民都能以可负担的成本享有充足的清洁能源供应。为此，我们建议 APEC 地区各经济体在 2014 年的政策规划中关注新能源产业发展，认可新能源发展模式，在新能源产业多个领域提供广泛的政策支持，包括建立统一公平的市场机制、努力遏制传统化石能源需求、增加碳排放交易、增加清洁能源供应特别是太阳能电力的普及、逐步提高可负担的可再生能源的比例等。

3. 发展中国家政府更应注重推广新能源普及的便利措施，尤其在基建与政策性鼓励上体现

APEC 地区发展中经济体正在发挥越加重要的作用，也在感受着迫切需要清洁能源代替传统能源的压力。举例来讲，大部分发展中国家都在做分布式电站。原因一是在于能源的短缺，二则在于环境污染。

APEC 从设立之初，有一项重要任务就是加强 APEC 各成员经济体的互联互通，为投资在外的企业提供便利。因此我们建议，APEC 各发展中经济体应合作制定一项促进基础设施建设和加强政策性鼓励措施（补贴）的计划。该计划可以通过多组织合作、多方参与的方式实现，诸如联合国贷款、IFC 等都可以作为寻求支持的渠道。

首先，基础设施建设的落后，严重妨碍了（基建类）投资者的项目落实，进而使他们丧失了投资兴趣。比方说，电力为发展之本，很多缺少电力的地区同样面临着输变线不足、老化的问题。基础设备配备不足，导致即使投资

者建成电站，也无法发电并网输送到户。

其次则是政策性支持的不足。毕竟清洁能源的生产成本相比传统能源而言，还是偏高。以发展中国家居民的经济承受能力，相信难以负担如此高成本的输电。而电力本属一国发展之基本，也是政府为民众基本生活应该提供的首要服务。因此我们希望 APEC 各经济体，尤其是发展中经济体，能够通过政策协调等方式，推动并加大各自针对新能源，尤其是太阳能光伏产业的鼓励性（补贴）措施。

第三是增进互联互通，建议在区域内增强企业基础设施建设项目人员流动性。企业进行海外新能源项目开发业务中面临签证难的问题，有的签证审批拖延数月之久，影响项目进度。建议 APEC 工商咨询理事会提议有关政府部门协调各国使馆对企业的海外新能源项目开发签证开通绿色通道。

（二）关于 APEC 针对企业在国外新能源项目开发、工程建设等方面的提议

1. 实现规则与制度的一致性，建议 APEC 给予新能源企业更多的政策、法律、技术标准等方面的指导

企业在国外新能源项目开发的过程中，根据项目所在国家的不同而面临不同的政策、法律、技术标准等，并且许多国家存在政策缺乏稳定性、法制不够透明、技术标准差异较大的问题，企业在海外项目开发中面临诸多不确定因素。希望 APEC 中国工商理事会组织有关部门给予企业更多的政策、法律、技术标准方面的指导，以降低企业海外项目开发的风险。

2. 利用 APEC 自身影响力，建议金融机构对新能源企业海外项目开发提供多元化融资支持

目前国内外新能源项目融资环境较差，国内主要银行对国外新能源项目开发的融资支持力度难以满足企业需要，项目融资存在一定的困难。因此，建议 APEC 中国工商理事会提议国家出台相关政策，鼓励银行为新能源企业海外项目开发提供贷款支持。

目前，银行对光伏行业的授信严格控制，光伏行业在海外并购时面临资金紧张的问题，并购资金全部为自有资金；且对于民营企业而言，技术和装

备国产化需要大量的资金投入，并且资金回报周期较长。因此，建议对海外并购技术和装备国产化过程中所面临的资金困难问题给予融资支持。

3. 提议放宽国内新能源企业海外垫资项目的限制，利用APEC国际平台高度倒逼国内体制改革

目前国家对新能源企业在海外承包工程，特别是对需要垫资的承包工程存在较为严格的外汇管制，但垫资承包项目在很多国家已成为惯例。希望APEC中国工商理事会能够促成国家有关部门放宽相关限制，鼓励企业海外新能源项目的开发和建设。

4. 建议优化企业海外项目开发的政府审批流程，简化审批程序

企业在海外项目开发时，政府审批流程复杂，并且很多规模较大的项目不仅需要获得省一级审批机构核准，还需要获得国家一级审批机构批复，审批周期较长，影响项目开发的进度。建议APEC工商理事会提议政府优化企业海外项目开发的政府审批流程，简化审批程序，对同一企业在同一国家开发的同类项目实行快速审核或豁免审核。

5. 建议搭建新能源企业间沟通交流平台

新能源企业间缺乏相互沟通的平台，难以形成抱团出海的局面。建议APEC中国工商理事会组织行业协会搭建新能源企业海外项目开发沟通交流的平台，进行海外项目开发方面的交流和合作。

（三）关于APEC针对跨国企业海外投资设厂、生产经营、产品出口等方面的便利措施提议

1. 建议取消部分海外国家投资设厂的双税收

企业在部分海外国家（如缅甸）投资建设电站、送电回国的项目中，存在双税收的问题。一方面企业需要缴纳海外国家的营业税，在国内缴纳增值税，两税均为流转税；另一方面，企业需要对所得税进行抵免，如果海外国家的所得税率低于国内，仍需在国内根据税率差进行补缴。因此，建议APEC中国工商理事会提议国家有关部门针对此类问题制定政策，减轻企业税负。

2. 建议简化海外水电项目开发核准内容及流程

企业海外水电项目开发时需要经过国内、国外有关部门的审批，国内审

批流程等同国内水电项目开发流程，手续繁琐，APEC 中国工商理事会提议简化海外水电项目开发的国内审批流程，加快审批速度。

3. 建议加大对新能源产品出口的支持力度，缩短退税周期

虽然国家给予光伏产品出口退税的优惠政策，但目前退税周期较长，并且存在产品出口地和企业注册地不同而造成的退税困难的问题。希望 APEC 中国工商理事会提议税务机关能够加大对新能源产品出口的支持力度，缩短退税周期，使企业资金能够获得较快的运转。

总而言之，我们仍相信，虽然长远来看有增速放缓趋势，但亚太新兴经济体仍是全球经济最有前景的地区。关键在于，在如今规则林立、壁垒重重的情况下，APEC 21 个成员经济体是否能够冲破樊篱、达成某种共识、提出明确规划，再进而设定清晰的发展目标。上述因素亦正是这一地区是否能维持长久活力的基本所在。

TCL 集团：亚太攻略助推新腾飞

李东生[①]

全球经济在经历了 2012～2013 年的低迷之后，开始在 2014 年逐步回暖，目前正处于稳固复苏的阶段。预计未来 5 至 10 年，世界经济将呈现缓慢增长的态势。随着各国经济的国际化步伐加快，世界经济一体化与区域化同步并进，亚太地区各国之间的双边和多边合作迅速发展，大小次区域经济圈相继崛起，并逐步向建制化、网络化方向发展。

本文立足亚太区域背景，以 TCL 集团的国际化发展为例，从企业国际化梦想、国际化发展探索路径、成功经验总结、未来与 APEC 合作思考几个章节，阐述 APEC 地区良性互动与合作的增强为 TCL 成长带来的助推影响和未来思考。

TCL 集团创立于 1981 年，30 多年时间，从广东省惠州市一家生产磁带的小合资企业，逐步成长为中国最大、全球性规模经营的消费类电子企业集团之一。旗下拥有 TCL 多媒体科技、TCL 通讯科技和通力电子三家上市公司，并形成多媒体、通信、华星光电、家电集团、通力电子五大产业及系统科技事业本部、泰科立集团、新兴业务群、投资业务群、翰林汇公司等业务板块。

2013 年，TCL 品牌价值 639 亿元，连续 8 年蝉联中国彩电业第一品牌。2014 年，TCL 以用户为中心，推进“智能＋互联网”战略转型，建立“产品＋

① 李东生，TCL 集团股份有限公司董事长兼 CEO，APEC 中国工商理事会副主席。

服务”新商业模式，全面构建面向未来的经营体系，力争五年内成为全球智能终端产品的主流厂商。同时进一步组建起服务业务板块，增强互联网（云服务）、各类应用服务、内容服务及 O2O 经营服务的能力，以及互联网金融服务能力。

总结过去，TCL 能取得今天的成绩，很大程度上得益于历尽艰辛但始终坚持的国际化战略，尤其是随着亚洲及环太平洋地区经济合作的增强，得以持续不断地开拓新领域。可以说，国际化是 TCL 实现梦想的重要路径，而亚太攻略则是助力 TCL 腾飞的翅膀。

一、梦想，要和巨头比肩

中国经济的快速崛起是以改革开放为前提的，改革开放起到的决定性作用就是打破了自我封闭，将中国与世界连成了一体。在此基础上，中国企业界发生了翻天覆地的变化，一些具有前瞻性和战略眼光的企业家们也纷纷意识到，随着经济的发展及全球一体化趋势的加速，企业要想发展壮大，要想成为百年老店、百年品牌，就必须开阔视野、主动拥抱世界。

因成长于珠三角，地处改革开放最前沿的中国南部，TCL 最早看到了世界的不同，也最先接触到了各种各样先进的思维和理念。在多年的企业经营过程中，TCL 逐渐树立起了“实业报国”、“为用户提供极致体验的产品与服务，让生活更精彩”的目标，立志主动出击、不畏艰险，以国际化的经营思维、国际化的管理体制、国际化的人才团队、国际化的资源协作来实现企业的不断发展和壮大，真正与国际巨头比肩。这是 TCL 的成长动力及企业精神基因。正是这样的成长动力与精神基因，让 TCL 选择了一条布满荆棘又与众不同的国际化道路。

经过对比与分析后，TCL 发现在企业经营规模、产品研发能力、团队职业化水平和国际化运营能力方面都存在非常大的差距，因而制定了内向发展与外向发展共同进行、相互协调的国际化策略。一方面，通过学习国外先进的经营管理思想、引进专门人才、加强自身研发、购买技术专利、合资经营等方式，来提升企业软、硬两方面实力；另一方面，通过产品出口、对外投资、许可贸易、国际分包、境外合资合作经营、建立国际战略联盟等，布局全球化市场。

二、攻略，摸着石头过河

TCL 的全球化经营大致可分为四个阶段：第一阶段从 1981 年到 1997 年，主要是通过加工出口等方式进入国际市场；第二阶段从 1999 年到 2004 年，开始在境外建立销售部门和生产基地，实施“本地化”战略；第三阶段是 2004 年到 2013 年，直接并购境外公司及品牌并进行资源整合，迅速形成国际化运营能力；第四阶段到 2014 年以后，抓住全球经济逐渐恢复、互联网创新技术引爆经济革命的机会，借势企业“双+战略”转型机会，追赶与超越国际巨头，实现真正领先。

1996 年，TCL 集团兼并我国香港陆氏公司彩电项目，开创国企兼并港资企业并使用国有品牌之先河，并接收了陆氏公司在越南的彩电生产线，开始了国际化自主品牌建设。

1999 年 10 月，TCL 越南公司正式成立。该公司为 100%中资企业，注册资本金达 1105 万美元，自建销售队伍和销售渠道。这是 TCL 在海外建立的第一家分公司。

2000 年 4 月，TCL 集团菲律宾分公司在菲律宾马尼拉正式成立运营，投资方为 TCL 海外营销有限公司和菲方 AA Commercial（母公司为 Solid 集团），中方和菲方各占 50%的股份。

2004 年 7 月，TCL 集团与法国汤姆逊合资组建的全球最大彩电企业 TTE CORPORATION（简称 TTE）在深圳隆重开业，拉开了 TCL 国际化并购的大幕。

2004 年 9 月，TCL 电子澳大利亚有限公司成立，由 TCL Overseas Holdings Ltd. 100%控股，总部位于维多利亚州墨尔本港，在悉尼、布里斯班和墨尔本设立销售分公司。

2004 年 10 月，TCL 集团泰国分公司正式成立，总部设于曼谷，TCL 亚太地区的投资与建设力度进一步加强。

2010 年 CES 电子展，TCL 首次以 TCL 整体品牌出现在展会上，随后在北美市场全面导入 TCL 品牌。目前，TCL 不仅在北美市场拥有销售子公司和区域性研发中心，在墨西哥还设立了自有生产工厂。

2012 年至 2014 年，TCL 积极与好莱坞合作，通过《变形金刚 2》、《钢铁侠 3》、《X 战警：逆转未来》等大片的营销合作，以及冠名好莱坞中国大剧院、举办好莱坞 TCL 微电影节等项目，将北美作为全球品牌传播的枢纽，展开娱乐营销和品牌推广活动。

由于企业的个体差异和全球商业环境的不断变化，TCL 的国际化经营没有可供复制的成功模式，都是一步一步摸着石头过河，通过一系列自主品牌推广和国际并购的实践，奠定了坚实的市场基础。截至目前，TCL 集团拥有 75000 多名员工，在全球 80 多个国家和地区设有销售机构，并在全球拥有 23 个研发机构和 21 个制造加工基地。

其中，亚洲及环太平洋地区占据了较大的比重，除广阔的中国内地市场以外，在中国香港、日本、韩国、越南、泰国、新加坡、菲律宾、印度尼西亚、澳大利亚、墨西哥、美国、加拿大等国家和地区，设有工厂、研发机构、子公司、销售机构等，或者利用当地合作伙伴的工厂，开展出口业务，建立起了相应的品牌、渠道和客户体系。

表 1　TCL 集团海外主要工厂（亚太地区）

所在国	墨西哥	越南
性质（独资/合资）	独资	独资
投资规模（万美元）	4266	850
持股比例	100%	100%
自主品牌占比	50%	100%
主要覆盖市场	美国、墨西哥、拉美及加勒比地区	越南及周边

资料来源：源自企业内部资料统计。

表 2 TCL 集团海外主要子公司（亚太地区）

所在国	越南	泰国	菲律宾	澳洲	印尼	美国
性质（独资/合资）	独资	独资	合资	独资	独资	独资
投资规模（万美元）	350	532	210	418	350	5273
持股比例	100%	100%	50%	100%	100%	100%
自主品牌占比	100%	100%	100%	100%	100%	100%
主要覆盖市场	越南	泰国	菲律宾	澳大利亚	印尼	美国

资料来源：源自企业内部资料统计。

当然在这个过程中，TCL 也曾遭遇困境，例如在并购重组汤姆逊业务的过程中，由于对法国劳工传统的了解不够，曾经遭遇过一场工会“潜规则”，当时法国工会提出了数额较大的赔偿要求，出于保存未来发展机会的初衷，并考虑到对股东、员工利益的保护，TCL 最终选择了合规赔偿，而非其他“激进”的解决方式。事实证明，这样的选择是正确的，劳工事件的合规解决对 TCL 更好地接收和充分利用汤姆逊的优势资源起到了很好的推动作用，长远上来说提升了 TCL 的产业竞争力。

受益于全球，特别是 APEC 地区经济合作与交流的日渐增强，以及长时间的全球化建设与经营，TCL 一方面在工业能力、技术能力、全球化运营能力方面得到了大幅提升；另一方面，也极大地开拓了市场，增加了产品销量，给企业带来了直接效益。2013 年，TCL 多媒体 LCD 电视销量 1718.4 万台，全球市场占有率达 6.5%，居全球第三；TCL 手机出货量 5520 万部，居全球第五；华星光电销售液晶面板及模组产品 2162.8 万片，跃居全球第五。

除此之外，国际、国内两个市场的相互协同和相互补充也大大增加了企业的抗风险能力，在一个市场大环境不理想的状况下，可以依靠另一个市场来保证企业持续、健康地运营和发展。TCL 的手机业务，正是依靠全球市场的支持，才得以生存、发展和壮大至今。

三、成功，力量聚合至关重要

总结过去，TCL 国际化之所以能够取得今天的成绩，除了优秀的企业文化、坚韧的精神和意志、自我革命的勇气、持续不断的创新之外，最重要的一点就是官、产、学力量的聚合与运用提供了很好的帮助。TCL 遇到了一个较好的时代，对外贸易投资逐步开放并给予鼓励，政府在政策、融资等方面提供了很大的支持。同时，TCL 也得到了来自工商界和学术界很大的帮助。一方面，国内外工商界和学术界的专家及研究者们，为 TCL 提供了许多宝贵的意见及建议，帮助企业确立了科学的发展战略，建立了先进的现代企业制度；另一方面，在 TCL 国际化的进程中，通过了解国际市场的情况，了解所在地区经济的发展，与当地工商界建立稳定、共赢的合作关系，也是 TCL 国际化取得成功的主要原因之一。

在这方面，APEC 最具代表性。作为最大的区域性经济合作组织，APEC 占世界陆地面积的 42%，占世界人口的 45%，占世界生产总值的 55%，占世界贸易额的 46%，重要性不言而喻。

25 年来，APEC 秉承自主自愿、协商一致、开放包容、合作共赢的理念，取得了三个方面的重要成就：一是践行以茂物目标为核心的各类愿景，首倡构建亚太自贸区，推动制定环境产品清单，开展全球价值链和供应链合作，有力地提升了亚太地区贸易和投资自由化、便利化水平，推动了区域一体化进程；二是致力于经济技术合作，着眼于发展中成员的现实需求，集发达成员和发展中成员之力，推动两个轮子一起转，提升了各成员特别是发展中成员的贸易和发展能力；三是帮助各成员制定经济增长战略，推动经济结构改革，提高公共部门效率，于细微处撬动经济转型与改革的巨变，帮助亚太经济体在转型中谋增长，在增长中助转型，推动亚太地区成为世界经济引擎，在全球政治经济版图中的地位不断前移。

除了经济及宏观大环境的促进与改善，随着互信不断加深，各成员工商界、企业界及学术界的交流日趋紧密，每年定期召开的峰会、论坛等活动，也给各经济体企业和企业家带来了实实在在的好处。这主要表现在三个方面：一是提供了良好的交流平台和机会，全球工商界、学术界巨头齐聚一堂，相互之间分享心得体会，常常能够引发新见解和新思维，对于企业的发展方向可以有更好的修正；二是通过企业家们的沟通与交流，能够发现不少潜在的商机和可能的机会，也能够促进双方的合作；三是 APEC 会议上，各主要经济体领导人都会发表对经济形势的看法及对自身经济的思考，能够让企业更加了解宏观经济形势，对于制定企业发展规划和国际化战略非常有帮助。

事实证明，在推动公共发展、促进亚太国家和地区经济合作、促进各成员经济交流与开放等方面，APEC 的力量和作用都至关重要。目前，在中国外交部和中国贸促会等机构的努力下，国内已经建立了较为高效、科学的"官、产、学"协调合作机制，带动了中国企业界和学术界更加积极地参与 APEC 合作。政府、工商界与学术界三方密切合作新型工作关系的建立，也为包括 TCL 集团在内的中国企业更好地走出国门、走向世界起到了很好的促进作用。

四、未来，要跑得更快

随着改革开放的不断深入和中国经济的持续发展，越来越多的中国企业走出国门，赴海外投资与合作。中国企业"走出去"的步幅正逐渐加大，在国际化道路上，不少中国企业已经开始"小跑"。

在这一过程中，APEC 的作用愈发明显和重要，一方面它促进成员间、企业间更加紧密地合作、更加有效地联系，最为重要的是促进了更加开放和可持续的经济增长。借助 APEC 这个平台，走向国际化的中国企业正汇聚成一股"中国力量"、"中国能量"，为推动世界经济的发展和经济复苏作出贡献。同时，中国企业也在这个国际化浪潮中，不断汲取先进知识和经验，引入创新技术，"软硬件"兼备，在实现自身发展的同时，也为中国的发展和进步带来推动力。

目前，尽管面临着全球经济增速放缓的困境，以及移动互联网为全球产业带来的巨大变革，以 TCL 为代表的中国企业的领先者们，仍需要坚定不移地走国际化道路，进一步实现全球产业链的整合、全球行销体系的搭建和全产品线的结构优化。在新的环境下，企业只有像狼群一样参与到国际化分工、国际化竞争中，才能冲出困境，抓住变革的时机。因此，在 APEC 合作框架下，企业需要强化互联互通，增加彼此间的融资与投资，并促成官产学的进一步合作。未来，企业要跑得更快。

推进 APEC 地区经济创新增长是永久性的话题，创造公正、公开、透明的商业环境则是保证经济创新增长的基础，这依赖于更深程度的互联互通。TCL 将继续发扬 APEC“亚太大家庭、命运共同体”的精神，坚持“以诚相待、互助共赢”的信条，以开放包容的胸怀，将各成员的多样性和差异性转化为深化合作的凝聚力和向心力，依托政策保障，推动合作，实现突破，促进公平、可持续地增长。

亚太经合组织峰会在基础设施、制度、人员的互联互通方面确立了新的总体目标和任务，提出建成一个“无缝、全面联通和融合的亚太地区”。当前亚太区域面临经济转型、经济增长的关键时刻，基础设施建设则成为区域经济增长的重点，这意味着今后将有更多公共资金作为启动资金投入大型基础设施建设项目，这也将鼓励更多企业参与由政府主导的基础设施建设与投资。在此基础上，互联互通创造的资金融合机会也为 TCL 提供了跨国投资、融资、并购的良好契机，也使本地化建厂、本地化生产成为可能。

当前，全球经济进入新一轮的创新增长，科技进步和创新成为增长的内生动力。官产学力量的有效聚合，能够更好地促进科技进步和创新，而政府、工商界、学术界三方密切合作的“官产学”新型工作关系，正是 APEC 最重要的特征。未来，TCL 将通过不同层次、不同范围和不同途径，进一步加强这方面的交流、合作与分享，发挥各成员市场主体在新一轮创新增长中的关键性作用，发动和聚集各成员工商界、学术界的力量，关注和发展创新科技，加强新技术的产业化应用，加强与各成员政府、经济界和企业界的合作，真正实现多边推动、杠杆支点与合作平台的作用。

尽管十余年的国际化进程充满挑战，TCL 仍将坚定不移地实行国际化战略，以进一步实现全球产业链整合、全球行销体系搭建和全产品线结构优化，达到销售量与盈利能力的共同突破。对于海外市场，东南亚、南亚、中东、南美等新兴市场还将是增长重点，在保持其健康稳定发展的基础上，仍需进一步深入国际化的进程。

新兴信息技术推动 APEC 区域医疗健康生态系统的协同创新

刘积仁[①]

健康是人类最基本的需求，是深刻影响人们生活与社会和谐的因素，但是医疗健康服务的平等和普及一直是全球范围内面临的巨大挑战，在 APEC 区域医疗健康也是亟待改善的重点课题。当信息技术迅猛发展所带来的超级联接推动全球化进入了信息时代，医疗健康领域也迎来了新一轮的变革。新兴信息技术带来的颠覆力及其激发的创新浪潮正在给医疗健康行业带来前所未有的深刻改变，也使得医疗健康在复杂的挑战面前比以往更容易实现全球化视野下的协同创新。新兴的信息技术将帮助 APEC 区域加快在医疗健康领域的协作与创新，带来全新的医疗健康理念与服务模式，促进各国医疗健康信息化基础设施的发展，让医疗健康资源更加高效合理地流动与配置，打造无处不在、跨越边界的健康关爱。

一、医疗健康是 APEC 区域普遍面临的问题与挑战

近年来，APEC 地区医疗健康产业的发展非常迅猛，健康正在成为引领区域新经济发展和社会进步的重要产业之一。在一些发达国家，健康产业占经济的比例较高，已成为带动整个国民经济增长的强大动力；而在一些发展中国家，这一比例还很低，但这也意味着发展中国家医疗健康产业有着巨大

① 刘积仁，东软集团董事长兼首席执行官，APEC 中国工商理事会理事。

的发展空间与潜力，也将成为拉动国民经济增长的重要驱动力之一。

然而，面对如此巨大的发展潜力与机遇，当前的医疗健康体制仍然存在很多弊端，严重阻碍了这些空间与潜力的释放。人口老龄化、慢性病高发、医疗资源短缺等因素正在对医疗健康产业形成巨大压力和挑战。

人口老龄化给全球医疗健康产业带来的冲击日趋严重，所有发达国家和大部分发展中国家都不得不面对这样的挑战。据联合国人口发展基金会的统计数据显示，2012 年，全世界 60 岁以上的人口已达到 8.1 亿，占全世界总人口的 11%，预计到 2050 年，60 岁以上的人口将达到 20.3 亿，占全世界总人口的 22%。发展中国家的老龄化速度也很快，甚至有的发展中国家的人口老龄化速度要快于发达国家。到 2050 年，将有 64 个国家成为老龄人口比例超过 30%的国家。

老龄化社会的到来不可避免地造成慢性病的持续增加，给各个国家医疗健康体系造成巨大的压力。目前在全球范围内，63%的死亡是由慢性病引起的，80%的慢性病死亡病例发生在发展中国家。慢性病治疗的费用已经超越人们的经济能力，这种现象在新兴市场尤为显著，改善医疗服务、加强健康教育和采取预防措施已经迫在眉睫。

目前在全球范围内有超过 10 亿人享受不到医疗服务。无论是发达国家还是发展中国家都面临着不同程度的医疗资源短缺、分布不均衡的问题。各国之间的医疗健康服务的发展水平也很不均衡，对于经济相对落后的国家和地区的人们来说，可能连最基本的医疗服务都还是一种奢望。可以说，医疗健康领域所面临的挑战，是全球化的、普遍的、系统性的挑战。

二、中国的医疗健康产业机遇与挑战并存

中国经济的高速增长以及社会转型期民生改善与可持续发展的强烈需求，极大地推动了医疗健康产业在中国的蓬勃发展。中国在 2014～2015 年将会在医疗健康领域产生价值 5000 亿美元的机会，中国在医疗健康领域的花费将从 2011 年 3570 亿美元增长到 2020 年的 10000 亿美元。中国的医疗健康和生命科学市场正在经历显著的发展，目前占全球市场的份额为 5.6%。中国正

在成为全球范围内最具吸引力的医疗健康市场之一。

与此同时，中国医疗健康产业仍然面临巨大的挑战。人口数量的增长、收入差距的加大、医疗服务价格的上涨以及经济发展的不平衡等因素使得医疗健康体系的压力不断增大，健康日益成为人们生活中最大的担忧之一，也成为社会的沉重负担。在新医改方案颁布实施的三年内，中国政府的卫生支出总额累计达到 1.5 万亿元人民币。

中国的老龄化进程在不断加快，预计到 2030 年，中国将成为世界上老龄化程度最高的国家。到 2050 年，中国 60 岁以上的人口将占人口总数的 30%以上。中国是世界上人口最多的国家，也是老年人口最多的国家，占全球老年人口总量的 1/5。同时，中国经历的是一个"未富先老"的老龄化过程，在收入水平还比较低的情况下非常快速地进入老龄化社会，这样的特征使得中国的老龄化带来的挑战尤为严峻。

慢性病已经成为中国人的头号健康威胁。过去十年中，中国慢性病患者的数量一直呈急剧上升的趋势。2012 年，中国慢性病患者达到了 3 亿人。在每年各种因素导致的死亡病例中，慢性病所占比例超过 80%。《中国医疗卫生事业白皮书》的数据显示，目前中国因慢性病导致的疾病负担占总疾病负担的 70%。预计到 2030 年，中国人口老龄化问题将至少使慢性病负担增加 40%。另一方面，伴随中国人生活方式的改变，患慢性病的年轻人群也在不断增加。在这些庞大的数据背后，慢性病导致的沉重的经济负担和社会压力也会增加经济发展减速和社会不稳定的风险。

医疗资源分配不均衡造成了医疗资源与服务需求之间的矛盾日益凸显。中国医疗资源的地域差距正在不断加大，城市人均可用的医疗资源是农村地区的 2.5 倍以上，大量农村地区的人们因得不到基本的医疗保障而缺乏安全感。优质医疗资源分布的不平衡导致有限的医疗资源没有被合理地配置和充分利用。据统计，中国人口占世界的 22%，但医疗卫生资源仅占世界的 2%。这仅有的 2%的医疗资源，其中 80%都集中在城市，而在城市中又有 80%的资源集中在大医院。这样严重的资源分布失衡，使得看病难、看病贵成为全社会广泛关注的问题。

由此可见，在中国向和谐、可持续发展的社会转变的过程中，医疗健康成为全社会所面临的最复杂，但又迫在眉睫需要面对的问题之一。

三、新兴信息技术的飞速发展驱动医疗健康领域新一轮变革

飞速发展的新兴信息技术，大数据、云计算、移动互联和物联网等正在给人们的生活和社会运行的方方面面带来一场持续的变革，在医疗健康领域当然也不例外。信息技术正在颠覆原有的医疗健康服务的概念与模式，将原来的医疗健康信息的孤岛有效连接起来，提升医疗资源的利用效率，不断催生跨越边界的合作，提升健康生态系统中各方的协同效率。可以说，传统医学与信息科技的融合迎来了人类历史上最伟大的医学革命之一。

大数据技术的发展使得医疗健康产业进入了“精准、个性化诊疗”的新时代。大数据时代病人面对的不是单个医生，而是医生背后不断被充实和分享的网络化信息库和知识库。医疗健康是数据密集型行业，数据的价值将被更充分地挖掘和利用，医学服务正在演化为全程的信息跟踪、预测预防和个性化治疗。数据成为医疗改革的基础，大数据已经推动我们进入全新的医疗协同时代，这是一个基于医生群体的知识、能力与大数据的挖掘的个性化与精确治疗的时代。

云计算正在推动医疗模式的转变。医学正在从疾病医学向健康医学发展，从重治疗走向重预防，而云计算的发展将极大地加快这一转变进程。云医院时代的到来，将给医疗服务带来巨大的改变，从拥有医疗数据到拥有个人生活方式数据，从拥有物理床位到拥有“云床位”，从到医院保健、康复到在家保健、康复，从以医院、医生为主体到构造协同医疗体系，从医生面对面地服务于病人到在云上服务病人。可以说，云医院将医生的知识变成价值，将医院的规模无限扩展。通过基于健康云的 O2O 模式来提升宝贵的医疗资源的使用效率，提升医疗服务质量；通过云化建立协同医疗的联盟，使社区与中心医院有更好的分工，使预防、治疗、康复一体化。

移动计算的时代已经到来，无所不在的移动互联技术极大地加强了医疗健康产业生态系统中各方的融合。移动医疗通过移动通信技术，例如掌上电

脑、移动电话和卫星通信来提供医疗服务和信息，包括远程患者监测、视频会议、在线咨询、个人医疗护理等。移动互联使得消费者越来越成为医疗健康生态系统的中心，移动设备给病人和医疗服务提供商都带来了更多的便利和灵活性，更容易获得实时数据，实现对慢性病的监控和管理，具有广泛前景的可穿戴设备将颠覆传统医生“望闻问切”的问诊方式。移动互联的广泛应用将打破医疗健康领域原有的边界，催生很多新的商业模式。

无疑，信息技术的飞跃将给医疗健康领域带来新一轮的变革。医疗健康体系将与社会更加紧密地整合和相互关联，减轻人口老龄化、慢性病以及医疗资源分布不平衡等挑战带给医疗健康产业的负担，使医疗健康服务更公平和普及。

四、东软在医疗健康领域的创新实践

为应对极具挑战性的、复杂的医疗健康问题，我们通过信息技术构造智能、经济、绿色、可持续的解决方案，致力于让更多的人享受到公平、优质的医疗健康服务。我们以软件为核心，通过软件和硬件的结合，提供高品质、高性价比的医学影像设备。作为世界上为数不多的高端医疗设备生产商之一，我们的产品服务于中国及全球市场几千家医院。与此同时，我们也致力于为社会保险、医疗服务、公共卫生、慢性病管理等领域提供 IT 解决方案。我们通过多平台的资源整合与数据共享，将云计算、物联网、移动通信技术应用于城市医疗保障的各个环节，构建了一个智慧、便捷、互联的健康医疗体系。

东软在医疗健康领域已经有 20 年的深厚积累，东软一直致力于通过创新来创造前进的动力；随着市场的变化和对未来的洞察，积极转型，同时注重国际化发展。2011 年，东软成立 20 周年时提出了三个转变，即：从以人力资源规模为基础的增长转向知识资本驱动的增长，从以技术为中心的商业模式转向客户价值为中心的商业模式，从以中国为中心转向以全球为中心。这样的策略在医疗健康领域也正在被充分地实践，成为东软在医疗健康领域加速发展的驱动力。

创新是超越技术的，开放式的协同创新不断加速东软在医疗健康领域的发展。东软是一家来自大学的公司，这样的起源赋予了我们创新的基因。我们一直致力于将技术转化为改善人们生活水平和社会可持续发展的推动力。我们相信创新是超越技术的，科技只有在推动社会发展变革的过程中才能实现价值。

过去 20 年中我们在医疗健康领域持续创新，在医疗设备领域，我们开发出很多拥有自主知识产权的产品；近年来在健康管理领域，我们也设计开发出拥有自主知识产权的便携式健康管理终端设备。当然，我们认为，创新仅仅依靠技术是不够的，我们也在构建一个由技术、商业模式、应用环境、跨行业知识、客户体验及社会变革需求构成的创新体系。我们通过软件技术、医疗设备和互联网的结合，整合医疗卫生行政管理机构、医疗保障机构、医疗卫生与健康服务机构和第三方服务机构的多方资源，构建了共赢的生态系统，来支持我们在该领域的可持续发展。

对东软而言，开放式创新不仅表现在不断寻找公司持续高速发展的技术与商业模式，以加速业务创新与成长；更体现在通过共赢的联盟与合作的创新来获得更多的资源和飞跃式发展。在医疗健康领域，我们不仅与产业内各相关方合作，还积极开展跨界、跨行业的合作以便更快速、更有效率地发展，开创更多以客户需求和体验为导向的医疗健康服务模式。

在技术和市场快速剧烈变革的时代，积极进行商业模式的创新与转型，拥抱变革带来的机遇和挑战。2011 年，东软宣布全面进军健康管理领域，从原来主要面向医院的医疗设备和信息化服务，延伸至面向个人消费者的健康管理服务，并借此从 B2B 向 B2B 和 B2B2C 两者结合的商业模式转变，在保持多年积累的企业级用户的同时，将业务线延长到家庭和个人消费市场。所谓的 B2B2C 模式，就是我们和我们在 B2B 领域的客户合作，一起面向其消费者客户提供服务，因为我们的客户对其个人消费者客户需求的理解比我们要深。从传统的企业市场转入个人用户市场，这是一次巨大的变革，而这场变革带来的最大挑战就是对用户需求的把握和用户体验的满足。我们深刻洞察到信息技术给人们生活方式带来的改变，将这种改变与健康管理的需求相结合，向人们传递主动式健康管理的理念，构建无边界的数字化医疗健康网络，打造无所不在的健康关爱。

加速国际化发展，加强中国市场与国际市场的互动，通过协同创新参与并融入全球产业链与竞合之中。国际化发展是东软从创立以来一直坚持的策略，目前在全球市场拥有员工近20000人，客户遍布全球60多个国家和地区，在美国、日本、瑞士、芬兰、罗马尼亚、德国、迪拜和秘鲁设有子公司。近年来东软持续加速在医疗健康领域的国际化发展步伐，致力于在医疗信息化、医疗设备及健康管理领域成为全球领先的提供商。东软在医疗健康领域的创新应用不仅在中国市场有着大量的实践，在国际市场，尤其是高速成长的新兴市场也在不断拓展。我们认为，面对医疗健康这样全球性的挑战，新兴信息技术会进一步推动发达市场和新兴市场之间的关联，促进和加深全球医疗健康产业链之间的对话。尤其在具有相似发展阶段和环境需求的市场之间，很多的经验与模式可以在一定程度上借鉴与共享。这些交流与合作将会极大地促进各国医疗健康产业的发展，加速全球医疗健康生态系统的优化。

（一）信息技术的创新让医疗服务更便捷、更可及

中国城市化进程的加快、急剧膨胀的人口使城市越来越拥挤，城乡医疗资源的差距给整个医疗系统带来巨大压力。看病就医成为一种充满压力、令人焦虑的体验，医院的运营与管理也面对巨大的挑战，而信息技术实现的超级联接正在帮助缓解医疗健康领域供需方之间长期存在的矛盾。我们通过新兴信息技术在既有的医院信息化系统基础上不断进行创新和再造，通过数据互联和精细化管理让就医和诊疗更加便捷、高效。

我们通过信息技术的创新，缓解人们看病难的压力，提升就诊体验。如今，病人可以在手机上安装掌上医院客户端，通过手机进行预约挂号、在线支付、获取检查结果等。通过门诊业务流程再造以及与银行金融功能的整合，居民可以持二代身份证、医保卡、银行卡等任一卡种就医，并可以享受“先诊疗，后结算”的便利，而且检查结束后通过自助设备还可实现集中的自助打印。此外，在医疗联合体成员医院之间除可以预约挂号、预约检查外，还能借助信息网络实现检查、检验报告和病历信息的共享以及双向转诊等。这些都有效地简化了看病流程，减轻了病患就医的辛苦与压力。

巨大的诊疗量也在考验着医院的运行效率和运营能力，我们通过信息技术帮助医院理顺人、财、物，并围绕服务病患高效运转。例如，医护人员手持平板电脑、智能手机或PDA等移动设备就可以全面采集和核对病人的临床信息。会诊流程可以实现全面电子化，解决会诊通知难、完成难和监管难的问题。此外，全面的医院信息系统的建立，在一定程度上还促进了医疗水平的高精准与高质量。信息技术的创新推动了临床医护工作的高效协同，极大地提高了临床诊疗效率，可以使有限的医疗资源服务更多的病患。

为了缓解区域之间医疗资源严重不均衡的问题，我们构建了全面的远程医疗系统，通过城乡基层医疗服务机构与区域医疗中心的分工协作，让病患在基层医疗机构就能享受到区域医疗中心的优势医疗资源，优化了区域医疗资源配置，提高了基层的医疗服务能力和技术水平，发挥了医疗服务体系的整体功能。东软远程医疗系统投入至今已经运营 13 年，拥有会员医院 600 多家，遍布中国23个省份，日均运营量超过200例，累计突破13万例。

为了促进整个社会医疗服务体系的可持续发展，我们还帮助公共卫生管理机构建立了公共卫生信息系统以实现对疾病的预防控制和对公共卫生的管理，并实现对突发公共卫生事件的应急管理。我们基于居民健康档案构建了省、市、县（区）三级卫生信息云服务网络，实现了居民健康卡、公共卫生、医疗服务、医疗保障、药品供应保障、综合管理的信息共享和业务协同，构建了区域人口健康信息大数据，提供安全、便捷的医疗卫生健康信息云服务。

（二）信息技术的创新推动主动式的健康管理

WHO的报告显示，真正健康的人仅占5%，患有疾病的人占20%，而75%的人处于亚健康状态。“亚健康”人群渐趋年轻化，30～40 岁是亚健康的高发人群。健康管理成为人们生活质量提升的必需，更加重视预防和保健是社会健康体系可持续发展的必由之路。

“熙康”是东软在健康管理领域的标志性品牌，致力于通过创新的技术，建立一个健康管理、慢病防预的生态系统。通过对健康信息的感知与干预，将健康管理、慢病预防的方案传递到个人与家庭；通过非药物的方式来推动健康生活。我们通过健康物联网、健康云平台和优质医疗资源的紧密结合，建立由政府、医疗机构和个人组成的健康管理及服务的多方共赢的生态系统。

东软研发了一款价格实惠的便携式多功能一体化健康监测设备——熙康益体机，通过互联网，将区域医疗中心、基层卫生服务机构的医疗保健服务与个人、家庭的动态健康管理以及医疗监控与管理部门的数据档案系统进行无缝链接，使优质的医疗资源向基层、家庭、个人延伸。同时，我们为个人用户提供了一款名为“熙康健行者腕表”的监控终端，其中内置有传感器，可收集佩戴者的人体运动信息和生理指标。这些创新式终端可通过互联网与大型医疗机构、熙康网络及知识库进行连接，为用户提供远程医疗咨询及个性化的健康管理建议。

面对老龄化的挑战，我们利用云计算、物联网、移动互联及传感器等技术打造的熙康养老健康管理平台，为老人们提供无处不在的健康管理服务。我们将健康管理终端设备（熙康益体机、血压计、血糖仪、血氧仪、心电仪）投放在检测环境中，邀请专业的健康顾问为老人普及健康知识，并协助养老中心为老人建立健康档案，采集老人健康信息，将这些信息与老人亲属手机号码进行绑定，每周会将老人的健康信息数据通过短信的形式传递到老人亲属手机中，让老人的家人随时了解老人的健康状况。

我们通过和国内一流的综合性医院合作，提供融合了健康体检、运动康复、膳食指导等的健康服务。目前我们筹建了12家这样的健康管理中心，我们希望通过这一平台对公众健康进行良性干预，改变不良生活方式，希望人们尽量不得病、少得病，并将疾病预防、早期诊断、早期治疗等有机结合，帮助政府、家庭和个人降低医疗卫生支出，提升全社会的健康水平和生活质量。

过去几年在中国市场，我们一直在推进“健康城市”计划，截至目前已经与中国十几个城市建立了战略合作伙伴关系，覆盖基层医疗单位（卫生室、站）超过5000个点，为超过约2000万名居民提供更加快捷而实惠的医疗健康服务。未来，基于这些实践和探索，我们还将把“健康城市”模式向更多城市推广，帮助城市建立更完善的医疗健康体系，促进城市的和谐发展。

【案例研究】

健康海南

海南省生活着860多万人，其中农村人口占58%，65岁以上老人70.73万人，占人口总数的8.56%。海南省人均GDP在全国各省中排名处于下游。

日趋严峻的人口老龄化所带来的日益增长的医疗卫生费用成为海南省面临的巨大挑战。2010年，我们与海南省政府合作，通过建立创新的、可持续的健康管理生态系统改善当地人们的健康状况。截止2013年底，我们帮助海南省2400多个村卫生室安装了“熙康益体机”，占全省村卫生室总数的80%以上。

如今，村卫生室有了快速、便捷的体检设备，全省500多万农村居民无需出村就可以进行免费体检，通过熙康一体化健康监测设备进行一系列的身体检查，如血压、血糖、血氧、心电图等，并将所有检测数据上传到个人在线健康档案中。在线系统则根据居民的健康指标，为居民提供个性化的饮食、运动、生活方式等健康指导，进而帮助居民改善健康状况。在熙康医疗终端的帮助下，乡村的医生们不仅可以为村民提供更好的医疗服务，如慢性病管理、健康干预、健康教育等，还可以通过互联网与省市医院的医疗专家进行远程会诊，让村民们享受更优质的医疗资源。

为了更好地加强基层医疗卫生机构的服务，推动产业生态系统的可持续发展，我们在今年启动了“乡村医生培训全国行”活动，帮助乡村医生提高业务技能，改善偏远地区居民医疗状况。在中国的广大农村地区，医疗卫生资源还较为薄弱，不少基层医疗卫生机构的乡村医生没有进行过系统的医学知识学习，该项目针对不同地域乡村医生工作中亟待解决的问题量身定制课程，并邀请国内大型三甲医院的资深医学专家和教授主讲。我们也在这个过程中帮助乡村提高医疗信息化和网络化应用水平，让更多乡村地区的人们也能享受到更方便、高质量的医疗健康服务。

（三）积极致力于医疗健康领域的跨国协同创新

在医疗 IT 领域，我们的客户遍布 30 多个国家，有海外客户 100 多个，主要分布在美国、东南亚、中东和非洲地区。对于发达国家市场，虽然其医疗信息化已经相对较为完善，但很多系统需要更新，对一些小的产品类软件需求量大，而且中国丰富的高素质的医疗人才也是吸引这些国家客户的重点因素。当然，我们目前的海外客户大部分还是来自发展中国家市场，这些区域的很多国家医疗水平还处于初级或发展中阶段，医疗 IT 基础设施建设的需求很迫切，当地人对于医疗服务保障的需求也很大；同时这些市场目前在医疗信息化方面，还缺乏流程与规范，有的甚至还在依靠传统的纸质办公，诊断质量与效率都很低，很多地区对于区域互联和资源分享类的区域医疗解决方案需求很大。我们的医疗 IT 服务通过在中国市场获得的经验，协助建设这些国家的公共卫生与医院管理信息平台，帮助当地提升公共卫生服务的质量和医疗诊断的质量与水平。

作为中国领先的医学影像设备提供商，我们的 CT、MRI 等高端医学影像设备已经出口到全球 90 多个国家和地区，在 6000 多家医院安装和应用。伴随我们的医疗设备在海外市场的销售与安装，我们也为这些客户提供影像后处理产品。此外，很多发展中国家都面临医疗资源紧缺、分布不均衡的问题，我们的远程医疗系统正在帮助这些国家的人们享受更便利的医疗诊断。

同时，我们也积极与海外的公司开展跨国的合作，积极融入并促进全球健康产业链的发展，通过资源与优势的互补，以开放式创新、协同创新来推动跨国的医疗健康生态系统的建立。

在远程医疗领域，东软熙康与以色列 Aerotel Medical Systems 公司达成合作，双方通过合作更有效地整合医疗机构的服务资源，为政府、企业及个人用户提供包括预防保健、远程监护、医疗救治在内的全生命周期的健康保障服务平台，完善远程监控系统，通过电话、互联网和无线网络实现病情状态及医疗的数据传输，构建远程医疗解决方案。

在养老服务领域，我们积极借鉴和引进发达国家的模式与经验。东软熙康引进新西兰 HHL 全球领先的养老服务标准/模式，通过合作提供养老业务咨询、养老机构以及社区管理、居家健康养老服务、质量体系评估与建设、养老护理人员培训、护理服务模式设计、运营与管理等系列服务。

在医疗服务及健康管理智能化电子产品领域，东软熙康与日本阿尔卑斯电气株式会社成立合资公司，在技术、生产、管理等方面实现全面合作，整合熙康在健康产业的资源和实践经验，以及阿尔卑斯电气强大的电子产品研发、设计能力，通过中国本地化的研发和生产，提供高性能、先进、智能的生理信息采集传感器及相关电子产品，建立面向全球的生理信息智能采集传感器产品研发中心，为消费者提供更多、更有价值的产品。

在健康知识普及和教育领域，东软熙康与美国著名的哥伦比亚大学教授、纽约长老会医院心血管外科专家、《奥兹医生秀》主持人默罕默德·奥兹博士展开合作。奥兹博士将他所拥有的关于健康管理的方法、知识、书籍和大量的影像资料加入到熙康平台，这将推动中国的健康管理理念和方法的专业化与国际化发展，加强中美两国在健康管理、慢性病预防以及健康教育领域的交流与合作。该合作是发达国家与新兴国家健康理念与实践的交流与互动，未来双方将共同致力于全球健康社区的打造，推动全球在健康管理领域的协作与创新。

结语

当医疗健康产业所面临的挑战成为一项全球性的、系统性的挑战时，跨越边界的交流与合作成为必需。大数据、云计算、移动互联等新兴信息技术的发展推动医疗健康进入了信息时代，这是一个超级链接的融合时代。我们必须以全球化的视角和思维来重新审视和理解我们面对的挑战，以大胆的想象和开放式的创新来拥抱这一场激动人心的变革。APEC 区域各成员的政府、学术界、医疗机构、企业等需要加强合作来构建一个多方共赢的生态系统，不同的国家和地区之间也要相互交流与学习，借鉴其他国家成功的实践并适当调整使之适合本地的需求，共同的智慧必然会带来更有效的前进，进一步推动 APEC 区域医疗健康产业的可持续发展。

深化 APEC 合作　创建国际一流企业

——国家电网公司参与亚太合作战略

刘振亚[①]

一、国家电网公司国际化发展实践与成效

近年来，国家电网公司大力实施国际化战略，全面深入开展境外投资、国际能源合作、境外工程承包、国际电力技术咨询等领域国际化业务，努力建设“世界一流电网、国际一流企业”，取得了显著成绩，为加强区域经济合作、促进亚太地区经济发展和共同繁荣作出了重要贡献。

（一）发展历程

2008 年之前，国家电网公司国际业务以零星的电工装备出口、电力工程服务为主。2007 年国家电网公司成功中标菲律宾国家电网公司 25 年特许经营权之后，开始进入国际投资阶段。“十二五”以来，国家电网公司与俄罗斯等周边国家开展电力能源合作，连续成功并购巴西、澳大利亚等国输电特许权项目，以单一最大股东身份运营菲律宾国家输电网、葡萄牙国家能源网公司等国家级大型电网，中标中国首个境外±800 千伏特高压直流工程，标志着电网建设、管理、运营方面的技术优势已经得到国际广泛认可，进入国际业务全面拓展阶段。

① 刘振亚，国家电网公司董事长，APEC 中国工商理事会理事。

表 1　国家电网公司近年来国际业务主要情况

时间	主要业务	备注
2007 年 12 月	与当地合作伙伴组成联营体中标菲律宾国家输电网 25 年特许经营权	2009 年 1 月正式交割接管
2010 年 5 月	收购葡萄牙国家能源网公司 25%的股份	中国国有企业第一次在欧洲收购国家级电网公司
2010 年 12 月	全资收购巴西 7 家输电特许经营权公司	
2012 年 12 月～2013 年 4 月	收购澳大利亚南澳输电网公司 46.56%的股权	
2014 年 1 月	收购新加坡能源澳洲资产公司 60%的股权和新加坡能源澳网公司 19.9%的股权	
2014 年 1 月	中国香港电灯有限公司在港交所上市，公司以基石投资人身份取得 18%的股权	
2014 年 2 月	与巴西国家电力公司组成的联营体中标巴西美丽山水电特高压直流送出项目	中国特高压技术“走出去”取得重大突破

（二）显著成就

1. 境外项目经营稳健

国家电网公司凭借在特高压、智能电网等电网前沿和关键技术领域的核心优势，成功获得境外国家级输电网和大型电网项目特许经营权、股权。在境外资产运营中，坚持合作共赢、共同发展，为项目所在地创造经济、社会、环境综合价值，得到国际市场以及当地政府、媒体公众的广泛认可，在境外成功塑造了国家电网品牌。同时，境外项目改善了公司经营财务指标，拓展了公司发展空间。截至 2013 年底，国家电网公司境外资产总规模突破 1000 亿元人民币。

2. 工程、装备和咨询业务“走出去”

深入把握经济全球化趋势，以新兴经济体电网建设和改造为契机，大力拓展非洲、南美、南亚等地区的工程总承包、成套设备出口及咨询服务业务，促进当地基础设施建设，带动国内电力装备制造和工程承包企业海外发展。2013 年，国家电网公司新签境外工程、装备出口、技术服务项目 235 个，合同金额总计 26.66 亿美元，相关高科技产品已在国际市场占有一定份额。

3. 增强国家能源资源保障能力

通过境外能源资源开发和跨国电力合作，可有效缓解我国能源资源和环保减排压力，为保障我国能源供应安全提供有益补充。2012 年中俄±500 千伏直流背靠背联网工程正式投入商业运行，2013 年双方启动“扩大中俄电力合作项目”的前期工作。目前中俄电力合作已成为两国全方位能源合作的重要组成部分，为深化两国经贸合作关系、建设中俄全面战略协作伙伴关系作出了重要贡献。

4. 国际影响力和国际地位显著提升

国家电网公司在国际电工委员会（IEC）、电气与电子工程师学会（IEEE）等国际标准化组织发起和主导制定 24 项国际标准，出任 IEC 副主席等多个国际组织高层职位。继 2006 年、2009 年特高压国际会议，2011 年智能电网国际论坛后，与 IEC、德国电气工程师协会（VDE）成功联合举办“2013 国际智能电网论坛”。2013 年、2014 年，惠誉、标普、穆迪三大评级机构对公司评级结果均与其对中国主权评级一致。

表 2　国家电网公司近两年参加国际主要机构评级情况

评级时间	惠誉	标普	穆迪	总体评级结果
2013 年 5 月	A+	AA-	Aa3	与对中国国家主权评级相同
2014 年 4 月	A+	AA-	Aa3	与对中国国家主权评级相同

5. 提高了经营管理的国际化水平

国家电网公司在国际市场上与跨国公司同台竞争，利用国外经验创新管理模式，锻炼管理人才，提高了国内业务管理水平和国际业务管控能力。迄今，已经设立的 10 个驻境外办事处成为公司国际业务发展的桥头堡，在开拓国际市场、树立国际品牌形象、获取第一手全球信息等方面起着重要作用。公司用 6 年时间组织了 18 期、359 名高管人员赴国际知名企业和机构培训，高管人员的国际化视野和全球战略思维能力得到了有效提升。

（三）经验总结

1. 科学研判国际形势是走出去的必要前提

开展海外业务必须准确把握国际大势，因势而谋，应势而动，顺势而为。

要全面掌握全球经济走势和政治风向，主要股市、汇市的周期变化趋势和近期波动，东道国的经济、社会、民生等情况。要分析双边政治关系的历史沿革，了解当地不同阶层的利益诉求等信息。

2. 发挥公司整体优势是项目成功的制胜法宝

在实施国际化的进程中，国家电网公司始终坚持战略投资的理念，用战略思维处理微观问题，用全局眼光看待局部事件，充分发挥公司在能源电力领域的技术、人才和管理优势，体现投资者价值。

3. 拓宽境外融资渠道，提升资金运作效率

依托公司良好的国际信用等级，利用海外低成本发债资金和国际公司境外融资，投资境外优质资产，不再依赖国内注资。在国际并购激烈的竞争中，国家电网公司积极拓宽融资渠道，持续提升资金运作效率，有效降低融资成本，提升竞争力。

4. 强化品牌公关意识，树立公司良好形象

在重点开发和经营的地区，聘用长期公关顾问，借助当地专业机构力量，保持与政府、媒体、公众的良好沟通，在应对突发事件时及时掌握事件动态，快速有效处理，防范舆情风险，维护公司的品牌形象。同时，要高度重视与东道国非执政党派的沟通交流，处理好与各政治党派的关系。

5. 坚持本土运营策略，提高资产管理水平

国家电网公司在海外资产运营管控中，坚持本土化运营和本地化用工，减少公众舆论质疑，使海外公司更好地融入东道国政治社会环境。注重加强海外资产运营管控模式研究，使“投资”与“运营”同步发展，互为支撑，为国际业务快速发展提供稳定、有力的保障。

二、国家电网公司参与 APEC 合作前景展望

亚太经合组织（APEC）是亚太地区级别最高、影响最大、机制最完善的经济合作组织。自建立以来，APEC 始终致力于促进亚太地区自由贸易与经济合作，对实现本地区经济持续增长与人民共同富裕发挥了越来越重要的作用。2013 年 8 月，国家电网公司加入 APEC 中国工商理事会。作为全球最大

的公用事业企业，国家电网公司积极参与 APEC 合作，交流能源与电力发展最新成果，研讨世界能源发展方向，推动世界电力事业进步，对于加强亚太地区经贸合作，促进全球能源、经济、环境全面协调发展具有重要意义。

（一）参与 APEC 合作面临的主要机遇

首先，2008 年国际金融危机以来，一些国家放宽了对外资的限制，特别是部分放宽了能源电力领域的外资限制。APEC 部分成员经济体实施新一轮能源基础产业改革和重组，为国家电网进入亚太地区电力市场带来一定机遇。

其次，许多大型能源企业通过剥离资产等方式调整战略重心，形成了新一轮全球产业整合重组浪潮，客观上增加了公司投资并购优质资产、获取能源电力领域先进技术的机会。

再次，全球能源电力行业发展步入新一轮发展周期，加速布局新能源和“低碳产业”，谋求新的竞争优势和增长点。APEC 发达成员电网亟须更新改造；发展中成员大多进入工业化和城镇化的快速发展阶段，需要大量资本和先进技术来发展电力基础设施。

（二）参与 APEC 合作存在的主要挑战

1. 环境差异带来的挑战

亚太地区市场的社会制度、法律政策、文化理念、舆论环境等存在较大差异，需要较长的适应过程。在国内，中央企业肩负重要的社会责任，更加注重长远发展和战略投资，而海外伙伴则将利益作为衡量标尺，更加重视短期回报和分红。

2. 市场竞争带来的挑战

国际金融危机以来，能源电力企业纷纷加快战略性调整步伐，加速向可再生能源和天然气管网领域深度拓展，向更具发展潜力的新兴市场延伸，其中就包括亚太地区部分经济体。近年来，电力资产收益率较为稳定，风险相对较小，在全球经济不景气的背景下成为跨国投资基金的重要选择。2012 年跨国投资基金进行的电力行业并购交易额为 521 亿美元，比 2011 年增加 130 亿美元；占电力行业并购交易总额的比例为 34%，比 2011 年增加 12 个百分点。国家电网公司参与 APEC 合作面临激烈的市场竞争。

3. 自身经验不足带来的挑战

与国际一流企业相比，国家电网公司国际化发展历程较短，国际业务运作经验相对缺乏，业务管控模式、风险防范、品牌建设等尚未形成有效制度体系和解决方案，特别是缺少市场化条件下海外电力资产运营经验，对海外业务环境的认识还有待进一步提升。

4. 国外政策舆论环境带来的挑战

一些国家限制外国资本投资电网等基础设施，国际投资环境复杂。由于社会制度差异等方面的原因，部分国家对中国国有企业的海外投资存有戒心，公司海外投资当地审批存在较大不确定性。部分外国媒体对中国企业存在偏见，对公司海外投资活动的评判难以做到客观、公正。

总体来看，国家电网公司参与 APEC 合作，机遇与挑战并存，展望未来，机遇大于挑战，发展前景广阔。我们必须紧紧把握战略机遇期，牢牢把握发展主动权，全方位推进 APEC 合作，在“走出去”的征程中取得新成绩，在建设世界一流电网、国际一流企业的道路上取得新的更大突破。

三、国家电网公司参与 APEC 合作重点领域

（一）加快构建国际能源通道

中国特高压发展不断取得突破，积累了经验。目前，国家电网公司正在研发±1100 千伏直流技术和设备，额定输送容量将达 1375 万千瓦，经济输电距离 5000 公里，为构建洲际特高压输电通道奠定了基础。

（二）积极开展国际业务

1. 电网投资并购

公司将继续扩大电网资产投资，跟踪 APEC 经济体输配电资产出售情况，选择具有战略意义、符合公司长远发展目标的项目进行投资。

2. 电力工程承包

国家电网公司海外电力工程承包业务历史悠久，要充分利用已有的资质业绩、品牌效应等资源，承接 APEC 成员经济体电力工程总承包项目。

3. 电工装备出口

国家电网公司旗下电工装备产品门类较为齐全，部分产品技术水平国际领先，形成了许继、平高、南瑞、鲁能、山东电工等知名品牌。公司将统筹布局海外装备生产基地，加强在 APEC 经济体的营销服务网络建设，扩大对 APEC 经济体的电工装备出口。

4. 科技研发合作

合理利用全球优质的科技资源已成为世界一流企业必备的一种能力。公司建设全球研发体系，在美国等国设立海外研发中心，利用当地智力和技术资源，汲取最新科技成果，降低研发成本，满足发展需求。

5. 推动电动汽车发展

密切跟踪国际电动汽车充电技术和标准动态，深化大功率充电、充电接口互换性、充换电设施接入电网、与电网互动等方面的研究，完善标准体系。加快研发智能充电桩，满足智能一体化快慢充、自动双向计量计费、有序充电、增值服务等多样化需求。

（三）共同推进管理与标准国际化

1. 推进管理国际化

进一步强化管理国际化理念，通过与 APEC 成员经济体企业开展国际对标进一步寻找差距，促进公司管理与国际一流企业接轨。

2. 推进技术标准化

围绕特高压、智能电网等电网前沿领域和关键技术，积极与 APEC 成员经济体合作，参与 IEEE 等国际组织的标准制定工作，共同推进电网相关技术标准国际化。

（四）开展品牌国际化合作

与权威媒体建立战略伙伴关系，加强与具有国际影响力的海外媒体和当地媒体沟通合作，探索符合 APEC 不同经济体文化风俗的品牌传播方式。

（五）加强海外项目本土化运营

1. 优化调整对海外企业的管控方式

项目交割后合理保留原有核心员工，提高海外公司员工当地化比例。择优聘用外籍人士参与经营管理，推进海外项目用工本土化。树立长远发展理念，与当地政府、企业、社区、民众进行交流合作，推进海外项目文化融合，为业务发展创造良好的外部环境。

2. 积极履行企业社会责任

在项目所在国家和地区制定促进就业、保护环境、绿色发展、公益事业、安全生产等方面的行动计划，将社会责任管理融入到海外项目日常经营管理全过程。积极宣传公司海外履行社会责任的理念和行动，适时发布国别社会责任报告，阐述公司履行社会责任的具体措施。

四、国家电网公司未来参与 APEC 合作的建议

（一）推动美国等发达经济体对外国投资的审批更加高效、透明和公平

美国、加拿大、澳大利亚等发达经济体对外国投资项目设置了繁琐的审批程序，审批部门涉及外国投资审查部门、能源监管部门等，而外国投资审查部门在审核具体项目时，一般需征求其他多个政府部门意见，过程不透明、标准不明确、效率不高。希望 APEC 在此方面多开展协调工作，敦促美国等发达经济体政府改善外国投资审批工作。

（二）推动美国、加拿大等经济体对外国投资者尤其是中国投资者开放能源及相关领域投资市场

国家电网公司在电网建设、运营和管理等方面拥有丰富的经验，在特高压输电、智能电网、新能源等领域具有全球领先的技术优势，愿与国际同行分享我们的发展成果。国家电网公司希望通过参与 APEC 合作推动美国、加拿大等国政府和企业转变观念，解除中国企业在当地开展电网、电源、高新技术研发及设备制造等领域投资的限制。

（三）协调推动中国与北美企业开展电力高新技术产业的交流与合作

希望 APEC 广泛深入开展协调沟通工作，成为中国与北美能源电力企业交流合作的桥梁，促进彼此了解，尤其是加强双方在电力前沿技术领域的交流，推动双方互利共赢合作。

立足东方智慧　着眼全球共赢

——中国银联参与亚太合作的进展与未来

苏　宁[1]

一、中国银联概况

面对经济全球化和市场全面开放的必然趋势，中国银联股份有限公司（以下简称“银联”）成立于2002年3月，总部设于上海。银联的主要职责包括：建设和运营银联跨行交易清算系统，提供先进的电子化支付技术和与银行卡跨行信息交换相关的专业化服务，开展银行卡技术创新，推动银行卡的创新发展和应用；创建银行卡自主品牌，管理和经营“银联”标志，制订、推广统一的银联卡标准规范；携手产业各方共同维护银行卡受理市场秩序，防范银行卡风险。

2003年8月，银联正式推出了具有自主知识产权，符合统一业务规范和技术标准的高品质、国际化的自主品牌银行卡——银联卡。

2004年，为满足中国人日益增长的境外商务、旅游、学习的用卡需要，同时把境内商业银行的服务通过银联网络延伸到境外，银联开始国际化进程。

---

① 苏宁，中国银联董事长，APEC中国工商理事会副主席。

二、银联的国际化之路——中国银行卡产业“走出去”

（一）银行卡国际化是必然要求

中国银行卡起步相比西方发达国家晚了40年，中国银行卡产业的国际化起步则相对晚了近30年。从全球情况来看，中国是世界上极少数创建银行卡自主品牌的国家之一。在经济金融全球化的市场环境下，具备国际受理功能是本土银行卡品牌得以生存发展的必要条件，具备国际竞争力也是银行卡组织生存和发展的内在要求。而同时，银行卡产业的国际化也是区域金融合作的重要方式，对中国在经济全球化的浪潮中开展区域金融合作具有重要意义。

（二）为中国支付行业的区域合作提供了重要的平台

通过银行卡产业的国际化，中国的银联受理网络拓展到了全球主要市场，境内持卡人无需兑换外币和开立外币账户即可进行跨境支付，使境内机构发行的银联卡的支付范围延伸到境外。这事实上为境内支付行业开展区域合作提供了一个重要平台。境内发卡行可以借助银联的平台，为持卡人提供在境外商户、收单机构的受理服务，境内外机构共同通过银联的网络为持卡人提供服务。

（三）积累了广泛的合作资源，增强了行业影响力

中国银行卡产业在国际化拓展过程中，不断加强与境外机构的合作，积累合作资源，对国际银行卡行业的影响力逐步增强。2010年，《尼尔森报告》首次将中国的自主银行卡品牌“银联”列入全球银行卡品牌排名中，在部分指标上银联品牌的表现还优于其他品牌。在国际卡公司上市的背景下，随着产业与境外机构合作的不断增强，中国的银联品牌逐步成为国际银行卡行业的新选择。

（四）为支付网络的跨境监管提供了有用的平台

中国银行卡国际化战略目标之一是确保提供便捷、安全的支付手段，将跨境银行卡支付纳入监管体系，建立审慎监管和监测预警机制，在风险可控的前提下加大政策扶持力度。这种方式不仅有利于减少人民币现金跨境流动，充分满足居民境外旅游消费的支付需求，而且有利于金融机构和监管当局及

时、准确地了解持卡人境外消费的情况，确保中国银行卡仅能用于购物、住宿、交通、医疗等经常项目下的消费支出和提取小额现钞，禁止与赌博、跨行转账、资本项目等相关的交易，对可能涉及贸易及一些特殊的非贸易服务的交易进行金额限制。正是中国银行卡的跨境使用实现了风险可控，监管机构才有可能出台更为具体有效的支持政策，从而为支付网络乃至整个银行卡产业国际化的深入推进提供良好的政策环境。

（五）创造了在亚太区域得到广泛认可的发展模式

中国银行卡产业的快速发展，尤其是本产业以银联为核心自主发展、合作共赢的国际化模式，已经在亚太区域得到了广泛的认可。亚太地区多个市场监管当局都表示出构建本国转接网络的兴趣，马来西亚、俄罗斯、泰国等国的央行都曾与中国相关机构沟通，希望了解中国银行卡产业在构建国内银行卡支付网络，尤其是支付网络国际化发展方面的经验。

（六）对人民币的国际化起到了推动作用

一国货币的国际化要经历从结算货币到投资货币，再到储备货币几个阶段。从具体方式上看，人民币国际化的主要途径包括人民币电子货币的国际化、人民币成为国际上一般性贸易计价结算手段、人民币资产的国际化以及人民币现钞的可自由兑换。

中国银行卡产业国际化发展扩大了境内人民币卡的国际使用范围，率先实现了人民币电子货币的国际化。通过境外发卡，满足境外人士的来华、当地及跨境用卡需求，使得自主支付品牌乃至中国经济在境外各市场的影响力都不断提升。

（七）为国内银行卡产业全球发展战略争取主动

银行卡国际化有利于避免国内银行卡产业受制于人。国际化是自主银行卡品牌的重要支撑。如果中国银行卡不能实现海外受理，国内持卡人将更多选择国际卡公司的卡片，中国的自主品牌“银联”在国内发卡市场上就要让位于国际卡公司，丧失独立银行卡品牌的地位，成为国际卡公司在本地市场的代理，失去银行卡产业对国内银行卡标准暨人民币电子货币标准的发言权，从而导致国内银行卡产业被国际卡公司所控制。

经济全球化使国际间人员、商务、资金的往来逐渐增多，各国银行卡产业纷纷开展国际化，这既是自身扩大规模的需求，也是针对竞争对手的防御策略。为了满足中国人日益增长的境外商务、旅游、学习的用卡需要，中国银行卡产业从2004年起就开始了国际化发展道路。

2004年1月，中国人民银行批准内地人民币卡在香港地区开通POS消费业务、ATM查询和取现业务，这是银联迈出国际化的第一步，也是中国银行卡产业正式迈向国际化道路的开端。

（八）银联国际——快速发展国际业务

为在日益激烈的国际银行卡产业竞争中赢得更好的发展，也为服务好中国经济对外开放、中国企业“走出去”的需要，银联公司于2012年9月17日正式注册成立了专注于国际业务的全资子公司——银联国际有限（责任）公司（以下简称“银联国际”），并于同年11月30日举行了成立仪式。

银联国际是从事中国境外发卡境内受理、中国境内发卡境外受理、中国境外发卡境外受理相关转接清算业务的唯一经营实体。

银联国际在公司制的基础上建立会员制度，主要通过让会员机构参与部分日常经营管理、业务规则和业务标准的制定，并对公司的经营行为提出建议或者咨询，通过“开放合作、共享成长”的模式，使银联国际和会员机构不仅仅是“商业伙伴关系”，更是“利益共同体”。这样形成良性循环，银联国际实现与全体会员的共同成长。截至2014年3月底，银联国际在全世界范围内共有239家会员机构，并且这一数目正不断增加。

三、银联国际业务的发展

（一）全球受理业务发展情况

1. 初步形成覆盖全球主要市场的受理网络

目前截止到2013年，银联卡受理网络已延伸到全球142个国家和地区，其中121个市场开通了ATM受理业务，102个市场开通了商户受理业务，28个市场开通了发卡业务。银联网络在全球拥有联网商户1500多万，联网ATM机具终端150多万台，同比2012年100万台增长近5成。覆盖全球主要区域和重要国家，基本满足了国内广大持卡人的出境用卡需求，“中国人走到哪里，银联卡用到哪里”正逐步成为现实。

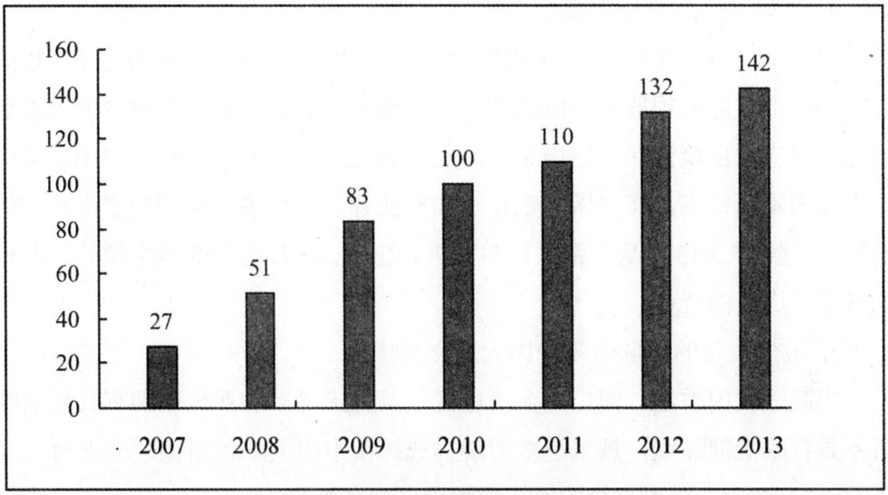

图1　受理银联卡的国家及地区

2. 首先服务于中国持卡人，再服务于海外持卡人的拓展目标

中国银行卡起步相比西方发达国家晚了40年，在同行业竞争对手已率先进入各海外市场，并扎根壮大的情况下，银联制定了首先服务于中国持卡人，再服务于海外持卡人的拓展目标。

在市场拓展初期，该拓展目标很好地帮助银联伴随中国人的出境脚步走了出去，并迅速在韩国及日本等亚太国家站稳脚跟。随着游客出境目的地的进一步扩大，银联相继拓展了欧洲、美洲及非洲等市场，将银联的受理网络拓展为全球网络。

受理网络进一步拓展的同时，在银联率先进入的亚太市场，开始加快拓展步伐，进一步深化受理范围和质量，并进行本地化发卡，深化银联的品牌认知度和影响力，力求银联产品成为亚太地区消费者进行跨境支付的第一选择，从而达到服务于海外持卡人的目标。

3. 境外发卡初见成效

2004年，银联在我国香港地区发行了第一张境外银联卡，随后加大与境外机构合作范围，逐步在亚洲、欧洲、澳洲等开通发卡业务。目前，境外有28个国家和地区发行了银联卡，发卡总量超过2500万张。

4. 跨境交易达到一定规模

银联卡2013年跨境交易规模已经超过2004年国际化初期交易规模的100倍以上。随着银联国际网络的受理环境不断完善，中国出境持卡人通过银联网络支付出境消费占出境总消费规模的比例达到6成，服务中国出境持卡人能力不断提高。在与国内银行卡和产业各方开展多方位、全层次合作的基础上，截至2013年底，银联已与汇丰、花旗、渣打等300多家境外知名机构开展了广泛的合作。

5. 境外发行的银联卡来中国大陆交易增多

银联在我国香港、澳门、台湾地区以及韩国等东北亚地区拥有其他品牌所不具备的受理环境，越来越多的游客选择在中国大陆使用银联卡支付。

（二）亚太业务发展情况——亚太地区业务拓展

表1　亚太地区业务发展情况

No.	国家或地区	大洲	ATM	POS	发卡
1	中国香港	亚洲	√	√	√
2	中国澳门	亚洲	√	√	√
3	中国台湾	亚洲	√	√	√
4	日本	亚洲	√	√	√
5	韩国	亚洲	√	√	√
6	新加坡	亚洲	√	√	√
7	马来西亚	亚洲	√	√	√
8	泰国	亚洲	√	√	√
9	菲律宾	亚洲	√	√	√
10	印尼	亚洲	√	√	√
11	越南	亚洲	√	√	√
12	文莱	亚洲	√	√	√
13	俄罗斯	欧洲	√	√	√
14	美国	美洲	√	√	√
15	加拿大	美洲	√	√	√

续表

No.	国家或地区	大洲	ATM	POS	发卡
16	墨西哥	美洲	√		
17	澳大利亚	大洋洲	√	√	√
18	新西兰	大洋洲	√	√	
19	巴布亚新几内亚	大洋洲	√	√	
20	秘鲁	美洲	√		

数据来源：银联内参。

综上所述，中国银行卡产业国际化的进程深入发展，在国际化受理网络拓展方面取得了显著的成效，中国银行卡品牌正逐步向不仅服务于中国，而且服务于越来越多国家和地区的、具有全球影响力的支付品牌迈进。下一步，中国银行卡产业应围绕亚太核心市场，采取多种方式实现国际合作，继续推进国际受理网络的拓展。

四、银联积极参与国际竞争及规则制定——加入 EMVCo

（一）中国在国际银行卡产业合作中的地位和作用

在经历银联的成立和联网通用、联合发展的 10 年发展时期之后，中国已经成为全球增长速度最快、市场潜力最大的银行卡市场。中国在国际银行卡产业中的地位逐渐提高，在产业合作中发挥的作用也愈加重要。

作为世界第一大人口大国、世界第二大经济体，中国银行卡市场潜力毋庸置疑。正如高速增长的中国经济引领全球经济复苏，中国银行卡市场的对外开放和国际化进程将为全球银行卡产业发展注入强劲的动力和崭新的活力。一方面，庞大的消费者群体和潜在的消费需求赋予了中国银行卡市场广阔的发展空间。近年来持续高速增长的银行卡发卡量和交易规模显著提升了中国银行卡市场在全球产业中的地位和话语权。国内已累计发行超过 34 亿张银行卡，居全球首位。今后银行卡交易规模和市场份额将进一步扩大。花旗集团预测中国将在未来 10 年之后成为全球最大的信用卡市场。同时国内银行卡市场的对外开放也吸引了国际卡公司、跨国商业银行和外国专业化机构等产业各方的加入。另一方面，以银联和商业银行为首的国内机构已经将中国自主品牌银联卡推广至境外 135 个国家和地区，在方便国内居民出境消费的同时，也为境外消费者提供了具有全新体验的支付工具。

除庞大的市场之外，中国作为制造业大国，也为全球银行卡产业的基础设施建设作出了巨大的贡献。金雅拓（Gemalto）、捷德（G&D）、欧贝特（Oberthur）、惠尔丰（VeriFone）等国际卡片和终端制造商都在中国开展相关业务，而国民科技、天喻信息、恒宝股份、广电运通、百富电子和联迪商用等国内制造商也为全球各大机构提供了卡片、芯片和 POS、ATM 终端制造解决方案。中国银行卡产业制造商与国际同行之间的竞争大大降低了卡片和机具的制造成本，而业务技术的交流合作则能发挥协同效应。基础设备成本的降低和制造技术的改进有利于全球银行卡产业链的优化建设，能够为产业参与各方的转型升级提供强有力的支持，可以促进整个银行卡产业的规模经济。

中国银行卡产业的“走出去”历程还起了引领国际支付创新和探索本土化业务模式的作用。银联卡以及银联在线支付等创新产品在新兴国家和地区的推广有利于消费者的用卡习惯的培养，并提高人们对支付创新的接受意愿，而银联品牌的发展历程对于各国自主银行卡品牌的建立和银行卡产业的监管也具有一定参考价值。

（二）银联积极参与国际竞争及规则制定——加入 EMVCo

EMV 标准是由国际三大银行卡组织——Europay（欧陆卡，已被万事达收购）、MasterCard（万事达卡）和 Visa（维萨）共同发起制定的银行卡从磁条卡向智能 IC 卡转移的技术标准，是基于 IC 卡的金融支付标准，已成为公认的全球统一标准。

中国银行卡产业加入 EMVCo，使中国的受理网络国际化建设迈上一个新的台阶，同时也推动了产业境外发卡业务的高速发展。

2012 年 12 月 13 日，银联牵头与 EMVCo 管理层委员会进行了会晤。会议上，双方就非接商标协议中具有分歧的换标范围和时间等问题进行了谈判，并对所有存在的问题达成一致意见，确定了非接协议的最终规定。对于两方需要签署的所有协议，银联与 EMVCo 之间已经没有分歧。

另外，中国银行卡产业也通过银联了解和督促了 EMVCo 方面进行美国国家安全申报的进程。EMVCo 于 2012 年底把申请发送给 EMVCo 4 个现有成员审核签署，签署后再发给银联审核签署。至此，银联已加入 EMVCo 国际组织，参与推动 EMV 技术标准在全球的安全互通性和支付应用的可用性，包括进一步优化 EMV 标准与 PBOC 标准的兼容性。

除此之外，银联在亚太及国际上都积极在各国际组织的规范下发展业务，鼓励良性友好竞争。银联与国际银行产业的积极融合还有助于打破市场垄断，促进本土银行卡产业的发展，并为当地银行卡产业的扶持提供示范。全球范围内银联卡的发行和受理使得各个国家的消费者和商业银行可以选择不同于 Visa、万事达等国际卡公司提供的支付工具，选择权的赋予不仅满足了不同消费者和商业银行的诉求，还能提升市场竞争程度，这都有利于整个产业的良性发展。

五、银联在亚太地区推进支付创新，走可持续发展之路

银联成立以前，中国银行卡业务发展缓慢。2001 年，银行卡跨行交易额只有 917 亿元，银行卡渗透率仅为 2.1%。此时银行卡产业处于初步发展阶段。

银联成立以后，联合商业银行发展银行卡业务。2001 年是中国银行卡业务发展的“拐点”，银行卡交易开始高速增长。但银联在发展初期也仅是以拓展业务为主，随着中国银行卡产业的跨越式发展、银联业务的不断扩大，为了使银行卡产业走上可持续发展之路，银联联手银行卡市场参与主体，进一步深化国际业务，不断积极开展银行卡支付创新。

目前互联网支付、手机支付、电话支付、预付卡、银行卡收单等业务，已成为银行卡业务创新的重要力量。数据显示，2012 年中国第三方支付行业市场整体交易规模达到 10 万亿元。为了更有效地促进多方共赢、推动中国支付产业可持续发展，中国银联董事会通过了相关议案，建立“一站式”对接机制，积极引导非金融机构接入银联网络，共同发展银行卡产业。

基于物联网、云计算等新一代信息技术以及维基、社交网络、Fab Lab、Living Lab、综合集成法等工具和方法，可以实现全面透彻的感知、宽带泛在的互联、智能融合的应用以及以用户创新、开放创新、大众创新、协同创新

为特征的可持续创新。

1. 银联在线支付

根据以上背景，为满足广大银联卡持卡人、发卡和收单机构、商户以及电子商务企业的境内外互联网支付需要，银联充分利用自身资源、技术、平台和管理优势，建立了具有中国自主知识产权、国际领先的网上银行卡交易转接清算平台——UPOP（UnionPay Online Pay），也称银联在线支付系统，包括快捷支付和网银支付两大类支付产品，全面支持各大银行的信用卡、借记卡，广泛应用于网上购物、网上缴费、信用卡还款、网上转账等多个业务领域。

2011 年年底，银联在线支付开始在境外推广，现在其支付服务已涵盖我国港澳台、日韩、东南亚、北美、欧洲、澳洲和中东等数百万家网上商户，包括品牌商户、酒店、航空公司和大学等消费者经常访问的商户。

2. 银联 IC 卡

银联 IC 卡是指符合银联 IC 卡企业标准（符合 EMV 标准）的金融 IC 卡。截至 2013 年 9 月底，中国境内 IC 卡发卡量已超过 3.8 亿张。

银联已加入 EMVCo 国际组织，参与推动 EMV 技术标准在全球的安全互通性和支付应用的可用性，包括进一步优化 EMV 标准与 PBOC 标准的兼容性。

配合中国境内银行发行 IC 卡的加速，银联正加快推动境外受理网络的芯片化迁移工作，银联 IC 卡已可在全球绝大多数的银联受理终端上使用。

六、参与 APEC 合作——以点带面，互利共赢

（一）银联对 APEC 的价值

作为中国支付行业的领军者，银联的持卡人基础已达 8 亿人，在跨境支付方面有着至关重要的作用。一方面，近年来中国出境游市场持续升温，亚太地区已成为中国人出境游的首选，银联卡广泛的受理范围为中国消费者的出游提供了保障。另一方面，中国与亚太各国间的商务往来日益频繁，银联卡也成为连接中国与亚太各国商业活动的主要支付工具之一。

源于中国，辐射亚太，有中国人的地方就有银联卡。随着银联卡在亚太地区的不断完善，银联将为亚太各国带来庞大的中国消费者群体（旅游和商务），进而对推动亚太各国的经济和贸易产生积极、深远的影响。

除中国外，亚太各国间的人员流动也是银联关注的重点。作为亚太地区本土的支付品牌，银联无疑对亚太消费者更加了解。目前，银联已经在多个亚太经济枢纽国家实现大规模发卡，并且根据各国消费者的消费特点，不断推出满足市场需求的产品，为促进亚太各国间的人员交流提供有力的支撑。

作为亚太地区的主流支付工具之一，银联卡在促进亚太地区间人员交流的同时，也有效盘活了资金的流动性，使亚太地区间的资金流转更加灵活，资源分配更加合理。

定位于国际品牌，银联致力于在全球范围内建立便捷、迅速、安全的支付网络，为全球持卡人提供最优质的服务。因此，银联有能力通过加强在亚太区域内的合作，以银联卡为媒介，向世界展示亚太地区朝气蓬勃的精神面貌，成为亚太地区经济发展的一扇窗口。

（二）银联参与 APEC 合作的诉求

尽管目前银联卡在亚太各国的发行和受理工作正在稳步推进，但银联希望通过参与 APEC 合作，能够借助后者广泛的影响力，与更多国家政府部门、主要支付机构等建立合作关系，在个人消费（如发卡、受理等）、商务支付（如跨境转账等）等方面加快银联业务在亚太地区的拓展步伐，进一步完善受理范围和质量，深化银联的品牌认知度和影响力，推动银联产品成为亚太地区消费者进行跨境支付的第一选择。

招商局国际"走出去"的实践与思考暨对 APEC 合作的展望

胡建华[1]

招商局国际有限公司（以下简称"招商局国际"）是招商局集团的下属公司，是全球领先的港口运营、投资和开发商。公司于 1992 年 7 月在香港联交所上市，2004 年 9 月 6 日被香港恒指服务有限公司纳入香港恒生指数成分股（即蓝筹股）。招商局国际目前已形成全国性的集装箱枢纽港口战略布局，旗下港口网络分布于珠三角的香港、深圳，长三角的上海、宁波，渤海湾的青岛、天津，厦门湾的厦门及西南沿海的湛江。在巩固国内市场龙头地位的同时，公司港口国际化战略稳步实施。截至 2013 年底，公司在我国内地、香港、台湾地区及海外投资参股 32 个港口项目，共拥有 158 个集装箱泊位，营运岸线总长超过 5.1 万米，完成集装箱吞吐量超过 7100 万标准箱。其中，海外业务分布在全球 4 大洲的 15 个国家和地区，如亚洲的斯里兰卡和韩国，非洲的吉布提、摩洛哥、科特迪瓦、多哥和尼日利亚，欧洲的马耳他、法国和比利时，美洲的美国等。

一、招商局国际"走出去"的实践

（一）招商局国际"走出去"的发展历程

近年来，随着中国劳动力、土地等生产要素成本的提升，中国沿海低端

---

① 胡建华，招商局集团总经理助理，招商局国际董事总经理，APEC 中国工商理事会理事。

的劳动密集型制造业面临着向中西部地区和海外转移的客观需求，而东南亚、南亚和非洲的一些国家处于类似中国 20 世纪 80 年代的发展阶段，具备承接外向型劳动密集型制造业的优势。招商局国际顺应国际产业转移趋势，鼓励国内不具备比较成本优势的产业进行区域间转移，一方面为这类产业寻找新的出路，促进转出地产业升级；另一方面促进相关国家产业发展，逐步形成区域供应链、产业链和价值链，编织更加紧密的共同利益网络，将各方利益融合提升到更高水平，达到互利互惠、共同发展的目标。

顺应时代发展的需求，2007 年招商局国际正式提出海外发展战略，稳步推进海外业务。2010 年，公司与中非合作基金组建合营公司，收购了西非尼日利亚拉各斯亭坎集装箱码头 47.5%的股权；2011 年，公司控股 85%的南亚斯里兰卡科伦坡国际集装箱码头项目开工建设；2012 年，收购西非多哥洛美集装箱码头 50%的股权，收购东非吉布提港有限公司已发行的 23.5%的股本；2013 年，收购达飞海运旗下 Terminal Link 49%的股权，国际化布局初具规模。

招商局国际一直关注泛太平洋区域尤其是东南亚地区的港口投资机会。以越南地区为例，越南经济发展迅速，相当长一段时间国内生产总值（GDP）年均增长率超过 7%，劳动力、土地等要素成本低。随着越南 2006 年加入 WTO，外商投资热情高涨，反映实体经济的 GDP、进出口、FDI 等指标保持较快增长或维持在较高水平。国际评级机构穆迪对越南的评级逐步提升，前景正面。经过全面调查，公司认为越南港口产业的布局存在港区选址、疏港道路、设备配置等不够合理，港口规模与泊位等级小、设备陈旧、效率较低，部分港区港口及疏港交通等基础设施严重不足进而导致长期拥挤等问题。基于上述情况，我们深入研究了在越南新建港口的项目方案，目前正持续对项目进行跟进。类似越南地区的港口发展机遇在东南亚地区普遍存在，公司一直在努力寻找合适时机深入合作。

（二）招商局国际“走出去”的特色实践

招商局国际的母公司是招商局集团。它是中国民族工商业的先驱，创立于 1872 年晚清洋务运动时期。140 余年来，招商局曾组建了中国近代第一支商船队，开办了中国第一家银行和第一家保险公司，开创了中国近代民族航运业和其他许多近代经济行业的先河，在中国近现代经济史和社会发展史上具有重要地位。1978 年，招商局独资开发了在海内外产生广泛影响的中国第一个对外开放的工业区——蛇口工业区，并相继创办了中国第一家商业股份制银行——招商银行、中国第一家企业股份制保险公司——平安保险公司等，为中国改革开放事业探索了有益的经验。目前，招商局集团业务主要集中于交通运输和相关基础设施建设、经营与服务（港口、公路、能源运输及物流）及金融投资与管理、房地产开发与经营等三大核心产业。

依托母公司的强大实力，招商局国际在为海外国家建设运营港口、生产现代化的港口设备、提供高水平的管理服务的同时，还充分利用集团的优势资源，积极开发相关物流、金融、地产等产业，提供多种渠道帮助中国企业“走出去”。东南亚、非洲许多国家的政府官员到访蛇口，了解了蛇口工业区 30 多年来的发展历程后，非常认可招商局通过经济特区开发实现区港联动、以区兴市的理念，纷纷邀请我司参与该国的经济贸易、物流及产业布局的规划和开发。

实践告诉我们，跳出一己之利，着眼贸易全球发展和各国产业发展需求，不但能为企业海外项目拓展开拓新天地，也能助长国家和民族间友谊的常青藤。

二、招商局国际“走出去”的思考

（一）时代呼唤贸易的便利化

工业革命以来，社会化大生产已使贸易商品的流通成为经济社会中重要的一部分。时至今日，贸易商品流通效率和流通形式较两百多年前已经发生了翻天覆地的变化，物流、信息流和资金流的融合使贸易商品的流通范围大幅提高。然而，由于地方保护主义以及各地制度和法规差异性的存在，国际间贸易商品的流通效率仍在一定程度上受制于通关流程、诚信化管理等因素。

作为国际贸易商品流通的关键节点，港口对贸易便利化的影响较为深远。港口运营商的国际化能为国际商品贸易提供“绿色通道”、“虚拟口岸”等简化手续的一体化服务，缩小地方差异，为贸易便利化提供标准化的环境基础。

同时，港口运营商乃至整个物流行业的价值也都将受益于全球贸易便利化。各国和各地区之间的贸易便利化能通过降低交易时间支持新的定制化服务，也能通过成本的降低为国际分工提供更大的空间，还能通过促使交易相关的仓储、配送服务集中化搭建大宗交易平台。可以说，以无缝互动为目标的港口运营商国际化和贸易便利化是相辅相成的，都是生产力不断发展、人民生活水平不断提高所要求的时代趋势。

（二）国际产业转移有助于现阶段中国经济发展

历史经验显示，产业转移浪潮平均每 10 年发生一次，其动力可以从宏观和微观两个层面上分析。

宏观上，产业结构调整是经济体推动产业转移的内在动力。任何一个经济体在经济发展的过程中都不断优化产业结构，由低阶的产业结构（农业为主）向高阶的产业结构（以工业、服务业为主）转变；由生产低附加值产品向生产高附加值产品转变。拥有高阶产业结构的经济体主导和支配了产业跨经济体分工，在产业附加值分配上占据了更大的份额，从而进一步巩固了其领先地位。

微观上，制造业企业是制造业转移的实际执行者和载体。从制造业企业的角度看，产业转移就是将其产品首先在最低成本的地区生产，再销售到既定的目标市场去。企业面临的成本可以分成两大类：一是可以以货币度量的成本，这类成本可以从企业的财务报表中提取出来，我们可以称之为显性成本；二是无法以货币度量的成本，如东道国产业配套不完善、政府效率低下、法律法规不健全、基础设施不足、外汇无法自由汇入汇出、金融财政政策不够灵活等，这些东道国自身的缺陷都会加重企业负担，我们可以称之为隐性成本。

随着近年来人力成本不断上升，环境、资源约束增强，中国旧的发展模式已难以为继。经济发展阶段的重大变化迫切要求中国经济加快转型升级和调整产业布局。而从过去的资金短缺到今天的稳健的流动性，中国在资本密集型产业已经建立了一定的优势。因此，在全球产业转移的浪潮中，现阶段的中国企业有机会通过资本优势，抓住欠发达地区的发展红利，寻求发达经济体的市场突破，参与全球经济结构的优化而谋求共赢。

（三）小气候带动大气候的港城联动模式是具有历史视野的走出去路径

改革开放后，借助珠三角地区外向型经济的崛起，招商局集团曾经在蛇口成功地进行了包括港口及其物流园区相关产业、临港加工制造、地产与金融等区域的综合开发，实践了小气候带动大气候的港城联动，创造了世界瞩目的“蛇口模式”。

如今，很多发展中国家的现状与30年前的蛇口类似，不仅需要建设单一的港口，更需要区域综合开发，带动当地基础设施和产业的全面提升，蛇口模式在海外拓展中具有广阔的复制空间。这种经济园区的发展模式的优势在于：

第一，降低隐性成本。园区内实行灵活的管理政策、快捷的行政审批手续，因中间环节减少从而降低了寻租的可能性。经济政策以市场为导向，以实用实效为原则，兼具可操作性和政策连续性。

第二，有组织、有针对性地开展招商引资，有利于在东道国快速形成产业聚集优势。根据东道国的地理位置和生产要素禀赋，结合待转企业目标市场和行业类型，由园区组织牵头有针对性地开展招商引资，将产业上下游企业整体招入园区，就地实现产业配套，有利于企业迅速生根发芽。

第三，经济园区形式有利于“走出去”企业迅速融入当地社会。中国企业转往境外，必然要与当地原有产业以及社会进行竞争，甚至是产生摩擦。在劳动力方面，我们既看到其劳动力成本低廉的成本优势，也应看到在素质、宗教信仰、民族文化、社会风气方面与中国情况并不相同。园区的建立给中国企业境外投资提供了一个适应新环境的时间和空间。

第四，经济园区的建立有利于集中优势资源，达到以点带面的示范效应。产业转移东道国多为欠发达国家，中国经济腾飞的成绩是他们接受经济园区模式的直接原因。经济园区从一个地区开始，从一两个行业做起，循序渐进，不断壮大，改善投资环境，吸引更多的外商进入经济园区，从而带动周边地区建设更多的园区，促进产业发展。

第五，在经济园区的建设管理过程中，东道国逐渐积累资本、技术，以及发展经济的经验和教训，为具有历史视野的全面的、长期的发展奠定基础。

基于以上历史经验和本公司的实践，我们认为，中国企业“走出去”可重点考虑在发展中国家和地区，以资源、劳动密集型产业为先导，以经济园区为发展模式进行推动，加强国际资源互动。

（四）融入全球是招商局国际的重要机遇

招商局国际的国际化战略动因主要来源于内外两方面的驱动，是水到渠成的自然选择。从内部来看，在 2007 年我们提出国际化战略时，招商局国际已在包括环渤海、长三角、厦门湾、珠三角及西南沿海几大港口区域完成了战略布局，深圳西部母港的整合工作取得了显著成效，国内港口网络布局初步形成，下一步的发展重心自然而然地转向境外。同时，经过多年积累，招商局国际内部拥有了一定的资金、人才、管理等方面的资源，具备了国际化拓展的条件。招商局国际于 1992 年在香港联交所上市，是第一家在香港上市的红筹股，2004 年晋升为恒生指数成分股，具有支持国际化拓展的便捷高效融资渠道。由于总部设于香港，招商局国际储备了一定的国际化人才资源，初步搭建起吸引与留住国际化人才的平台。多年在香港的商业运作，积累了一定的国际化运营经验，而在国内港口特别是深圳母港的经营，为国际化拓展提供了强大的支持。

从外部动因来看，宏观与行业环境的变化，迫使招商局国际开始思考境外发展战略。历史发展证明，一国工业和贸易的发展与该国港口业的发展密切相关。伴随世界工业与贸易中心的转移，世界核心港口区域也在不断变迁，从一战前的伦敦到一战后的纽约新泽西，再从二战后的汉堡、东京到 70 年代后的亚洲“四小龙”。上世纪 90 年代以来，中国外贸进出口总额年均复合增长率近 20%，为中国港口货物吞吐量和集装箱吞吐量的增长打下了坚实基础。受惠于中国经济的崛起和世界贸易的扩张，中国涌现出一系列世界级强港。但经过多年的高速成长后，中国产业有转移的迹象，国内港口吞吐量增速趋缓，进入相对稳定的成熟阶段，要求我们寻找新的市场机会。

从外部的资本市场与招商局国际的股东背景来看，招商局国际也有走向境外的动因。招商局国际作为一家在香港联交所挂牌的上市企业，要满足资本市场与股东对业绩不断增长的期望，必须寻找新的市场增长点。同时，作为中国的国有企业，在政府推动的“走出去”的战略大潮中，也有为国家分担责任的历史使命感，有与全球领先的港口运营商竞争的要求。这些都要求我们顺应时代发展的要求和自身发展的需求推进国际化战略，使招商局国际成为全球领先的港口投资、开发和运营商。

（五）积极响应中国“共建21世纪海上丝绸之路”的国家战略

2013年9月和10月，中国国家主席习近平分别在访问中亚四国和印度尼西亚时，首次在国际公开场合提出建设“丝绸之路经济带”和“21世纪海上丝绸之路”。随后中国召开了中央经济工作会议，将“一带一路”纳入新一年的工作任务。根据我们的理解，“21世纪海上丝绸之路”的建设目标，应是通过经济、政治、文化等全方面的交流与合作，与丝路区域国家建立更加紧密而友好的关系。一个具有广泛基础的共识是应优先发展互联互通，包括政策沟通、道路连通、贸易畅通、货币流通和民心相通。

因此，公司将着眼于三大实施路径：一是“走出去”，不仅要大力促进中国的产品“走出去”，而且要促进中国的经济发展理念“走出去”；二是“引进来”，大力拓展伙伴国出口业务，为中国的经济发展提供原材料等要素资源；三是帮助伙伴国建立和发展适宜产业，促进经济发展，提高就业，改善民生，通过经济共生推动双边政治、文化和社会全方位、深层次的友好合作。

三、招商局国际对APEC的诉求及期望

招商局国际在“走出去”发展的实践中，深刻感受到政府与企业密切配合的重要性。政府的任务应是为企业的国际化发展搭建好顶层架构，提供必要支持和保驾护航，包括：建立双边政府间的合作框架，削减投资与贸易壁垒，建立投资保护与促进机制，给予关键项目投融资支持，帮助企业解决在海外市场开拓中可能遇到的困难和纠纷。企业则在政府搭建的顶层架构和规则体系中，充分发挥其市场主体性，按照商业规则推进落实相关项目，通过政府与企业的分工协同，互相策应，更为有效地推动经济建设。

亚太区域经济融合和共同发展的重要条件是基础设施建设，对于环太平

洋分布的 APEC 成员，更广泛、更灵活、更便利的是海洋连接，港口作为综合运输网络的重要节点，在基础设施建设中应该得到更多关注。APEC 的三大支柱——贸易投资自由化、贸易投资便利化和经济技术合作——致力于提升区域资源配置，实现共同发展。自由化与便利化对发挥市场配置功能有很大作用，但环太平洋区域的国家政治体制、发展程度、资源禀赋均存在很大差异，单纯依靠自由市场的调节作用有限，有必要进行整体规划，连续投入驱动基础设施建设合作，促进区域互联互通和经济一体化。但这种投入不能止步于基础设施的建设，也要跟进后续的产业转移和培育、市场培养、贸易环境打造。这是个综合的系统工程。

从港口行业的角度来看，市场全球化导致更激烈的竞争，船舶大型化不断产生挑战。中国港口行业面临区域竞争加剧、盈利能力降低、产业升级与转移等多方面的挑战。但也应看到，中国成为全球制造业中心之后，产业转移东道国将加快发展，同时中国经济的快速发展带动消费能力的提升，进口需求不断加大，全球海运供应链将随之重构，这些是中国港口行业面临的机遇。如何应对挑战、把握机遇，对于中国的港口行业，APEC 是个非常好的平台。

（一）APEC 致力于投资自由化、便利化，能够影响各成员特别是港口设施落后成员的港口行业投资环境

港口是综合集疏运体系中的重要一环，投资周期长，资本密集，投资目的地首先应具有良好的自然条件和资源禀赋，体现出明显的显性成本（劳动力成本、运输成本、税收和关税成本）优势。但通常具有决定性作用的是稳定的政治环境、灵活的投资模式、便捷的融资平台，这些往往会更大程度地影响隐性成本。所以，投资环境的影响力非常重要。涉及港口行业的投资环境也应包括后续的集疏运配套投资和产业投资。跨国投资的风险控制是任何企业都非常关注的问题。APEC 在政局稳定性、批准与许可、法规变化、会计制度与税收、市场风险、联合体、特许经营权、工会体系、技术标准、当地政府供应链管控、汇率变化、通货膨胀、变更与索赔等方面可以施加有效的影响。

（二）APEC 能够在贸易自由化与便利化的目标下，优化跨国运输流程

以港口为节点的综合物流运输系统涉及水路中转、海铁联运、海陆联运等多种运输模式，各环节均存在不同的管理部门、管理方式，物流效率与成本往往被人为拖延和增加。各成员之间，尤其是新兴经济体成员内部需要加强整合力度，健全管理机制，从政府层面理顺综合交通运输管理体制，配合产业规划，从市场层面打通关节，按照市场经济规则，多方主体共同参与竞争，使不同运输方式之间在资本、运作、经营、服务等各方面逐步实现“无缝衔接”。

（三）中国港口行业积累了相当丰富的港城发展经验，可以为 APEC 成员所借鉴

很多港口的发展经历了港口带动城市发展、港城协调发展、港城发展矛盾的各个阶段，对港城联动和港城一体化的建设规划有更深刻的认识。这些港口建设的经验教训未来在新兴国家的港口建设中将成为宝贵经验。这些经验远超过港口建设运营范畴，更延伸到城市发展和产业聚集方面。引导中国的港口设计单位，以及港口投资、开发、运营商参与环太平洋地区港口的投资建设，并通过港口投资带动当地城市发展与产业聚集，实现多赢局面和共同发展，符合 APEC 的核心目标。

（四）中国港口业正在逐步转型升级，APEC 可以提供发展平台

中国港口运营商“走出去”后不能再局限于第三代港口，需要改变高附加值的物流项目主要由欧美公司承担，国内企业对服务贸易参与不足的现状。因此，国内港口应着眼于提升在国际产业链中的地位，在“走出去”环节提升对全球物流供应链的掌控能力，积极参与国际流通渠道的各个环节，将运输物流和贸易金融等高端服务结合起来，在全球产业链中不断推进。APEC 一直关注软环境建设，可以为港口参与高端服务业创造合作与交流平台。

（五）结合“21 世纪海上丝绸之路”，以龙头企业引领专业投资平台，有序引导 APEC 区域内产业转移与升级，打造长远影响力

参与海外竞争对中国企业综合实力和管理能力均有较高要求，希望 APEC 可以为行业龙头企业设立“走出去”重点行业的专业投资平台，如基

础设施（港口）、电力、通信等，开展特定行业的专业化投资，同时实现投资渠道的多元化和项目管理运营的专业化。重点行业投资平台以“政府引导、市场运作、直投为主、产融结合”为原则，各成员以外储资金等投入初始资本，通过募股、发债等方式撬动各方资金，重点解决重大境外直投项目资本金不足等问题。

从以往的经验看，海外投资缺乏统筹规划，项目分散难以协同。中国企业多集中于工程承包和资源开发，少有扎根当地的投资开发和经营管理，短期化与融合性低导致积极的影响力不足。招商局国际参与未来 APEC 合作将集中精力推进更加积极和有序的海外综合开发模式，即“区港联动、以点带面，集中开发、落地生根”。以港口为龙头和切入点，打通港口与腹地之间的公路、铁路集疏运通道，在港口腹地集中力量开发产业园区、物流园区、自由贸易区等，输出和复制中国经济特区、经济开发区、保税港区等经验，汇集中国产业经营、工程建设、园区开发、金融服务等企业资源，促进中国产业集群在当地落地生根，带动当地产业发展，创造劳工就业，最终实现海外与国内分工合作、互利共赢。

肩载历史使命　展翼国际舞台

——同方股份参与 APEC 合作的战略思考

当前，全球政治经济格局时刻都在发生着巨变。中国的改革开放也从“浅水区”逐步走向“深水区”，开启了国内经济体制改革的“第二季”新纪元。而亚太经合组织（APEC）作为亚太地区级别最高、影响最大、机制最完善的经济合作组织，为中国企业参与亚太经贸合作提供了最佳平台。平衡的区域增长、可持续的经济发展、友好的城镇化建设、面向未来的节能环保等议题受到了亚太地区全体成员前所未有的重视。

同方股份有限公司多年来一直积极实施“品牌化+国际化”的发展战略，全力推进的四大业务板块——互联网服务与终端、智慧城市、公共安全、节能环保与当前亚太区域经济一体化合作的重点领域不谋而合。为了更好地践行中国民族企业为国家贡献每一份力量的历史责任，同时也为了将多年以来积累的经营经验和先进技术更好地传播和推广，同方股份积极参与了 APEC 诸多领域的合作进程，并成为 APEC 中国工商理事会的重要理事单位。同方股份希望通过对自身业务和国际化历程的简单回顾，明确未来参与 APEC 合作的战略诉求和具体方案，为 APEC 地区的发展和人民的福祉贡献自己的智慧和力量。

一、“科技服务社会”——同方股份的社会责任感

多年以来，同方股份一直以“科技服务社会”为宗旨，紧密依托清华大学的科研实力与人才平台，围绕“技术＋资本”、“合作+发展”、“品牌化+国际化”的发展战略，弘扬“承担、探索、超越；忠诚、责任与价值等同”的

企业文化，在信息和能源环境两大产业领域中不断探索、创新。

目前，同方股份贯彻“以信息、安防、节能环保等三大科技产业为主业，以金融投资和科技园建设为两翼，主业突出，两翼齐飞”的“一主两翼”发展方针，一方面按产业链孵化和培育了智能芯片、计算机、数字城市、大数据应用、多媒体、移动互联、知识网络、大军工、大安全、半导体与照明、环境科技、节能环保等与国家发展、国计民生密切相关的十二大主干产业集群，并在北京、河北、辽宁、江苏、江西等多地建成了与产业配套的科技园区；另一方面，同方股份也积极投身金融产业，公司旗下已有同方泰德、同方国芯、泰豪科技等多家上市公司。

同方股份以“创建世界一流的高科技企业”为企业目标，以“科技服务社会”为企业宗旨，多年来取得了快速的发展。截至 2013 年，公司总资产超过 420 亿元，年营业收入超过 220 亿元，入选“中国电子信息百强”、“中国制造业企业 500 强”、“中国企业信用 100 强”。目前，“清华同方”品牌价值已超过 800 亿元，上榜世界品牌 500 强。

同方股份的发展也对我国国力的提高发挥了重要的作用，真正践行了高科技企业要为国家经济发展贡献每一份力量的历史使命。2008 年，同方股份积极参与了北京奥运工程建设，公司以整体捐赠的方式参与了北京奥运会与 RFID 相关的电子门票系统的建设，向北京奥组委捐赠包括 RFID 电子门票、读写机具、工程实施等在内的电子门票系统。RFID 电子门票全面应用于北京 2008 奥运会、残奥会赛事门票的查验工作。同时，在公司承接的北京热电厂的烟气脱硫脱硝、奥森公园景观建设、鸟巢直饮水项目、奥运场馆安保设施以及其他奥运场馆楼控、安防、节能等配套项目中，公司均以高科技实力为奥运工程提供全方位的服务。同方股份还曾承担国家“第二代身份证专用芯片”的开发任务，是第二代居民身份证指定芯片设计企业之一，并一直作为主要的身份证芯片供应商。此外，公司还在节能、物联网、智慧城市等关系到国计民生的领域作出了自己的努力与贡献。

作为国家战略性新兴产业中的知名高科技企业，同方股份多年以来一直严格要求自己在创新方面必须有所作为、有所突破、有所贡献。目前，同方股份实施科技创新领域的投资项目是以“孵化器战略”为方针的，即以科技成果产业化为目标，致力于孵化有创新成长潜力的新型企业。但同方股份在进行企业孵化时，绝不是仅盯着自身的经济效益最大化，而是根据国家经济和科技发展的大环境，努力选择那些能够配合国家产业振兴战略要求的企业进行投资。例如，早在2000年的时候，同方股份就已经积极投资于环保产业，成为配合国家经济结构转型的排头兵。因此，这也使得目前同方股份的10个大产业链全部覆盖在国家战略性新兴产业的大战略之内。此外，在很多基础技术的研发和创新上，同方股份甚至承担了国家科研机构应该承担的任务，在长达三到五年甚至更长的时间内不计回报地增加投入。这些行动都体现出同方股份对于推动我国经济繁荣与发展所具有的强烈历史使命感和责任感。未来，同方股份仍将延续甚至进一步强化在这些方面的努力。

二、“展翼国际舞台”——同方股份的国际化战略

同方股份多年来一直积极实施国际化战略，力图通过参与国际间产业的分工与合作，创造自身产业的发展空间。从目前发展来看，无论从海外市场收入，还是从“走出去”战略的实施上，公司的国际化战略都取得了很好的成绩。同方股份海外市场主营收入从2002年的1.76亿元增长到了2013年的61.47亿元，同时其占公司主营收入的比重也从2002年的只有3.35%上升到了2013年的27.41%（见图1）。

同方股份现在有着包括计算机、多媒体产品、互联网服务、智慧城市、安防系统等众多海外业务，并在美国、澳大利亚、波兰、新加坡等众多国家和地区设立了海外分支机构，海外市场几乎遍布全球。海外业务的快速发展主要得益于公司在国际化战略方面的前瞻性和务实性。同方股份目前在多个方面开展了国际化，并都取得了一定的成绩。

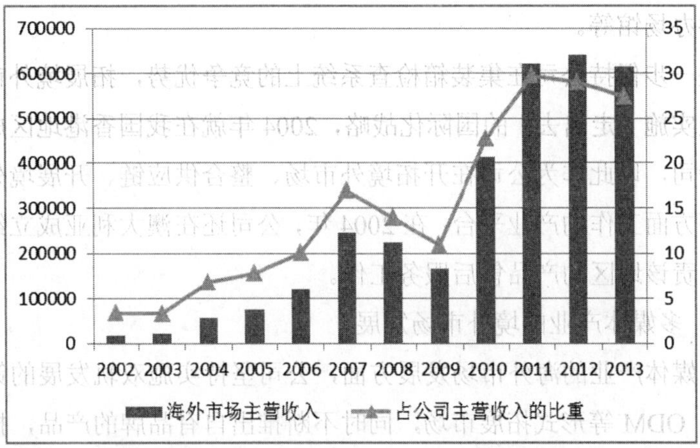

图 1　同方股份海外市场主营收入及其占公司主营收入的比重 2002～2013 年（单位：万元，%）

数据来源：同方股份历年年报（2002～2013 年）。

（一）安防系统的境外市场发展

公司在海外市场的突破来自亚太地区。2001 年 5 月，公司正式与澳大利亚海关签订了价值 600 万美元的大型集装箱检查系统出口合同，首次进军海外市场，也是我国民用核技术应用领域成套高科技产品首次出口到发达国家。在贸易模式上，公司也在亚太地区进行了新的尝试，2004 年，公司尝试了以“对销贸易”方式分别与马来西亚和泰国签订了销售合同。截止到 2013 年，公司已有 856 套大型安检产品设备销往全球 122 个国家和地区，其中包括了亚太地区的很多国家如韩国、日本等。仅在 2013 年一年，公司就销售了 112 套大型安检产品设备。根据 IMS Research 市场调查的统计报告，2012 年，公司安防业务在全球大型集装箱检查系统领域的市场份额达到 24.2%，位于全球第一的市场位置。在小型设备方面，公司不断整合小型智能安检产品，推动其产品化，截止至 2013 年底，累计海外销售 2267 台，初步实现了小型产品业务在全球市场的布局。公司小型安检设备还服务于 2014 年俄罗斯冬奥会，为索契及其周边城市机场提供安检服务。公司欧盟本地化生产也取得实质性进展，在波兰的工厂完成了多套大型设备、物品机以及加速器的本地化生产，为公司进一步国际化奠定了坚实的基础。2014 年巴西世界杯，威视为 12 个举办场馆中的 9 个球场提供安检设备和服务，包括巴西首都国家体育场、开幕式举办场馆等。

为进一步保持公司在集装箱检查系统上的竞争优势，拓展境外市场，公司还积极实施“走出去”的国际化战略，2004 年就在我国香港地区成立了威视香港公司，以此作为公司在开拓境外市场、整合供应链、开展境外项目技术服务等方面工作的产业平台；在 2004 年，公司还在澳大利亚成立经营性公司，以负责该地区的产品售后服务工作。

（二）多媒体产业的境外市场发展

在多媒体产业的海外市场发展方面，公司坚持实施双轨发展的策略，通过 OEM、ODM 等形式拓展市场，同时不断推出自有品牌的产品，扩大影响力。北美是公司多媒体产业取得重大突破的两个市场之一（另一个是英国市场），2010 年，公司通过与国际连锁商的直接合作进入了北美市场，该年度公司电视机产品在北美市场占有率就达到了 3%。同一年公司自有品牌 SEIKI 也成功打入北美国际市场。在 2011 年，公司在北美市场取得规模成长，公司收购了 ELEMENT 品牌，与公司海外自有品牌 SEIKI 在产品和渠道上实现了互补，两个品牌在美国的销售规模进入前 10 位。同时，公司海外 OEM、ODM 的业务也持续开展，并与世界知名品牌 SHARP 合作，为其在美国市场代工生产 60 寸液晶电视。

2012 年，公司继续打造 SEIKI、ELEMENT 两大海外子品牌，进一步加强与国外主流渠道商的合作，并建成覆盖欧美主要城市的销售网络，还在北美建立了物流、维修、客服三大中心，为海外市场的发展奠定了基础。同一年度，在美国拉斯维加斯举行的 CES 国际消费电子展上，公司率先将 4K 高清智能电视推向海外市场，与 WALMART、TARGET、BBY 等多家国际零售行业巨头达成了 2013 年商务合作的意向。公司还不断加强与 LG、SHARP 等品牌厂商的合作，进一步拓展 OEM 业务。

2013 年，公司一方面继续拓展海外市场销售，以北美区域为销售重点，同时延续北美成功的商业模式，开拓欧洲、东南亚市场。该年度，公司在东南亚进一步发展了 TARGET、WALMART 与 TESCO 泰国等大型零售商，实现了在 APEC 地区市场新的突破。此外，公司的自主品牌 SEIKI 50 寸超高清

4K 电视被美国知名家电网站“Tom’s GUIDE”评选为“2013 美国十大最佳电视”（Best TVs 2013），被“Popular Mechanics”杂志评选为“十大突破产品奖”。据权威市场调查机构 NPDGroup（National Purchase Group）2014 年发布的统计数据，2013 年 SEIKI 品牌在美国的 4K 电视销售份额已跃居前三，成为美国家电市场的知名品牌。

（三）智慧城市领域的境外发展

在智慧城市领域的海外市场拓展方面，公司积极实施“走出去、引进来”的国际化战略，通过国际并购、吸引国际资本和引进国际优秀人才等方式，不但引进了国外的先进技术和管理经验，提升了自身的技术能力，而且还实现了与国际合作伙伴从技术、产品到管理、开发等各方面的融合，进一步开拓了海外市场。早在 2005 年，公司就在泰国、马来西亚等地相继承接工程项目。同一年度，公司通过在海外设立再创辉煌投资公司（Resuccess Investments Limited），探索以资本为纽带的国际合作模式。2006 年，公司通过 Resuccess Investments Limited 增资了公司在新加坡的窗口企业 Technovator Int Private Limited（科诺威德公司），并着手在新加坡设立公司亚太研发中心，从人才国际化入手，逐步实现技术国际化、资本国际化直至公司全面国际化的战略目标。同一年度，公司利用 Technovator Int Private Limited 作为平台，积极实施国际化战略，开展海外市场推广，当年公司的业务领域已经延伸到了泰国、马来西亚、伊朗、也门、卡塔尔、越南等东南亚及中东地区，并先后承接了新加坡瑞士银行亚太总行、马来西亚槟榔屿 Grand Plaza Park 皇家酒店、伊朗德黑兰地铁北延线 BAS/FAS 系统、伊朗地铁四号线 BAS/FAS/FES 系统、也门 Sana’a 国际机场新候机楼、迪拜 New Peninsula Hotel 等大型智能化系统项目，在国际市场上赢得了同行的广泛关注。

2007 年，公司完成了对 Technovator Int Private Limited 公司两轮的融资，通过引入战略投资者，优化股权结构，树立了公司的国际形象，为进一步并购海外企业奠定了基础。该年度，公司在新加坡正式设立了亚太研发中心，从事 ezONE 软件平台国际化应用、数字城市相关产品、RFID 技术、能源环境技术等方面的开发，并以此为平台，利用新加坡人才、资本、市场信息等方面的资源，增强公司综合技术和研发实力。2008 年，公司成功并购了知名自控产品公司加拿大 Distech Controls 公司 60%的股权，并已搭建了包括负责海外研发和产品国际化的新加坡亚太研发中心，以及面向东南亚、中东地区市场的新加坡科诺威德公司和面向北美、欧洲市场的加拿大 Distech 公司在内的国际化产业布局。2008 年，加拿大 Distech 公司成功实施了英国巴克莱银行项目，为其 300 余家分行提供控制产品，并将在未来年度持续为其他分行提供相关产品。Distech 公司还成功成为麦当劳“全球指定供应商”，为其门店建设提供相关控制产品。

2011 年，公司“走出去”战略取得了重大突破，公司下属的新加坡科诺威德有限公司于 10 月 27 日在香港联交所主板上市交易，股票代码为 1206，股票简称为科诺威德，总股本为 48520 万股，公司合计持股 35.45%，为其第一大股东。科诺威德公司名称由“Technovator Int Private Ltd.”变更为“Technovator International Limited”，中文名为“科诺威德国际有限公司”。科诺威德一直立足于楼宇自动化控制和能源管理解决方案领域，以规模化的全球垂直综合业务模式发展和经营，已成功打造了 Techcon 及 Distech Controls 楼宇控制品牌，并形成了以加拿大、法国、新加坡、中国为核心的、覆盖全球的业务架构。2012 年 10 月 26 日，在香港联交所主板上市一周年之际，科诺威德国际有限公司正式更改公司中文名称为“同方泰德国际科技有限公司”，股票简称变更为同方泰德，英文名称“Technovator International Limited”维持不变。

亚太地区的市场一直是公司最重要的市场，也是向亚太以外国家发展的基石。以同方泰德国际科技有限公司的业绩为例，同方泰德在北美的收益从 2008 年的 662.6 万美元一直增加到了 2013 年的 2820.3 万美元（见图 2）。虽然近年来由于欧洲收益的快速增加，北美收益占中国以外的市场收益的比重稍有下降，但仍始终高于 50%（见图 3）。如果加上“其他国家”中的属于 APEC 区域的经济体，那么上述金额和比重都会增加更多。

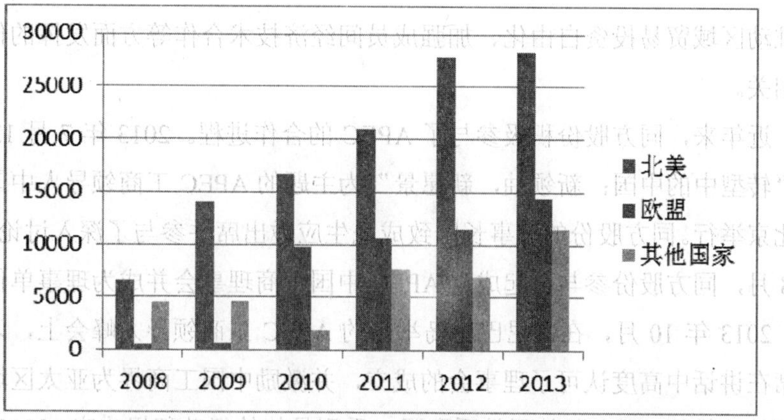

图 2　同方泰德中国以外的按区域划分的收益（单位：千美元）

数据来源：该公司在我国香港地区上市时的"配售和公开发售"文件；该公司年报（2011、2012 及 2013 年）。

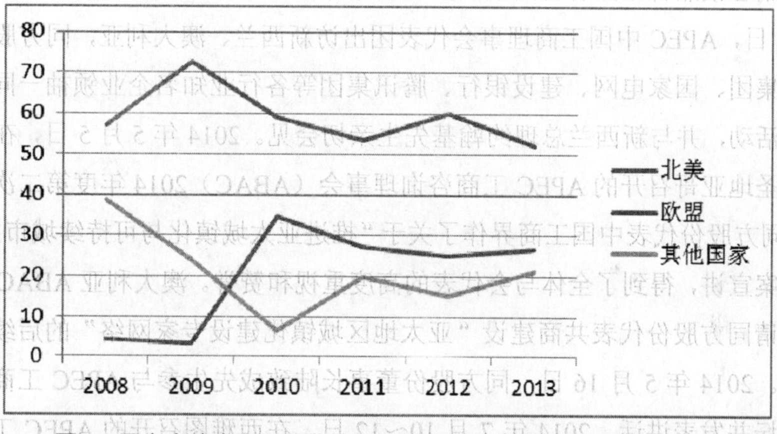

图 3　同方泰德中国以外的按区域划分的收益的比重（单位：%）

数据来源：同上。

三、"全面融入亚太合作"——同方股份的未来腾飞之路

目前，同方股份已经围绕核心产业打造了国际化的战略布局，公司在国际化战略的实施方面已经奠定了一定的基础，积累了一定的经验。通过以上对同方股份国际化历程的回顾可以看出，亚太地区是同方股份各类海外业务的起点，并且也是进一步海外扩张的基石。出现这种现象，有经济方面的原因，如亚太地区各国的经济互补性强，经济合作的基础比较好，也和 APEC

在推动区域贸易投资自由化、加强成员间经济技术合作等方面发挥的作用非常相关。

近年来，同方股份积极参与了 APEC 的合作进程。2013 年 7 月 13 日，以“转型中的中国：新领袖，新愿景”为主题的 APEC 工商领导人中国论坛在北京举行。同方股份的董事长陆致成先生应邀出席并参与了深入讨论。2013 年 8 月，同方股份参与发起成立 APEC 中国工商理事会并成为理事单位。

2013 年 10 月，在印尼巴厘岛举行的 APEC 工商领导人峰会上，习近平主席在讲话中高度认可了理事会的成立，并激励中国工商界为亚太区域经济发展献计献策，同方股份更是采取了一系列具体的行动积极响应。2013 年 12 月 19 日，亚太经合组织（APEC）中小企业峰会在深圳召开，同方股份有限公司副总裁兼首席品牌官陆致瑛女士出席并作了热情洋溢的讲话。2014 年 2 月 11 日，APEC 中国工商理事会代表团出访新西兰、澳大利亚，同方股份与中粮集团、国家电网、建设银行、腾讯集团等各行业知名企业领袖一同参与各项活动，并与新西兰总理约翰基先生亲切会见。2014 年 5 月 5 日，在智利首都圣地亚哥召开的 APEC 工商咨询理事会（ABAC）2014 年度第二次会议上，同方股份代表中国工商界作了关于“推进亚太城镇化与可持续城市发展”的提案宣讲，得到了全体与会代表的高度重视和赞誉。澳大利亚 ABAC 代表还邀请同方股份代表共商建设“亚太地区城镇化建设专家网络”的后续推进事宜。2014 年 5 月 16 日，同方股份董事长陆致成先生参与 APEC 工商界主题论坛并发表讲话。2014 年 7 月 10～12 日，在西雅图召开的 APEC 工商咨询理事会（ABAC）2014 年度第三次会议上，同方股份代表中国工商界作了关于“制定亚太城镇化发展指导标准推进亚太城镇化合作发展”的提案宣讲，获得与会代表的一致通过。通过深入参与 APEC 合作进程，分享自身的行动方案，同方股份也对更高效地参与未来 APEC 合作逐渐形成了自己的战略思考与行动建议。

（一）制定和谐的新型城镇化发展指导标准

城镇化发展战略在实现经济增长、确保可持续发展、建立人文中心方面有着十分重要的意义。但城镇化发展涉及多个政府部门以及不同领域的诸多工商企业，如果没有统一的设计和规划，无法保证在发展策略和具体行动上的和谐与同步。同方股份的董事长陆致成先生在多个场合表达出对创新型互联互通的看法，核心思想就体现在标准的统一方面。而反映在城镇化发展战略上就是希望能够制定和谐的新型城镇化发展标准，从促进经济发展、智慧城市、环保发展、人文特色等角度，在城镇化发展设计规划、施工标准等领域出台统一的参考标准，以便不同行业的参与者进行参考，确保城镇化整体发展的统一。同方股份在此议题上代表中国工商界与澳大利亚 ABAC 代表积极磋商成立“亚太地区城镇化发展专家网络”，由来自企业和学术界的城镇化发展专家组成，同方股份将努力成为这个专家网络的倡导者和牵头方，利用多年在城镇化建设上的经验，积极分享范例并参与相关的对话与合作，为制定该标准献计献策。

同方股份如此关心城镇化发展议题，正是因为我国的城镇化发展在公共安全、公共设施、交通和环境等方面遇到了非常多的现实困难。同方股份再次感受到肩上沉重的责任感和使命感，愿意利用自己在某些领域的成熟经验和先进理念，尽快处理好我国城镇化建设中的疑难问题。同时，同方股份也希望借助亚太区域合作的良好平台，鼓励其他发展中经济体能够借鉴中国的城镇化经验，从顶层设计就开始制定适当的战略，从而尽量避免重复我们走过的弯路。

（二）融入 APEC 绿色智能城市建设合作

APEC 中国工商理事会在进行品牌高端推动的同时，也对同方股份智慧城市、轨道交通、建筑节能、智能芯片、LED 照明等绿色智能城市建设相关的核心产业进行了推介。迄今，新西兰的奥克兰市政府和企业代表先后三次到访同方股份，双方初步达成合作意向。在 2014 年 APEC 贸易部长会议上，同方股份也希望各经济体能够持续关注可持续发展议题，切实促进亚太地区在节能环保、低碳经济、智慧城市等方面加强合作，充分发挥工商界在技术、经验以及资源配置等方面的优势，在人口、经济、资源和环境相互协调的基础上，积极推进绿色智能城市建设。同方股份有限公司副总裁兼首席品牌官陆致瑛女士曾表示，我们关注并参与 APEC 在可持续发展方面的议题，是因为其与我们从事的产业方向密切相关，我们也有着多年的经验可供分享。例如在智慧城市方面，同方股份正在倡导一个很好的理念——“城市体征管理”，即把一个城市比做一个人体，人体的功能分为指挥系统、神经系统、血脉、五脏六腑等，相应地对应着一个城市应该有些什么样的功能。用这样的概念评估和检查城市功能，哪些方面需要加强、哪些方面需要补充就可以一目了然。同方股份已经在与很多城市的合作项目中贯彻了这个理念，得到了政府管理部门和城市规划者的高度评价。同方股份愿意在这些方面利用自身的专业优势，代表中国工商界与 APEC 其他经济体的专家、学者和企业领袖们分享来自中国的专业建议。

（三）借力 APEC 推动亚太区域经济一体化建设

近几年，APEC 一直致力于“推进区域经济一体化”并引起高度关注。在印尼举办的 APEC 领导人非正式会议上，习近平主席发言强调“要形成合力，共同推动亚太经济一体化进程”，认为“亚太经合组织成员应该秉持开放、包容、透明原则，体现灵活性，建立并尽早启动自贸区信息交流机制”。对于总人口达 27 亿，拥有全球一半以上的经济总量、接近全球 50%的贸易总额，各成员处于不同发展阶段、拥有不同社会制度和文化背景的亚太地区而言，实现经济一体化的意义重大。今年 APEC 贸易部长会议以推动区域经济一体化为主线，重点推进亚太自贸区建设，支持多边贸易体制和反对贸易保护主义，促进全球价值链和供应链连接合作，推动投资自由化和便利化。而区域经济一体化与企业密切相关，同方股份在国际化的过程中就受到了贸易保护主义的影响，例如公司的集装箱检测系统全部自行生产制造，所有技术都是国内自主开发，因此价格相比其他国家的类似产品更具有优势，但部分区域内经济体却通过征收高额关税导致“贸易的扭曲”，使得产品竞争力减弱。同方股份希望 APEC 能够在区域经济一体化方面取得切实的成果，给企业提供一个公平的竞争环境，为企业参与亚太建设与发展提供更多便利和机会。

同方股份对于亚太区域经济一体化的期许，并不仅仅局限在亚太地区的国家和地区之间贸易壁垒的消除和减少，还希望 APEC 能形成合力，对区域外的国家和地区也施加影响，尽量减少这些国家和地区实施贸易保护主义对亚太地区企业造成的负面影响。

同方股份相信在国际化浪潮中，可以借助 APEC 平台不断汲取先进知识和经验，发挥自己的比较优势，为企业的发展和进步带来源源不断的推动力。同时，同方股份也希望通过融入 APEC 合作进程当中，大力推进“品牌化+国际化”战略，推动智慧城市、公共安全、节能环保等更多龙头产业走向亚太、走向国际，真正践行中国工商界为国家贡献每一份力量的责任。

（APEC 中国工商理事会理事单位、同方股份有限公司供稿）

中国银行深化亚太地区国际业务的进展及展望

经济全球化推动了金融服务的国际化发展。亚太地区是我国跨境贸易与投资、金融国际化发展的活跃地带，也是中国银行业国际化业务发展的先驱阵地。作为中国国际化、多元化程度最高的银行，中国银行一直将海外发展作为核心战略，并将亚太地区作为国际业务发展重中之重，近90年的海外拓展历程取得了跨越式的进展和卓著的成就，成为中国银行业国际业务发展先驱。在深化国际业务发展过程中，中国银行不断积累成功经验，紧抓机遇、应对挑战，坚持稳健的国际化经营战略、坚持助力“走出去”企业、坚持以金融创新为持续动力、坚持金融服务与企业责任并驾齐驱。顺应当前金融服务国际化新形势，中国银行将紧密跟随中国经济全球化进程，不断转型和创新，进一步提高国际化服务能力，继续领军中国银行业国际业务发展，为亚太地区经济繁荣和稳定作出应有贡献。

一、金融服务国际化的全球背景和趋势

（一）中国银行业国际化发展进入发展黄金期

当前，世界各国之间的商品、资本、人员等交流日益频繁，全球化趋势不可逆转。发达金融市场日趋成熟，新兴经济体日益壮大，国际金融监管逐步完善，更多的主体和更为丰富的金融创新加入金融服务体系，极大地提速了金融服务国际化的步伐。在金融服务国际化的背景下，中国银行业国际化业务的迅速崛起，为全球金融服务注入了新生和中坚力量。尤其是伴随着中国经济的崛起、人民币国际化的提速和中国企业“走出去”步伐的加快，中

国银行业的金融服务国际化进程迎来了发展黄金期。

中国经济实力的提升是中国银行业金融服务国际化的坚实基础。改革开放30多年来，中国经济实力大幅提升，整体经济和金融业在国际金融危机中都经受住了考验。2009年下半年以来，以中国为代表的新兴经济体率先复苏，成为拉动全球经济回暖的“引擎”。经济崛起为中国银行业跨国经营打下了坚实的基础，为银行业规模增长、业务创新和改革深化提供了良好的环境，客观上增强了中国银行业国际化发展的实力。

人民币国际化是中国银行业金融服务国际化的重要助力。货币的国际化会从两个方面推动该国银行业的跨国发展：一是业务机会的驱动；二是政府支持的拉动。目前，人民币已成为全球第二大贸易金融货币和第七大支付货币，在国际市场上的重要性日渐明显。这必然带来人民币资产的全球性分布，将产生对人民币资产进行全球配置和管理的需要，对银行业国际化程度提高的需求大大增强。

中国企业“走出去”是中国银行业金融服务国际化的依托。2013年，我国ODI规模超过900亿美元，企业走出去进程的加快使得其对银行业海外金融服务的需求迅速增长，主要包括以下几个方面：一是海外融资的需求；二是海内外资金集中、统一管理的需求；三是投资银行业务的需求；四是风险管理控制的需求，特别是在市场风险方面的，比如股价、利率、汇率等。这些无疑是促使我国银行业跨国发展的重要推动力量，同时也为我国银行业海外业务提供了更为广泛的潜在服务对象和更多样的产品创新思路。

国际银行业格局发生变化是中国银行业金融服务国际化的重要“时间窗口”。首先，欧美银行业目前正处于“去杠杆化”和“回归本元”的过程中，更多致力于巩固本土市场和核心业务，出售非核心业务，收缩经营地域和业务范围，退出非战略性市场，不愿或无力为实体经济提供更多的金融服务。我国银行业经营稳健，背靠快速成长的中国大市场，资本充足，贷存比低，可以为国内外企业提供资金支持。此外，许多欧美银行为了降低经营成本，大规模裁员，我国银行业可借此壮大队伍，充实国际化人才。

（二）亚太地区是中国银行业国际化发展的先驱战场

亚太地区经济发展潜力和前景广阔。亚太地区在自然和经济方面具有丰富的多样性，经济持续发展的潜力和前景得到了世界的肯定。近年来全球多边组织和经济学家普遍预测未来世界的经济中心将由传统的欧洲、北美东部转向亚太地区。IMF 预测 2014 年亚太地区整体经济增长率将达到 5.4%，2015 年达到 5.5%。亚太地区的贸易额已占全球贸易额的 40%以上，经济总量举足轻重。

亚太地区中国银行业发展日趋成熟。近年来，中国银行业海外探索加速，亚太地区具有与我国经贸往来密切、市场成熟、“走出去”中资企业较多、华人客户群聚集等特点，成为中国银行业国际化的先行市场。随着海外机构增加、资产规模扩大，中国银行业在亚太地区的运营日趋成熟，服务水平和市场开拓能力不断提升，在新加坡等地成为当地主流银行，逐步形成了以亚太为重点的国际化发展格局。中国银行业在积极拓展全球网络布局的同时，在亚太地区的发展将以业务深化为主，重点关注业务创新、结构治理、经营管理和人员队伍等问题，增强亚太市场认可度，助推地区经济持续发展。

APEC 为中国银行业深度融入亚太经济发展打造平台。与持续增长相伴，亚太地区经济一体化发展也存在区域自贸协定碎片化发展、区域内经济体发展速度不均衡、基础设施薄弱等问题与挑战，银行业方面亦存在客户群体单一、资本运作能力不足、风险防控及国际化管理手段欠缺等问题。亚太经合组织（APEC）作为亚太区域经济一体化积极的倡导者和推动者，一直致力于发挥引领和统筹作用。2014 年将在北京举办的 APEC 领导人会议，主题已确立为“共建亚太未来的伙伴关系”，聚焦推动区域经济一体化、通过创新和改革促进可持续的经济增长、加强全方位的互联互通，这正契合了亚太当前形势需要，也将为中国银行业深度融入亚太地区发展提供更优良的平台。

二、中国银行在亚太地区深化开展国际业务的进展与成就

中国银行作为金融服务国际化重要的践行者，一直致力于推动和服务于中国企业的国际投资和贸易发展，以自身产品和服务体系活跃于亚太市场。

中国银行拥有百年历史，在中国大陆以外 40 个国家和地区设有超过 600 家分支机构，同时拥有多元化业务平台，在国际结算、清算、贸易金融、外币、跨境人民币等国际业务方面居于全球领先地位。亚太地区也逐步发展成为中国银行境外机构最为密集、业务规模最大、服务经验最丰富的前沿地区。

（一）逐步构建起健全的服务网络

中行在亚太地区拥有较为健全的机构网络，目前机构已覆盖 15 个国家和地区。中行亚太地区机构由五部分组成：（1）中银香港；（2）澳门大丰银行；（3）四家非商业银行附属机构（中银国际、中银投、中银集团保险、中银航空租赁）；（4）香港分行；（5）14 家分行、子行和代表处。在搭建上述境外机构网络的基础上，中行重视代理行网络建设，境外机构与代理行相互补充，有效扩大了中国银行的服务范围。

中国银行在亚太地区经营历史长，拥有相对广泛的客户基础，在我国香港、澳门地区占据领先优势，在我国台湾省、新加坡、澳大利亚等地具有较大影响。由于历史原因，华人华侨在东南亚地区数量多、影响力强，且对中国银行有着深厚的感情，多年的耕耘使中行在亚太地区有着其他中资机构难以比拟的品牌效应。

（二）创新发展国际贸易金融服务

作为传统的外贸银行，中国银行在国际贸易相关的金融业务上具有先天优势，长期占据市场主导地位。

1. 提供专业化贸易结算服务，业务规模全球领先

2013 年，中国银行国际结算量 3.42 万亿美元，位居全球第一，其中，亚太地区境外机构实现结算量 1.31 万亿美元。目前，我国近 1/3 的贸易活动由中国银行提供结算服务，成为我国贸易金融服务主渠道银行。

2. 加快贸易融资业务创新与发展，助力亚太地区经贸繁荣

中国银行通过全球服务网络、专业化产品服务为亚太地区贸易活动提供坚实的融资支持，积极帮助亚太地区企业加快资金周转，扩大在国际市场的购销，本外币贸易融资余额始终位于全球商业银行前列，出口双保理业务连续多年保持全球第一。同时，中国银行构筑境内外一体化通道，发挥境外机

构资金渠道优势，“境内业务境外做，境外业务境内做”，通过境外代付、协议付款、协议融资等一系列境内外联动产品，2013 年全年有效运用境外市场低成本资金为我国企业外贸进出口提供近 700 亿美元贸易融资支持，有效降低了企业融资成本。

3. 拓展大宗商品融资业务，服务亚太地区大宗商品交易

中国银行于 2011 年 3 月在我国香港成立中银国际环球商品公司，2011 年 9 月在新加坡成立中资银行的首个大宗商品融资中心。2013 年，新加坡中心办理大宗商品融资业务近 120 亿美元。中国银行为亚太地区企业尤其是中国企业参与的大宗商品交易提供全方位服务，研发推广“货利达”、“应付款暗保”、“跨境保税区货押融资”等创新产品，大力推动以人民币计价的大宗商品交易服务方案设计，为亚太地区日益繁荣的大宗商品交易提供专业化金融解决方案，为提升我国大宗商品贸易话语权、利用境外资源促进国内经济结构转型提供了有力支持。

4. 通过对外担保服务国内企业走出去，助力亚太经济再平衡

中国银行是金融支持中国企业“走出去”的主力军，保函业务更是中国银行金融支持企业“走出去”的重要方面。中国银行通过提供各类保函服务有效支持了“走出去”企业开展大宗商品出口、大型对外工程承包项目和大型企业的对外并购等商务活动。目前，中国银行已成为全球保函业务量最大的银行之一，对外保函业务余额 700 多亿美元，在四大国有商业银行中的市场份额持续保持在 50%以上。

（三）不断完善中国企业“走出去”服务体系

伴随着中国企业海外发展不断深化，中国银行将“走出去”业务定位为战略性业务，充分调动全球资源，不断完善全球服务体系，为中国“走出去”企业提供了有力的支持。

自开展“走出去”业务以来，中国银行已累计支持 744 个项目，提供贷款承诺 873 亿美元，贷款余额达 606 亿美元，在同业中处于领先地位。其中，充分发挥亚太地区境外机构网络与环球金融服务能力的优势，积极在亚太地区开展国际化业务，已累计支持亚太地区 252 个“走出去”项目，亚太地区

机构提供贷款承诺 306 亿美元，贷款余额达 256 亿美元。

（四）积极推进人民币国际化业务

中国银行积极落实国家战略，把人民币国际化业务作为另一项战略性业务。目前中国银行在各离岸人民币市场均设有分支机构，并积极争取在当地市场成为人民币清算行。2013 年下半年以来，中行先后向全球发布《中国银行跨境人民币业务白皮书》、“中国银行跨境人民币指数”和“中国银行离岸人民币指数”，成为首家独立编制和发布人民币国际化相关白皮书和指数的中资银行业金融机构。截至 2013 年末，中国银行亚太地区分支机构人民币公司贷款已达到 724 亿元，人民币公司存款达到 420 亿元，皆处于市场领导者地位。

1. 开展人民币国际化业务独具优势

一是市场先发优势。中国银行注重对市场的研究和政策的把握，提早布局，统筹安排，率先在跨境人民币结算、境外人民币贷款等领域推出配套产品和服务，引领了市场的发展。二是清算网络优势。中国银行广泛的机构网络为其在全球开拓人民币业务创造了良好条件，中银香港和澳门分行是人民银行指定的香港和澳门地区唯一的人民币清算行。除我国港澳台地区外，中国银行还在马来西亚、卢森堡、柬埔寨、菲律宾等国家和地区成为当地人民币业务清算行，在俄罗斯成为当地人民币做市商，并在英国、德国、法国、日本、韩国、印度尼西亚、南非等国家和地区成为人民币清算主渠道。截至 2013 年 12 月末，中国银行集团共开立跨境人民币清算账户 1000 多户，覆盖亚洲、欧洲、美洲、大洋洲、非洲 89 个国家和地区，建立了同业领先的全球人民币清算渠道。三是金融产品和境外资金优势。在符合监管部门要求的前提下，中行可以为企业提供各类跨境人民币相关产品，如各种信贷、结算、担保、资金及理财产品等，以及根据具体项目需求，为客户量身设计境内外全方位的跨境产品组合服务方案。与此同时，中国银行还可发挥多元化服务的比较竞争优势，利用中银国际及中银香港在香港人民币债券市场的领先地位，为企业发行人民币债券提供全面优质的金融服务。

2. 成为亚太地区跨境人民币结算主渠道

中国银行集团2013年全年跨境人民币结算量超过3.98万亿元，同比增长59.8%，市场份额保持同业第一。截至2013年末，跨境人民币试点启动以来，集团累计结算量逾8.6万亿元。其中亚太地区是中国银行人民币国际化服务的重点，目前中行在亚太地区16家分支机构均开办跨境人民币业务，2013年全年人民币跨境结算量1.77万亿元，占全部境外机构业务量的80%。

通过不断研发和推广，中行已形成涵盖在岸、离岸人民币市场的结算、清算、存贷款、资金、融资、债券、理财、现金管理等全产品线服务，作为亚太地区人民币国际化产品和境外人民币资金集散主渠道的地位进一步巩固，在人民币全球清算体系中发挥着越来越重要的作用，进一步便利服务亚太地区客户。

3. 构建人民币交易资金平台

中国银行搭建资金运用平台，创新集团跨境资金管理方式，打通境内外分行人民币流转渠道，创造新的业务机会，同时也加速了人民币的跨境流通。目前，中国银行在APEC的13个成员经济体中设有资金交易业务机构（不含中国香港地区），并积极争取当地人民币清算行资格和人民币交易做市商资格，与当地金融机构开展资金交易往来业务。2013年，中行在上述13个成员经济体的资金业务交易量同比增长93.09%。

（五）全方位打造科技服务平台

中国银行重视电子金融渠道的建设，并着力做好境外信息系统铺设及转型等工作，力求机构建设、系统建设与业务发展统筹安排、相互促进。

为拓宽境外服务渠道，中国银行自2007年开始推广境外网上银行服务，自此持续丰富境外电子银行产品功能，提升服务体验，打造了网上银行跨境人民币、企业跨境集团、个人全球账户管理等多项特色服务。截至2013年底，境外网银服务已覆盖亚太地区13个国家和地区，企业网银客户达到3021户，个人网银客户达到7.19万户，其中，针对“走出去”跨境集团客户提供的跨境现金管理服务已推广至亚太10个国家和地区；针对拥有多家海外机构账户的客户提供的“全球账户管理”服务已覆盖亚太5个国家。

以我国港澳和东南亚地区为重点，中行还搭建了境外信用卡业务平台，持续优化境外用卡环境，为客户打造安全、便捷、优惠的支付产品和服务。目前，中国银行在我国香港和澳门地区、新加坡、泰国、澳大利亚、加拿大等地开办了信用卡发卡业务，业务量在亚太地区居中资银行同业之首。其中，香港地区信用卡累计有效卡量约为 300 万张，市场排名第三；澳门地区信用卡发卡量约为 20 万张，市场排名第一；其他亚太地区信用卡发卡量约为 30 万张。同时，中国银行在我国香港和澳门、新加坡、马来西亚、加拿大等地推出了收单业务，其中在香港地区成为当地主流收单机构，在澳门地区收单市场份额排名第一。

三、中国银行在亚太地区开展国际业务的成功经验与现实困难

中国银行曾是中国外汇专业银行，在亚太地区的国际化经营历史悠久，并始终坚持探索一条适合自身特点的国际化发展道路，面对复杂的国际环境和现实困难，不断成长并积累宝贵经验。

（一）中国银行国际业务发展的成功经验

1. 坚持稳健的国际化经营战略

长期以来，中国银行坚持“专业化经营、集约化管理、境内外一体化发展”的国际化经营战略，坚持平衡境内外压力，谋求稳健发展；明确经营目标，合理规划整体国际化布局；加深对市场和客户的认知，循序渐进渗透市场；加强业务整合和创新，保障持续性经营。同时，主动顺应趋势，积极借鉴国际先进经验，植根经济体的互补性，在突出中国元素基础上，积极推进本土化战略，不断融入当地主流，加大对当地龙头企业、行政机构的营销，努力提升在当地主流业务话语权。

2. 坚持以助力企业“走出去”为发展导向

中国银行田国立董事长认为，帮助企业理解和用好金融工具本身也是银行的一项重要责任，金融服务能力有多强，决定了企业能够走多远。中国金融业只有牢牢把握中国产业发展的走向，扎扎实实提升金融服务能力，才能让中国企业在世界大舞台上有更出色的表演。

中国银行通过对“走出去”企业分布地区分析，调整境外机构网络布局，中心地区机构就近辐射周边无机构地区业务，努力实现“走出去”企业客户全覆盖；丰富境外业务产品线和服务种类，以客户需求为导向，调整结构，创新品种，形成多元化的综合金融服务方案和全球一体化的服务平台，巩固国际业务优势；构建“全球客户经理”与“区域客户经理”统筹协调的服务模式，为“走出去”企业提供全方位的金融服务。

3. 坚持拓展多元化、全方位金融服务

中国银行充分利用多元化业务平台，为客户量身定做综合金融服务方案，满足客户多元化的金融需求，提高为企业客户的综合服务能力。2013 年 9 月，双汇国际以 71 亿美元成功收购史密斯菲尔德，成为中国企业在美国最大的并购案，中国银行在收购中扮演了重要角色。中国银行纽约分行提供美国法律商业环境意见，作为当地唯一一家拥有 A 级评级的中资银行，开立了 40 亿美元融资承诺函，成为双方达成交易的重要保障；中银香港提供国际银团融资意见；中银国际提供财务顾问服务；中国银行根据交易需求和市场情况，与双汇共同设计组建银团贷款融资方案。中国银行克服时间要求紧、交易金额大、融资结构复杂、涉及多地监管等困难，在很短时间内完成了从项目调研到融资协议签署的全部环节，并扮演该项目的银团贷款代理行、抵押代理行等多重角色。

4. 坚持以金融创新为持续发展助力

中国银行坚持创新驱动，一方面引领中国贸易金融产品创新，不断顺应对外贸易投资新形势、新模式、新政策变化，紧盯企业需求，为其设计多样化的特色产品及全面有效的金融解决方案，加强贸易金融产品创新和组合，有效满足企业贸易融资、避险保值、财务管理等多方面需求；另一方面，为了深化全球供应链金融服务创新，中国银行针对客户产业链逐步向全球延伸的需求，综合运用自身多元化金融产品及服务，为众多核心企业量身设计供应链全流程综合服务方案，为我国企业主导的全球产业链的巩固与完善提供了坚实支撑，并有效化解了产业链上中小企业融资难困境，提升了“中国制造”整体竞争力，并积极支持企业逐步迈向“中国创造”。

5. 坚持金融服务与企业责任并驾齐驱

中国银行是中国唯一持续经营百年的银行，也是中国国际化程度最高的银行，连续 3 年入选全球系统重要性银行，坚持围绕“担当社会责任，做最好的银行”战略目标，为客户提供了优质服务和良好声誉的双重保障。随着中行逐步融入国际市场，在业务经营过程中，中行始终严格按照国际标准行事，恪守国际惯例要求，备受国际社会的肯定和赞誉，树立了良好的品牌形象。

（二）中国银行业国际化发展面临的现实困难

根据国际货币基金组织（IMF）发布的《亚洲及太平洋地区经济展望》，在未来一段时间，亚太地区将继续引领全球增长；然而，尽管结构性改革极大地增强了亚太地区经济基本面以及引领全球复苏的能力，但也应看到，世界经济复苏仍具有不确定性和不稳定性。银行业国际化发展也正处于规模扩张和经营转型过程中，在这样的大环境下，中国银行在亚太地区拓展其国际化业务也在机遇中伴随着一系列现实困难。

1. 区域政治经济风险为国际化发展带来不利因素

随着全球政治经济环境复杂多变，中国在亚太地区面临的外交形势更趋复杂，世界经济尚不稳定，对银行国际化发展和海外经营带来不利因素。发达经济体逐步复苏，但结构性问题远未解决，新兴市场经济增速放缓，全球经济波动性增大；部分国家和地区政局并不稳定，突发性政治动荡事件偶有发生，贸易金融服务的相关投资与贸易项目的执行和履约可能会受到波及；金融保护主义有所抬头，一些国家针对外国资本制定更加严格谨慎的政策制度，对他国金融机构开展业务实施限制等。上述问题都对银行国别风险识别和管理构成压力和挑战，进而影响国际化业务发展进程。

2. 监管环境与东道国竞争为国际化发展带来挑战

随着中国银行逐步深入融合国际市场，在业务经营过程中，作为他国外资银行，必然面临着更为严格且多变的监管环境。随着东道国监管对外资机构要求日益增加，且变化较多，流程繁琐，监管范围不断加大，不仅牵涉到监管制度本身，对于反洗钱、合规、资金业务范围等相关要求非常高，而且牵涉到外派人员、机构设立、产品准入等，海外分支机构需投入较多精力满足监管要求，从而影响经营效率，甚至导致业务撮合失败。外部严格的监管环境造成银行“走出去”往往选择较为保守的风险偏好和业务拓展策略，如何在满足各项监管要求的前提下拓展当地业务是中国银行业国际化发展的重大挑战。

同时，“走出去”银行还面临着东道国金融机构的激烈竞争。银行产品及服务同质化严重，东道国同业机构则具有先天优势，与当地企业合作极为紧密，给外资银行介入的业务机会较小，导致“走出去”的银行难以深入和扩大业务。

3. 人民币业务推进难导致国际化发展面临挑战

随着人民币国际化进程推进，中国银行业在海外市场国际化经营可以依靠人民币业务作为突破口，与当地银行形成差异化竞争。但在现阶段，由于各国对人民币业务的开放程度不一，人民币国际化业务发展存在一定程度的制约。

目前人民币国际化市场和网络还需经历较长时期的逐步培育和发展。对于亚太地区的双边贸易，在计价结算过程中还牵涉到结算条件重新安排以及企业内部财务运作等一系列调整，我国企业对外谈判能力、说服交易对手改变结算币种的能力均在不断改善与提升，同时我国低附加值的对外贸易商品结构调整仍需一定时间。

4. 跨国经营能力不足，无法满足国际化发展需要

首先，我国的金融发展起步较晚，金融工具相对较少，融资渠道相对狭窄，在中国银行目前的国际化经营中，也存在许多海外分支机构银行功能不健全、产品服务较为单一等弱点。依托跨国并购模式收购的海外银行也多为中小银行，无法与东道国大型银行竞争，导致国际规模增长缓慢，当地监管限制也制约了新产品上线以及服务的多样化。海外业务品种的单一一定程度导致了国际化经营缺乏核心竞争力。

其次，我国金融业的对外开放时间较短，“走出去”银行对于国际化经营尚缺乏经验，依靠国内经营模式和经验不能很好地解决在国际化发展中存在

的问题，国际化经营管理和创新能力等较国际先进水平仍有差距。第一，国际监管和经营环境复杂多变，市场准入、经营、监管、壁垒等问题都对银行国际化发展提出了新的要求；第二，为保持海内外管理一致性，驻外机构一定程度上保持国内管理模式，不能适应国际化发展需要；第三，国际化人才流动受限，轮换式外派制度无法保证经营人员的一致性和持续性，具有国际视野、精通海外业务、经验丰富的专业人才欠缺，难以制定合理的跨国经营管理办法。

四、中国银行在亚太地区拓展国际业务的未来展望

亚太地区是中国银行业国际化发展最重要的市场，同业竞争激烈。长期以来亚太地区作为持续增长的新兴市场，国际大型银行集团一直加大区域内投入，把业务主战场移至亚太；亚太地区本土银行在区域市场占据优势，影响不可小觑；中资银行同业也把亚太地区作为国际化经营试水区，大型中资银行亚太布局已基本完成。中国银行曾作为我国外贸银行在亚太地区具有传统优势和业务基础，但未来如何实现突破、优化服务、继续深化在亚太地区的国际化经营，将成为中国银行的一个长期课题。

（一）优化完善机构网络布局，延伸国际化业务触角

目前中国银行在我国港澳台地区、东南亚、东北亚的网点相对整齐，下一步还将填补缅甸、老挝、新西兰、印度等空白点，并以现有分支机构作为区域中心延伸和辐射周边地区。除自设机构外，辅以并购方式实现外延扩张，同时利用亚太地区信息科技系统整合机会，以网上银行为重点，不断推动电子银行建设，克服物理网点不足的局限。

我国对亚太地区的直接投资中，对我国香港地区和新加坡的投资占86%以上。中国银行可以依托香港地区、新加坡的“桥头堡”地位，带动整个亚太区域协同发展，尤其是加快港澳台地区和新加坡人民币离岸中心建设，进一步巩固香港地区、新加坡在亚太地区人民币跨境和离岸使用中的龙头地位。

（二）提升在全球价值链中的贡献，服务区域经济一体化

亚太区域经济一体化是大势所趋，中国银行将牢牢把握服务开放型经济

体系建设这一主题促进对外贸易平衡发展，提升在全球尤其是亚太地区价值链中的贡献。一是发挥专业技术优势，勇当国家构建开放型经济新机制的践行者，助力打造中国一东盟自由贸易区升级版，为中日韩自贸区、中澳自贸区、中美投资协定（BIT）等双边或多边合作机制建立积极提供专业支持；二是深化产品创新，强化境内外联动，为亚太地区经贸合作提供更加强有力的产品、服务以及一揽子金融支持，特别是境内外一体化贸易金融、跨境人民币、大宗商品融资、供应链金融、全球现金管理等综合性贸易金融业务；三是构建“走出去”金融支付体系，为“走出去”企业提供优质快捷的跨境支付服务，完善跨境互联网、手机支付功能，拓展与跨境电子商务平台的合作，配套提供企业理财、现金管理、投融资服务等。

（三）强化跨境人民币战略业务，推动人民币国际化进程

亚太地区是人民币从“周边化”转向“区域化”货币的首选之地，也是中国银行推进人民币国际化战略的首选市场。未来中行将从几个方面推进人民币在亚太地区的使用：一是结合人民币产品创新经验，提供人民币存贷款、国际结算和贸易融资、资金清算、投资、兑换、现钞等多领域服务；二是针对在岸与离岸市场不同币种的利率和汇率变化，创新人民币产品，提供风险规避和资金增值产品，提升人民币接受程度；三是继续推动人民币与其他各国货币的交易业务，提高人民币与亚太各国货币的关联程度；四是协助央行扩大双边货币合作，促成亚太各国与我国之间签订货币互换协议，并向主权基金、保险公司、基金公司等推介人民币投资产品。

（四）构筑基础设施资金平台，推进亚太互联互通建设

随着经济转型升级和对外开放程度的提高，我国对外投资将保持良好的增长态势，其中，基础设施、能源等大型项目建设是对外投资的重点，海外并购方兴未艾，亚太各国也积极构建互联互通格局。这将带来项目融资、并购贷款、咨询服务等交易金额大、结构复杂的金融需求。

中国银行在亚太地区设有银团贷款中心，同时具有海外机构网络广泛、集团内可提供全方位金融服务等优势，在亚太地区银团贷款市场一直位居前列。为了跟上亚太基础设施建设步伐、推进亚太互联互通建设进程，中国银

行将配合我国倡建的亚太基础设施投资银行，致力于构筑基础设施资金平台，挖掘亚太各国互联互通的内在联系，拓展业务机会，优化业务流程，提高融资效率，增强对基础设施建设等大型项目的全流程服务能力。

（五）坚持金融服务创新与发展，满足国际化发展深层次需求

中国银行把握机遇，坚持深化国际化业务产品及服务创新，优化亚太地区业务布局，长期来看，则立足贸易金融、零售金融，探索创新发展海外财务顾问、资产管理、私人银行等高端业务，积极进行海外中间业务创新，开展高附加值业务。一是提高金融产品创新能力，加强不同贸易金融产品之间的功能搭配和嫁接，丰富产品品种，多样化融资方式，同时进一步推动跨境电子商务等领域的金融创新；二是创新发展国际化业务与商业银行、投资银行、券商、保险公司、金融租赁公司等不同业务平台联动，从传统的贸易金融服务向多元化综合金融服务转变；三是创新管理模式，推进专业化、集约化经营管理水平，为客户提供更为高效、便捷的服务，以客户为中心，满足客户多样化需要。

（六）以提升自贸区服务水平为窗口，便利国际化业务发展

配合中国上海自贸区建设进程，2013 年底，中国银行出台了上海自贸区三十条实施意见；2014 年 2 月，率先启动上海自贸区第三方支付机构跨境人民币支付业务试点，为跨境人民币结算业务提供便利；3 月，与上海国际能源交易中心在北京签署战略合作协议；中行新加坡分行还承担了首批新加坡与上海自贸区跨境人民币融资业务。

面向未来，中国银行将继续以上海自贸区业务拓展为窗口，全面提升自贸区业务经营管理水平，带动国际化业务发展，从而支持和便利我国对外贸易发展：一是充分利用自贸区、境内区外、境外三个市场资源，发挥机构和代理行网络优势，提供成本更低、效率更高、更有效规避汇率风险的跨境综合金融服务；二是针对上海国际能源交易中心成立和原油期货上市，为大宗商品客户群提供大宗商品融资综合服务方案；三是针对在自贸区以现金池方式实现本外币资金集中管理和高效运作的集团企业，提升现金管理服务水平；四是加强区内外客户营销拓展一体化，全面掌握集团企业自贸区相关业务需

求，提供全面综合性的产品服务方案。

（七）担当企业社会责任，全面树立国际化良好品牌形象

中国银行是中国唯一持续经营百年的银行，2014年田国立董事长提出新的战略目标——“担当社会责任，做最好的银行”。未来中国银行在拓展亚太地区国际化业务过程中，将始终坚持金融服务与企业责任并行，不仅要严格适应当地市场环境要求，按照监管要求开展业务；同时要高度重视和支持公益事业可持续发展，进行慈善援助、救灾捐赠、生态建设，关怀弱势群体，大力支持科学、文化、艺术事业等，争取良好的社会效应。

结语

面对复杂的政经环境及激烈竞争，中国银行将基于在亚太地区的较好发展基础和条件，继续主动适应经济金融全球化深入发展的趋势，抓住我国经济金融对外开放的良好发展机遇，切实贯彻“担当社会责任，做最好的银行”战略目标，借鉴历史和同业的宝贵经验，加强自身建设，坚持统筹境内、境外两个市场，真正理解和把握亚太经济形势变化以及东道国政府的经济社会发展需求，切实帮助和服务“走出去”、“引进来”企业做强、做优、做大，为广大客户提供优质服务，在倾心服务政府、社会和客户的过程中持续发展壮大，努力把国际化经营提高到一个新水平。

（APEC中国工商理事会理事单位、中国银行股份有限公司供稿）

海外观点篇

亚太经合组织基础设施的发展与互联互通

马克·拉斯伯恩[①]

一、简介

基础设施对于促进可持续增长和改善亚太经济体之间的互联互通性至关重要。虽然在基础设施的建设中，我们已取得很大进展，但是需要做的还有很多，才能为区域内的人们提供足够的设施，并支持更大的贸易和投资的跨境流动。

亚太经济合作组织（APEC）经济体的基础设施发展仍有巨大机遇，但是各成员政府依旧投资不足，并在将基础设施项目推向市场、吸引项目融资所需的资金等领域面临挑战。

整个亚洲新兴增长市场的基础设施赤字是非常可观的——据估计，2010年至2020年间，亚洲需要花费约8万亿美元[②]以维持现有的经济增长水平。如果基础设施建设没有获得持续的、明智的投资，亚洲将不太可能充分发挥其潜力。

大多数亚洲经济体在基础设施领域需要大量投资，从而促进经济的增长。为促进制造业的增长，电力是必要的；为维持工业和居民的基本生活，水是必要的；为促进原料、制成品和劳动力的流动，运输网络是必需的。如果没有这些关键要素，经济将停滞不前。

---

① 马克·拉斯伯恩（Mark Rathbone），普华永道亚太区资本项目与基础设施主管合伙人。

② 亚洲开发银行/亚洲开发银行研究所（2009）和Bhattacharyay（2010）。

APEC 成员中的发达经济体（如美国、澳大利亚、日本、新加坡）面临着不同类型的挑战。首先，人口增长、人口结构、建立确保良好教育和医疗的基础设施项目和专注于为所有人提供住房成为重要的问题。新兴经济体也对住房、公共医疗和教育有类似的投资需求，但经济相关的基础设施仍是优先考虑。其次，老化的基础设施也需要重建或翻新，发达经济体在使用了多年后对其缺乏持续投资。

发达经济体和新兴经济体之间的共同主题之一是预算制约——无论在经济基础设施（电力、公用事业、运输）还是在社会基础设施（公共教育或医院）方面，只有极少数经济体能够单靠政府来资助必要的基础设施建设。因此，十分需要动员可投入基础设施的私营资本。

在本文中，我将对亚太地区基础设施发展的前景进行评估，探讨行业挑战的解决方法，并与投资者分享有价值的投资机会。

二、前景

在未来的 10 至 20 年内，一些关键驱动因素将支持亚太地区的基础设施项目的开发。

（一）亚洲的经济地位

今天的亚洲是全球重要的增长引擎。中国和东南亚拥有非常庞大的消费群和低成本劳工，以及丰富的自然资源。中国超过 7%的经济增速（前几年超过 10%），不仅使其成为世界舞台上日益占主导地位的经济体，也使其逐渐成为影响力不断扩大的一个可持续发展经济体。东南亚将于 2015 年建立东盟共同体，这将使其不仅能够在经济上与中国并驾齐驱，也可以使东盟经济体之间进行更有效的贸易，从而使他们更具有国际竞争力。

中国和东盟共同体均需要大量的基础设施投资，以实现增长红利。如果东盟各国之间，以及他们与中国能够更好地互联互通，就可以实现可观的持续稳步增长——改善的基础设施（交通网络）连通性、更好的通信网络和更开放的贸易规则可以促进增长溢价。

（二）基础设施赤字

APEC 经济体面临的基础设施赤字是巨大的。上文提到的 8 万亿美元是 2010 年到 2020 年间所需花费的估算。如果剔除中国巨大的基础设施项目，亚洲各经济体在 2010 年到 2013 年期间只取得了很小的进展（相对而言）。为了维持目前的增长水平，就必须从现在起到 2020 年每年在基础设施项目上投入 8000 亿至 1.3 万亿美元。对于亚州而言（不包括澳大利亚、新西兰以及在北美、南美地区的太平洋经济体），下表所示的基础设施赤字在政府的基础设施中是最为严重的。具体如下：

表 1

部门	单位：万亿美元
通信	1.1
交通——公路	2.3
交通——铁路	0.05
交通——其他	0.1
电力	4.1
水资源与卫生设施	0.4
总计	8.05

上述预测不包括对社会基础设施的投资需求，也不包括在美洲、澳大利亚和新西兰的基础设施投入，同时也没有考虑到日益重要的用于灾后重建的基础设施支出。

可以清楚地看到，我们所面临的挑战是巨大的。

（三）资源需求

亚太区以制造业为主的经济体需要大量的自然资源。此外，各部门的大型基础设施项目都需要钢铁、金属、砂/水泥和机械装备。各成员政府和企业越来越专注供应链的管理——大型企业希望能够通过提升对物流的管理和对供应链的改善，节省大量成本。由此可见，随着基础设施的改善和互联互通的加强，经济效益将得到提升。

（四）资本

与过去相比，资本的流动性正在增强。那么这意味着什么呢？可以说，只要在各地的所有权限制范围内，投资者基本上都能够通过任何证券交易所或直接投资的方式，将资金投入到世界上大部分的项目和投资机会中。举一个例子来说，新加坡的新源基础建设信托（CitySpring）对墨尔本和塔斯马尼亚州霍巴特之间的 BassLink 电缆投资了约 10 亿美元。海外资本投入到当地项目正变得越来越容易。

资本项目和经济体之间为了吸引有限的资金的竞争日益激烈，也是资本流动的结果。这一点往往在政府考虑基础设施时被忽略，尤其是新兴市场经济体。

（五）债务工具的可用性

全球金融危机从根本上改变了基础设施项目的融资方式。紧随全球金融危机之后的，是债务流动性收缩，项目被搁置甚至取消。随着债务保险公司的陆续破产，债券市场褪色（如今一些市场实现了有限的恢复），这使得基础设施市场失去了大量的资金来源，政府不得不寻找替代解决方案，为基础设施提供资金。

过去三年间，尽管债券市场的资金开始回流基础设施项目，但它的规模与条款远不及金融危机之前。虽然流动性在一定程度上恢复了，流动的形式却与以往不同——年期较短，保证金要求更高，条款更加严格。较短的期限导致再融资风险丛生，市场不得不学会处理这个新的问题。另外，融资成本较高也使许多项目不可行，使政府的补贴压力上升。即使债券市场能够继续赢得投资者信心，融资期限有所延长，保证金率也有所下降，但要在较短时间内恢复到全球金融危机前的水平也不太现实。债券市场出现了一个非常有限的升温。债务保险公司市场的崩盘，导致项目发行的债券只有被重组成为投资级的评级，才能吸引资金购买。在这样的情况下，能够通过债券获得充足融资的项目寥寥无几。

如今，为了实现基础设施债务融资，项目必须更有效地包装，同时控制风险，使银行能够更容易地贷款给急需的项目。

（六）银行业监管

全球金融危机后，监管机构把注意力转向了银行的资产负债表。第三版巴塞尔协议（Basel III）中对于各地最低资本要求的新限制，将制约银行发放长期贷款的能力（这也是债务期限缩短的原因），这对于基础设施融资而言，无疑是雪上加霜。

（七）城镇化

目前在亚洲新兴经济体中，城镇化的程度非常高。在过去的十年中，我们已经看到城市中心的快速增长，人们从农村进入到城市中生活和工作。预计这一趋势将会持续，并且在许多情况下将加速。

目前菲律宾的城镇化水平是49%，据该国负责制定经济发展规划的国家经济和发展局（National Economic and Development Authority）预计，这个比率在 2030 年将达到 65%。同样，对于中国来讲，在过去的三十年里，城市人口数量上升了 5 亿人。到 2030 年，中国的城市人口数量预计将会达到 10 亿人[①]。对于中国和印尼来说，预计从现在到2025[②]年，总人口的10%或更高比例的人口将由农村转移到城市。随着城镇化的加深和城市人口的增加，拥堵和污染日渐成为问题，不仅公用设施的需求将大幅增加，住房需求也将增长。城市规划者、市长和他们的团队需要提出解决方案，为未来制定有效的城市规划。随着城市的发展，更多的资金需要投入到交通运输网络，从而减少对于私家车的依赖；更多的住宅需要建设，以适应不断增长的人口；同时公用事业和公共服务也需要投资，以满足越来越多的城市居民。

【案例研究】

印度尼西亚雅加达

雅加达庞大的人口和高速的城镇化率，意味着其非常有限的公共交通网络会严重拥堵，导致人们出行时间的拉长。从经济的角度，这将造成28亿美元的燃料浪费，并带来生产力的损失和对居民健康的负面影响[③]。除了公共交通设施不足，雅加达幅员广阔，且靠近地下水位，每当有持续的降雨和涨潮

① 《中国的未来》，《经济学人》（The Economist）杂志，2014 年 4 月 19 日。
② 普华永道/牛津经济研究所。
③ 印尼交通部。

时，部分城市将会发生水灾，导致企业重大损失和基础设施的损坏。

如今，雅加达正在着力解决影响其成为世界级首都的一些基本问题。新捷运系统正在建设；单轨系统正在开发；新的收费公路也正在规划以缓解交通挤塞问题；部分港口被搬迁，同时政府正在作出相应努力，以疏通排水、开垦土地，在雅加达湾北部建立防洪屏障。这些都是非常巨大且昂贵的项目。

（八）通信

随着企业依靠员工去跟同事、客户和供应商进行全球和及时的沟通，通信质量正变得越来越重要。越来越多的通信是经过电子邮件渠道，企业也希望将互联网作为一种有价值的销售渠道。与周围的其他近邻相比，那些拥有快速可靠的有线和无线通信网络的城市或经济体能够获得更大的竞争优势。这既能提高工人的经济生产力，又能鼓励新的公司在一个城市或一个经济体建立业务。

（九）腐败

腐败仍然是全球各经济体的主要负担。各成员政府根除腐败的努力正变得越来越重要，因为不透明的成本变得越来越明显。新的法规，如美国的《海外反腐败法》（Foreign Corrupt Practices Act）和英国的《反贿赂法案》（Bribery Act），将影响大型企业进入新兴市场的方式以及在这些市场愿意承担的风险。

（十）环境问题

经济增长对环境的影响正在推动全球范围内的政策变化。由于对新技术和可再生能源的投资需求增加，对全球变暖对环境的影响的关注也不同了。随着自然灾害频发，大量的资本需要投入到重建工作中，经济将会受到影响。

低成本经济体正在吸引大型制造企业，后者对自然资源有需求，并需要大量的电力、水资源及其他公用设施。通常情况下，这种投资可以使其专注于对环境的影响，比如廉价的电力——这与发达经济体在工业化过程中对环境的影响没有什么不同！然而，亚洲人口数量远高于欧洲和北美工业化期间的人口数量，所以不少人认为，这对环境的影响更大。

三、挑战

亚洲的基础设施赤字是一个既定的事实——亚洲能否继续以目前的速度增长，在很大程度上将取决于有多少基础设施可以在未来数年落成。发电机组容量、清洁的水资源、高效的公用设施网络以及亟须改进的交通运输网络，对于确保亚洲发挥其潜力至关重要。

如今市场已有足够的资本，为整个地区内正在招标的项目提供资金。然而，这些目前正在招标的项目，只是在未来10至20年所需的基础设施的冰山一隅——也就是说，很多结构良好的项目在推向市场的过程中明显遇到了瓶颈，资金在进入基础设施项目时遇到了壁垒。

此外，随着新项目进入市场，如果亚太经济体能够消除投资壁垒，将更多的项目迅速推向市场，这也将需要新的资金来源。目前股权和债权市场的资金存量能够满足正在招标的项目——但还不足以满足10万亿至20万亿美元的投资需求。有趣的是，大量资金在亚太被投入到“固定资产”中，其中包括房地产、采矿业和资源业，以及生产/加工业中。相比较而言，只有少数投资到能驱动经济增长的基础设施中——包括公路、铁路、电力和水资源。例如，印度尼西亚每年将相当于GDP 33.1%[①]的资金投入到固定资产中，而投入到公路、铁路和电力等这些基础设施上的资金只有3.2%。相比之下，美国每年的固定资产投入占全年GDP的12.7%，基础设施投资占到2.6%。

（一）薄弱的法律和监管框架

经济体内部的法律和监管框架是决定基础设施市场成功的关键因素。一个薄弱的法律或监管框架，将制约私营部门的资本和专业知识参与到政府的基础设施项目（电力、水资源、交通运输）中。需要让市场参与者放心，他们在任何竞争上都会被公平对待，他们的投资是安全的，他们的知识产权能得到尊重。

这是制约全球新兴市场发展基础设施的一个关键问题。

① 经济学人智库（Economist Intelligence Unit）。

【案例研究】

1997 年的亚洲金融危机

1997 年的亚洲金融危机给印尼带来了一场影响深远的货币危机。当时，印尼给了国际财团一些优惠，以换取他们投资当地的大型基础设施项目，主要是在电力行业。然而，贬值的卢比给了印尼政府莫大的压力，以至于严重影响了其向国际投资者偿还债务的能力。因此，印尼政府在没有贴补或者补偿甚少的情况下取消了优惠，给投资者造成了重大的损失。

这导致人们对印尼基础设施市场失去了信心，随后信用评级机构又将该国的信贷评级下调，使得印尼的外商投资一度陷入中止。为了扭转局面，近年来印尼政府已加大力度，消除投资者在基础设施市场投资的顾虑。相关措施包括：

• 政府推动建立印尼基础设施担保基金，通过提供担保或出资来弥补资金缺口，提高项目的投资评级。

• 政府还致力于建立推进项目所需要的流程和程序，从而使得它们在被推向市场时能够获得融资。这些负责机构包括：PT Sarana Multi Infrastruktur（旨在促进基础设施项目融资）和 Indonesia Infrastructure Finance（目的是投资于商业上可行的基础设施项目）。

• 政府最近通过法案，放宽了出于基础设施建设需要的土地购置要求。土地购置一直是制约基础设施项目推进的一个关键问题——以前政府授予投标人合同是建立在其自行承担土地购置风险的假设上，这样的情况很难获得融资。

• 参与国际合作——政府与国际组织，如亚洲开发银行（Asia Development Bank）、日本国际协力机构（Japan International Cooperation Agency）、世界银行（World Bank）和新加坡合作企业（Singapore Cooperation Enterprise）进行合作，利用这些机构的专业知识。这包括在确定优先次序、开发及招标项目中利用国际组织的经验，以及在合作中培养政府机构官员的能力。

（二）包装不佳或准备不足的项目

有效地规划、组织和准备是基础设施项目获得市场青睐的根本因素。

有足够的时间和金钱是在将项目推向市场的准备中所必需的——一个大型基础设施项目的可行性研究需要建立在经济和技术因素都可行的基础上；项目所有者需要确定一个在监管框架内最合适的商业结构；风险需要在合同文件中界定和分配，以确保项目能获得融资；保证招标程序的公平和透明，并契合市场需求。

一旦项目完成前期准备，需要让市场了解到这个投资机会的存在——项目所有者要推销项目，以博得投资者的兴趣。这通常是通过招标出版物和其他媒体、市场推介活动（例如“开放日”），或者是在与潜在投资者一对一的会议上完成的。在新兴市场这非常重要，因为私营部门需要评估如何配置其有限的资本。各成员政府必须意识到，投资者、债权人和那些在市场内的人（顾问、承建商和操作者）只会把他们的时间和金钱花在回报率最高的区域和项目上。

在正式发布清楚阐明项目要求的招标文件之前，商业结构以及各方的责任必须由政府起草并批准。这些投标文件必须是全面的。考虑不周的投标文件将导致一个欠佳或失败的招标，因为潜在投标者不希望花费宝贵的时间和金钱在当局未能提供足够证明文件的项目上。

（三）不公平的风险分配

各成员政府可以审视私营部门在项目中的参与度，以将所有风险转移给另一方。然而，作为政府始终会承担一定的风险，项目若是失败，项目本身和由此产生的风险最终将回到政府。因此，政府不应该试图转移尽可能多的风险，相反，应该寻求将风险分配给最有能力管理它们的一方。这也意味着，政府需要考虑特定风险的杠杆系数，以及由哪一方掌管杠杆，才能有效地管控风险。此外，各成员政府也要考虑转移风险的代价。转移风险的目的应是为了实现政府投资价值的最大化。

【案例研究】

澳大利亚的公路项目

失败的项目

澳大利亚曾推出一系列新建收费公路项目，它们的合同以设计、建造、融资及运营（Design, Build, Finance, Operate）的模式为基础，由私营部门承担需求和收入的风险。一些高调的项目早在合同条款期就失败了，这主要是由于实际车流量远低于投标时预计的数字。例子包括 M7 克莱姆·琼斯隧道（Clem Jones Tunnel）、M7 机场线（Airport Link）和悉尼兰谷隧道（Lane Cover Tunnel）。

启示

有些人可能会说，与其他类似项目一样，这些项目不应该被看作一个失败。对照政府想要的结果时可见，新的基础设施已经建成，符合对时间的要求和标准，并成功投入使用。公众受益于改进的交通，项目公司的破产并没有导致他们受到任何干扰。

然而，随着大量项目的失败，投资者或项目发起人不可能在未来的道路工程中继续认可现行的风险分配。即使他们同意，他们也将期望更高的回报率，这将不能为政府带来投资价值。因此，政府必须检讨风险分配并对其进行修改，从而保证风险的公平分配。在这种情况下，政府很可能将保留需求和收入风险，或者最起码会采用风险分担机制。这可以通过一些机制来实现，如它与市场协商制定的可用性支付机制（Availability Payment Mechanism）等。只有这样，政府才能够以公私营合作的模式进一步招标公路项目。

除了上述案例外，还有另外一些因不公平的风险分配导致项目失败的例子。各成员政府应在项目结构制定阶段便与市场加强沟通，了解各方的风险偏好及可用于确保政府投资价值的机制，从而避免项目因风险分配导致的失败。此外，当项目失败时，政府应该分析失败原因，在后续项目的招标中吸取经验教训。

（四）能力不足

基础设施项目是庞大而复杂的，它们的招标也不是一个简单的过程，尤其是在缺乏相关经验的时候。公共部门官员需要掌握一定的技术、法律和财务技能，而这些技能的获得必须来自丰富的招标经验，这一过程包括了决策及相关建议被质询。政府和官员应通过吸收外部意见来补充自身的技能，并在需要时展现专业的知识和洞察力。当然，要想实现这些，自然需要付出成本，但相对于项目的总成本，少量的前期投资可以为公共财政收获巨大的回报。

【案例研究】

2012 年英国城际西海岸铁路（InterCity West Coast Rail）专营权的招标

背景

英国政府建立了一种特别的行业结构，授予私营部门一部分铁路的运行和维护权。在整个特许经营体系，有超过 20 个这样的专营权项目使用一个通用的合同模板。

修订招标条款

全球金融危机后英国经济出现衰退，对此英国政府也对合同范本作了相应修订，以纠正产生的一些问题。其中一个修订的领域是政府和运营商之间的收益风险分配。此前，运营商在两个层面承担全部收益风险，在基准水平之上收益与政府共享，在基准水平之下由政府补贴。这被称为“封顶和保底”机制。这一机制形成了不正当的激励，在经济衰退、客运收入下跌时暴露无遗。

因此，政府决定改变现状，在未来合同中实施一个新的机制。这个机制一改收入补贴的惯例，并引入了“贷款”的概念。西海岸项目是新条款下的第一个特许经营项目。

采购流程

运输部（Department of Transport）在 2012 年对西海岸项目进行了招标，

并临时授予了 FirstGroup 合同。这个授权随后被失败的投标人 Virgin 质疑，后者发起了针对运输部和招标过程的法律行动。在应对法律质询时，运输部发现了其投标程序上的问题，因此合同授权最终被迫取消。

英国国家审计署随后对招标过程进行了审阅，并对此提出多项建议，以改进日后的招标程序，这些建议措施包括：

- 为员工提供培训以应对任何新出台的工具或政策；
- 对人员配备进行定期审查，以确保他们在人数和技能上是恰当的；
- 运输部应指定有足够资历的人士来监督每个重要的商业交易和重大项目。

结果

随着合同授权的取消，运输部被迫同意与现有运营商的临时管理合同，并在随后重新招标。政府账目委员会估计，此前招标的失败浪费了纳税人 5000 万英镑，而且这只包括了运输部支付给顾问的费用及赔偿投标人的支出，还未考虑到特许经营项目延迟造成的机会成本、市场信心的流失及招标过程中的损失。运输部不得不采取多项措施挽回投资者对特许经营项目的信心，这只能通过未来持续成功的招标才能实现。

四、招标前对政府的建议

没有增加公共部门官员能力的“捷径”——这需要时间和付出，尽管一些方案的实施确实可以带来实实在在的收获。寻求与其他经济体建立合作伙伴关系，分享员工、技能和经验，或参加区域项目，如淡马锡基金会的城市治理计划。

政府应与国际组织合作，如亚洲开发银行、澳大利亚国际发展署和世界银行，并借鉴它们的招标流程和项目指引。这些流程和准则都被国际基础设施的潜在投资者充分理解和尊重，有助于加强潜在投资者对项目流程和信息的信心。

政府开发中央资源库。提高能力的最快方法是开发储存专业知识的中央资源库。这些资源可以被用到高风险和复杂的项目中，也可以被用于支持执行机构和招标部门的项目开发和采购，还可以通过人员共享或要求资源库介入项目的审批和招标流程来实现。工作人员可以很快获得整个项目周期的经验，并能举一反三，把经验教训用到日后的项目和行业中。

政府应聘用外部顾问。外部顾问已多次开发并参与跨部门和经济体的项目招标。他们可以将这些知识和经验应用到正在开发的项目中，确保可融资的项目被推向市场，以及招标程序是健全透明的。

私营部门在新兴市场遇到了同样的问题，这些市场普遍缺乏一个长期持续的基础设施招标和融资机制。新兴市场往往缺乏咨询能力（法律、技术和财务方面），缺乏针对大型基础设施风险所需要的工程建设市场，缺乏一个能持续满足经济体所有融资需要的银行及资本市场，也缺乏能高效经营和管理资产的营运商。新兴市场中确实存在能力的局限——这种局限需要各方共同努力加以解决。

（一）风险和收益之间的不平衡

股权和债权投资者会将其资本投入到收益与风险相平衡的市场中。简单来说，大多数海外投资者会对他们业务所在（或正在开拓）的地区进行评估，包括将面对的风险、是否能够与本地竞争对手竞争（或得到公平的对待）。如果一个项目不能同时为顾问、投资者、债权人、建设者和运营商带来一定的回报，投资者将会另觅能够满足这些条件的机会。

举例来说，如果我是一个英国的投资者，我希望将我的资金投在基础设施项目上。我可以投资英国的私人融资计划（Private Finance Initiative）公路项目，并由此获得10%的回报率，其中政府为可用性支付了款项且政府提供土地；同样，我也有机会投资新兴市场的道路工程项目，由此我会得到14%的回报率，但我要自行购置土地，并且承担交通和关税的风险。另外，因为我身在英国，不熟悉新兴市场，对新的未经检验的招标流程紧张不安，也不知道自己是否受到与其他投标人同样的待遇。如此一来，我的投资决策就变得容易了——我不会投资新兴市场，因为在这种情况下，我的回报不足以弥补项目和主权风险。

（二）解决方案

成熟市场和新兴市场都迫切需要解决已经出现一段时间的基础设施赤字——新兴市场需要新的基础设施，而成熟市场需要翻新旧的、低效率的基础设施。政府和私营部门需要投入资金，以满足基础设施的投资需求。解决方案的出发点是回归基本面，为基础设施的招标奠定基础。

政府应做的最基本的就是，制定透明严格的招标流程：潜在项目管理应侧重于优先级，利用过去的交易先例有效地进行项目开发，同时适时根据地方法规作调整。这些原则将在下文中进行更详细的论述。

【案例研究】

菲律宾公私营合作（Public-Private Partnerships, PPP）中心

背景

阿基诺政府将基础设施的交付确定为其首要任务。为了推动这项工作，政府着手改革法规和机制。一个关键的举措就是建立公私营合作中心——一个负责监测和促进菲律宾公私营合作项目实施的新机构。

责任

公私营合作中心被赋予广泛的责任和相应的资金和资源，以确保其实现其目标：

- 为地方政府单位（Local Government Units）/执行机构（Implementing Agencies）提供培训和能力建设；
- 资助投资前的活动，如商业案例和可行性研究等；
- 提供项目在财务和经济可行性审查方面的技术援助；
- 对招标过程中的投标文件准备和投标评估提供协助和建议；
- 监控执行；
- 建立和管理公私营合作项目的中央数据库；
- 对处理公私营合作项目时的时间表提供改进建议。

结果

截至2014年4月，公私营合作中心已成功招标7个项目，跨越多个领域，包括机场、学校和道路工程。这些项目都经历了竞价过程，并引起了来自本地及国际投资者的浓厚兴趣。

关键成功因素

公私营合作中心的一个关键成功因素是，它得到了包括总统和政府高级官员在内的巨大支持。这使得该中心能够与各个政府机构合作，在项目开发及审批过程中获得便利。此外，公私营合作中心也吸取了亚洲开发银行的技能和资源，确保稳健的框架、指引和知识共享。

（三）完善法律和监管框架

很多亚太地区的新兴市场不具备一个能够保障基础设施项目高效发展的法律和监管框架。有的政府不允许为一些由私营部门设计、建设、融资和运营的公私营合作项目提供补贴。由于相关项目本身无法提供足够的收入以支付投资成本，只有政府补贴才能使该项目获得融资，因此需要立法来保证政府能为相应项目提供适当补贴。目前完成上述立法的经济体包括菲律宾、泰国和印尼。

新兴市场经济体应找出其法律框架内的不足之处，并针对解决这些缺陷起草相应的法律法规。所通过的法律应放眼于全球的先例，从而使这个过程变得更有效率（不应另起炉灶），并确保市场可以很容易地理解并对这些新法律作出回应。

还需设立强有力的机构，以推动基础设施项目招标。菲律宾的公私营合作中心和印尼的基础设施担保基金会，是两个支持基础设施项目机构的良好范例。然而重要的是，中央政府能够赋予这些机构足够的决策权，确保一套可控的优先级别评估方法能够被应用到项目中。除了设立强有力的管理机构，各成员政府也应制定一个明确的招标框架，鼓励透明的招标流程。

（四）借鉴先例

许多市场都有一些多年来发展非常良好的基础设施项目，是各自行业中的楷模。澳大利亚、南非、英国、加拿大和日本都有一些既可以满足政府基础设施需求，又可以平衡项目结构的例子。重要的是，新兴市场经济体在构建项目和起草合同时，要接受全球公认的原则和商业定位。一些新兴市场经济体也有成功的本土案例——政府应该征集这些项目，分析这些项目成功的关键因素。

【案例研究】

越南 Mong Duong II 独立电力供应商（Independent Power Producer）

Mong Duong II（MD2）是越南的一个 1240 兆瓦的燃煤电厂，其于 2012 年获得了国际股权及债权的融资。该项目的开发耗资 19.5 亿美元，债务融资部分为 14 亿美元，偿还期 18 年。

MD2 采用了越南行之有效的建造—营运—移交（Build-Operate-Transfer）模式，目前运行稳健。该项目的一些关键方面包括：

• 与越南国有电力（Electricity of Vietnam）签订了为期 25 年的电力购买协议（Power Purchasing Agreement）；

• 与越南工业和贸易部（Ministry of Industry and Trade）签订了建造—营运—移交式特许经营协议；

• 获得了越南政府的政府担保及承诺（Government Guarantee and Undertakings）；

• 与越南煤炭矿产工业集团（Vinacomin）签订了煤炭供应协议；

• 土地租赁和供水的附属协议。

MD2 项目还获得了与优越地理位置相关的商业利益，比如位处靠近分配给越南煤炭矿产工业集团的煤矿地区、拥有与国家电网良好的关系、具有良好的交通基础设施和使用冷却水。

由于该项目的合同条款和商业利益都很具有吸引力，AES 公司（项目发起人）能够引入新的股东参与项目——韩国浦项钢铁电力公司（POSCO Power Corp.）和中国投资公司（China Investment Corporation）各自持有 30%及 19%

的权益。AES 公司还任命韩国斗山重工业集团（Doosan Heavy Industries & Construction）为 MD2 主要的承建商。这是韩国企业第一次参与越南交易并随后影响了融资结构——这是韩国的出口信贷机构（KEXIM 和 K-Sure）首次参与越南电力项目。

即使越南货币贬值、通胀率高企，加上 2010 年黯淡的经济前景和国有企业 Vinashin 的债务问题，但得益于商业结构的优势，MD2 项目仍然顺利完成融资。随着越南政府进一步追求更大的发电容量，以满足其在未来的 10 年里不断增长的需求，MD2 项目将在该国电力项目中成为一个值得借鉴的先例。

拥有与成功实现融资/交付的项目相似特性的项目，其商业结构和工程合同更能够吸引投资者的兴趣，与那些过去没有成功案例的项目相比，前者更容易成功。因此，政府应该寻找合同中那些可促成融资的关键条款，并将现行项目的条款效仿那些先例，例如，终止合约的赔偿。

（五）项目结构——注重公平的风险分配和回报

基础设施项目规模大，风险具有长期性。从招标开始到基础设施资产退役那一刻为止，政府和项目发起人都会面临风险。当定义一个项目的商业结构时，不论该项目是一个传统的政府招标项目，还是公私营合作模式，风险都需要被识别并且化解。对于任何基础设施项目来讲，基本原则是，每一项风险都应该由最有能力管理和化解的一方来承担。

例如，建筑公司最有条件来管理和落实施工方案，这是它的核心技能，政府不具备这样的能力，因此应该着眼于将建设相关的风险转移给被授予项目建设权的一方。工程超支和延误的风险可通过固定价格承包的合同分配给建设方，以违约金及履约保证金（传统招标）的条款来落实。

一个良好的公私营合作合同能够将这种风险转移到特殊目的载体（Special Purpose Vehicle）中。被授予合同的特殊目的载体的激励机制，应通过优惠条款及关税安排促使项目如期且在预算内交付（如果项目未如期交付使用，特殊目的载体将不会获得收入，从而影响其偿还债务的能力），接下来特殊目的载体会通过固定价格承包的合同将其中的一些风险规避掉（包括违约金及履约保证金）。

如果未能认识到风险公平分配的重要性，会导致更昂贵的代价，或者在某些情况下，造成项目无法融资。投资者、建设者和运营商都会将风险纳入项目的成本（如果政府通过传统的方式进行招标，他们也会使用同样的方法）。在极端情况下，如果风险分配不合理，将会导致撤回投标或无法找到投资。

（六）其他的资金来源

此前，我们已经对基础设施项目融资的挑战进行了讨论。全球金融危机和新版巴塞尔协议（Basel III）实施后，基础设施项目融资的难度越来越大。随着政府预算仍然受制约，基础设施的需求仍然巨大，政府必须寻求替代的资金来源。

这些替代的资金来源包括保险公司、养老基金和教育机构的捐赠基金。这些投资者有长期的投资视野和数以万亿美元的投资需求。因此，基础设施项目对他们来讲应该有吸引力。然而，这些资金对于基础设施部门的投资分配只有 0.8%①，而且几乎完全投放在发达经济体（基础设施直接投资）。一般来说，养老基金、基础设施基金或主权财富基金将不会投资新建项目，因为他们不希望承担施工风险。

欧洲、北美洲和澳大利亚的大型机构基础设施投资者，将其大部分投资分配在发达经济体和资产中。新兴市场经济体需要完善法律框架、优化制度和向国际惯例靠拢，以吸引这些资本。

各成员政府必须努力关注这些废弃改建项目，寻找新的投资者，制定出一种让上述投资机构的投资委员会放心的风险分配安排。

五、机遇

考虑到基础设施的需求，整个亚太地区的投资机遇是巨大的。为增强新兴市场经济体的电力和公共事业的容量，增强本地区连接各项经济活动和允许各成员之间有效贸易的交通网络，要做的还有很多。

①《基础设施融资：一条漫长而曲折的道路》（Infrastructure financing: A long and winding road），《经济学人》杂志，2014 年 3 月 22 日刊。

亚太地区的发达经济体正面临着不同的挑战——如何翻新削弱其竞争力的、老化的基础设施。同时，维护和资产再生的需求越来越大。发达经济体的政府还面临着需要私营部门参与基础设施投资的预算限制。

亚太地区对于基础设施投资公司的需求是非常明显的。然而，我们也必须认识到机遇较实际的需求滞后，这是由于在新兴市场中，基础设施的招标流程改革步伐缓慢。除非政府意识到需要解决这些问题，否则基础设施缺口还将继续增长。

六、为什么亚太经济合作组织（APEC）如此重要？

亚太经济合作组织（APEC）是一个论坛，供成员经济体自由探讨、辩论和解决各类诉求。政府有能力与私营部门和其他政府部门通过务实的讨论进行互动，进一步推动经济增长，促进战略发展，并加强经济体之间的联系。

务实的解决方案需要在整个区域内进行考虑，以便更有效地进行基础设施投资。例如，2013 年在亚太经合组织工商领导人峰会上提出的亚洲基础设施投资银行，可以充当基础设施注资的重要催化剂，继而促进经济增长。但是，只有在该银行的角色和责任经过深思熟虑、被引导到需要支持的部门和产品时，相关目标才能实现。

持续进行的亚太经合组织相关会议正在为政府和私营部门的务实合作铺平道路，进而在一年一度的主峰会上，帮助领导人制定策略，进一步扩大本地区的发展。

公私营部门之间的互利合作，可以扫除那些抑制资金流入关键基础设施的障碍。当政府面临将结构良好的基础设施项目推向市场的挑战时，私营企业也会发现，没有政府的参与，建造和交付基础设施是十分困难的。基础设施建设对于经济增长和亚太经合组织经济体之间进行贸易互通方面的重要性，再怎么强调也不为过。

参与基础设施项目建设能够给私营企业同时带来短期和长期的利益。引进私营企业的技术和最佳实践能够提高工程质量，使地方经济能够享受到可靠的电力、交通和数字基础设施。私营企业的参与也促进了更多技术人员的配备，从而加速了项目进程。亚太区域基础设施部门的知识转移往往是长期有效的，这使得经济在未来几十年内都能获得增长。有了明确的和坚定的决策，政府也能够为私营部门创造有利条件，在帮助降低基础设施赤字的同时，促进更广泛的经济较快增长。

作者简介：

马克·拉斯伯恩（Mark Rathbone）领导着普华永道亚太地区的资本项目和基础设施建设咨询团队，在实施与公私伙伴关系和私人融资计划相关的基础设施建设项目领域具有丰富的经验。他曾多次参与英国、南非以及亚太地区的诸多基础设施建设项目。在众多 APEC 成员经济体中，如新加坡、中国、中国香港、越南、马来西亚、泰国、印度尼西亚、菲律宾和文莱等，他也曾多次主导项目进行或为项目实施提供建议咨询。

从项目融资到公私伙伴关系/个人融资计划市场，他的项目经验十分丰富，涉及的产业部门也极其广泛，如交通、石油与天然气、运动、休闲与体育场馆、可再生与不可再生能源、公共事业（包括水资源的利用）、教育、医疗保健以及信息技术等。他带领着一个专家小组，为基础设施建设项目周期中可能出现的各种复杂问题提供相应的解决办法。同时，他还为基础设施建设领域的客户提供建议，协助其应对项目风险、采购、资金筹集和谈判、债务咨询、二级市场以及企业融资交易等相关问题。

此外，他还独立创作或与他人合作出版了多部著作，如 2012 年出版的《建立与超越：缩小差距》、2013 年出版的《未来的根基》和《中国的基础设施融资》以及 2014 年出版的《东南亚基础设施投入概要：2025 年展望》和《亚洲太平洋地区基础设施发展：前景、挑战与解决方案》等。在多项亚太地区高规格的活动上，他都曾受邀发表演讲，如 2014 年 6 月，在新加坡举行的世界银行“基础设施融资峰会”上，他便受邀参与其中，并就“促进私营部门参与重点基础设施项目融资”相关问题作出相应的解答。

（邓亮　译）

美国私营部门参与 APEC 合作的经验分享

莫妮卡·哈蒂·惠莉[①]

1993 年在美国举行的 APEC 会议首次将私营部门纳入了官方活动之中，并由私营部门主办了一系列的高官会附属会议和招待活动。当年 11 月，时任美国总统的克林顿先生邀请了其他 APEC 成员经济体的领导人出席了在西雅图召开的首次 APEC 领导人非正式会议。会议期间，美国私营部门接待委员会（National Private Sector Host Committee）组织了私营部门与 APEC 领导人对话招待会，并主办了一个有各经济体贸易部长参与的工商论坛。无论是与领导人展开面对面对话，还是积极引入私营部门作出贡献，这都是 APEC 在合作机制上极为重要的创新。与此同时，APEC 经济体领导人和官员们也对私营部门的诉求与行动有了进一步的了解。APEC 在西雅图系列会议上的机制创新经验为私营部门与 APEC 官员在各个层次上的全面合作提供了新的可能性。

此后，全力支持了西雅图会议私营部门接待委员会活动的美国工商界代表决定设立美国 APEC 国家中心（National Center for APEC，NCAPEC），以工商界联盟的形式推动私营部门参与 APEC 合作。NCAPEC 于 1994 年 6 月正式启动运行。在过去的 20 年间，NCAPEC 已经成为美国工商界参与 APEC 部长级会议、APEC 各工作组及其下设机构合作的重要渠道，同时还肩负着组织美国代表团出席一年一度的 APEC 首席执行官峰会（APEC CEO

---

① 莫妮卡·哈蒂·惠莉（Monica Hardy Whaley），美国 APEC 国家中心主席，美国太平洋峰会资源有限责任公司主席。

Summits）的责任。

一、美国工商界参与APEC工商咨询理事会（ABAC）的合作成果

在私营部门参与APEC合作的历史上，一个重要的里程碑便是1995年APEC工商咨询理事会（ABAC）的成立。1993年，APEC已经意识到有必要将私营部门纳入APEC的相关合作之中，涉及的领域可以涵盖贸易和投资自由化、便利化以及相关的能力建设。随着APEC合作与区域内工商界的联系愈加密切，APEC先后成立了APEC名人小组（APEC Eminent Persons Group）（1992～1995）和太平洋工商论坛（the Pacific Business Forum）（1993～1995）以促进私营部门更积极、更有效地参与到APEC合作中去。关于如何在APEC框架内使工商界提供政策咨询的程序更为制度化，上述机制均向APEC领导人提交了明确建议。1995年，在日本大阪召开的APEC领导人非正式会议上，领导人们最终同意设立APEC工商咨询理事会（the APEC Business Advisory Council，ABAC）作为APEC常设的机构，通过搜集、整理私营部门的良好的咨询建议，发挥重要的贡献作用。此后，ABAC高效地巩固了私营部门在APEC合作中的地位，从而保证了在每一张APEC会议桌上都能有私营部门的一席之地。

应三位美国第一任ABAC代表的要求，NCAPEC从1996年起便光荣地承担起了ABAC美国秘书处的责任。通过ABAC，美国私营部门代表们提出了诸多倡议，进而对APEC的工作作出了重要且具有实质性意义的贡献。

此外，美国ABAC代表还推动私营部门与部长级会议保持着重要且有实质性意义的互动。今天，贸易部长会议、财政部长会议、中小企业部长会议、能源部长会议和交通部长会议中均涵盖了同ABAC及其他区域内工商界领袖的定期互动。

ABAC代表们同APEC领导人一年一次的对话是ABAC另一项重要的工作。这样的高端对话可以将ABAC的讨论、项目和倡议从研究层面提升到与APEC领导人直接的政策咨询中去。ABAC每年提交的报告为这些政策咨询提供了基础。APEC领导人们关心的话题和领域会将这种对话拓展到更为广

泛的经贸政策层面，而 ABAC 代表们的观点建议则可以为领导人们提供有价值的相关信息，反之亦然。

（一）贸易合作议程及亚太愿景

APEC 成立于 1989 年，1993 年开始又启动了一年一次的领导人非正式会议。通常认为，APEC 对结束 WTO 乌拉圭回合谈判具有极大的促进作用。APEC 也通常被视为贸易政策的“孵化器”，能够反映国际商业活动与贸易交往的现实情况，并由此鼓励更多的促进贸易与投资自由化的建设性政策予以实施。早在 2003 年，美国 ABAC 代表们便意识到始于 2001 年的 WTO 多哈发展回合谈判正在失去动力。当 ABAC 代表开始讨论如何去应对日内瓦谈判的停滞时，他们便开始考虑或许 APEC 可以再一次发挥作用，以促进全球贸易和投资便利化进一步发展。2004 年初，部分 ABAC 代表提出了亚太自贸区（Free Trade Area of Asia-Pacific, FTAAP）的概念，供其他同仁讨论。尽管许多 ABAC 代表认为该提议值得关注，但仍有相当一部分代表存有疑虑，认为关于区域贸易自由化的努力不应该阻碍多边贸易谈判的进程或导致该进程偏离原有的方向。

然而，所有代表都同意，进一步研究 FTAAP 的潜在收益是有价值的。在其后的两年间，受 ABAC 委托进行的两项研究均表明 FTAAP 将为 APEC 所有成员经济体带来巨大的经济利益。由于 WTO 谈判仍然陷入僵局，这些研究无疑增强了 FTAAP 的吸引力。此前抱有疑虑的代表们也转而支持该项倡议。APEC 各成员经济体政府部门也开始对此表现出兴趣。ABAC 始终坚持将其研究的相关成果和结论告知各自的政府部门官员。2006 年秋，尽管 WTO 谈判仍然未能取得进展，APEC 中主要的经济体，如美国、中国、日本，已经准备好进行 FTAAP 的推介，并使之成为 APEC 正式议程的一部分。此前，部分 ABAC 代表认为 FTAAP 会降低对 WTO 的关注，并因此有所犹豫。此时，这些代表也转变立场开始协助推动 FTAAP 合作。因此，在 2006 年召开的 APEC 越南会议上，ABAC 两年的研究、分析及推广取得了实际的成果。APEC 领导人正式将 FTAAP 定为 APEC 的长期愿景，再一次明确表达了 APEC 对实现区域内自由贸易与投资的重视。

自 2006 年之后的七年时间里，美国的工商界通过 ABAC 及其他参与渠道持续向 APEC 官员们提供有关 FTAAP 的各种研究成果，尤其突出了 FTAAP 应当涵盖的贸易与投资合作议题，以使 FTAAP 能够真正对亚太工商界的业务发展作出贡献。自 2007 年开始，美国工商界连续主办了一系列会议，使得 ABAC 代表们和 APEC 高官们有机会讨论如何通过创建 FTAAP 为在亚太地区从事商业活动的企业带来实际好处，以及 APEC 所应开展的具体工作。该对话在过去的几年间一直延续下来。2011 年，美国工商界还将竞争政策、政府采购、数据产品贸易以及其他一些 FTAAP 所应涵盖的议题列为“下一代贸易和投资问题”。

（二）贸易便利化

1989 年 APEC 成立时所设定的重要合作领域之一便是致力于促进贸易自由化和便利化。APEC 作为一个消除贸易壁垒的有效平台，其作用是十分重要的。APEC 各成员经济体的平均实施关税从 1989 年的 16.9%下降到 2011 年的 5.7%便是最好的证明。

通过与私营部门加强合作并建立伙伴关系，APEC 的合作效率大大提高。在通过公私合作以实现 APEC 目标方面，“上海示范港口项目”（the Shanghai Model Port Project, SMPP）便是一个非常好的例子。SMPP 于 2001 年由中国海关设立，同时还与美国海关、ABAC 以及在该领域具有重要利益的企业联盟进行了通力合作。该项目的目标在于加强能力建设，促进通信技术的使用，推动港口基础设施建设，使上海成为一个可以作为示范榜样的海关接入点。该项目实施后，显著地降低了上海港的通关时间，也在提高安全性的同时节约了商业成本。

2001 年，APEC 领导人呼吁到 2006 年底前实现削减本地区贸易交易成本 5%的目标。为此，APEC 启动实施了第一期的“贸易便利化行动计划”（First Trade Facilitation Action Plan, TFAP I），并设定了具体的、与成果挂钩的行动目标。ABAC 与 APEC 的官员们共同参与了该行动计划的制定过程。该行动计划涵盖了四个优先合作领域：海关手续、标准一致化、商务人员移动以及电子商务。ABAC 鼓励通过公私伙伴关系来促进贸易便利化与能力建设。截至 2006 年，TFAP I 共发起了超过 1400 项促进贸易便利化的行动，其中，62%已经完成。在 2006 年的 APEC 领导人非正式会议上，正式宣布已经实现了削减 5%交易成本的目标。为了响应 ABAC 的建议，APEC 领导人继成功施行 TFAPI 后又在 2005 年制定了《釜山工商议程》，旨在进一步削减 5%的交易成本。《釜山工商议程》是 APEC 的第二期“贸易便利化行动计划”（TFAP II）。在 TFAP II 的制定与实施过程中，ABAC 发挥了重要的作用。《釜山工商议程》还呼吁关注知识产权、贸易便利化、反腐败、投资以及安全交易等议题。此外，ABAC 还制定了绩效指标用于评估施行 TFAP II 后所带来的商业收益。2010 年，APEC 各成员经济体宣布在整个 APEC 区域内完成了 TFAP II 进一步削减 5%交易成本的目标，总计节省了约 587 亿美元的交易费用。

2010 年，APEC 将针对贸易便利化的工作拓展到了相关的交通、通信和监管等“边境后”领域，并制定了“供应链互联互通框架”（the Supply Chain Connectivity Framework, SCCF），旨在解决阻碍货物、服务和商务旅行等自由流动的八个关键障碍。SCCF 的具体目标是以时间、成本和不确定性为衡量指标，在 2015 年以前提高本地区供应链绩效 10%。美国 ABAC 代表在 SCCF 的制定过程中起到了重要的作用，尤其是在致力于使供应链相关政策与建议成为优先事项、明确具体的能力建设倡议以及呼吁建立 APEC 供应链互联互通联盟（A2C2）等方面作出了贡献。这个联盟（即 A2C2）将成为 APEC 与各成员经济体制定和实施与供应链互联互通全面能力建设相关政策的公私合作论坛。

（三）粮食安全

另一个私营部门长期参与的领域便是通过公私合作寻求在亚太地区实现粮食安全。1995 年，APEC 领导人注意到，潜在的粮食短缺问题将限制区域经济的增长。因此他们认为有必要将粮食与农业部门纳入茂物目标。领导人们呼吁采取“联合行动”促进粮食安全。为了响应该呼吁，私营部门委托地区智库、商业团体以及学术机构等进行了相关问题的研究，并于 1999 年向 APEC 领导人们提交了一份详细的提案，提出建立“APEC 粮食系统”。APEC 领导人们采纳了该建议，并呼吁在其后的两年间积极实施其具体建议。虽然

"APEC 粮食系统"的目标至今仍未完全实现，但 APEC 仍然坚持该建议最初的目标，即提高粮食生产的有效性、促进粮食贸易、提升 APEC 成员经济体的经济效益。并且，该建议也为 APEC 制定完善的粮食安全议程打下了坚实的基础。

全球粮食价格在 2008 年达到了顶峰，进而引发了粮食产业的不稳定，也使 APEC 再次重视并开始讨论粮食安全的重要性。2009 年，美国 ABAC 代表提出"粮食安全战略框架"，呼吁通过建立私营部门和研究机构高效参与的机制，保证必要的政策和技术合作以构建综合的粮食系统。

在私营部门的积极推动下，APEC 粮食部长在 2001 年宣布为了实现粮食安全的目标，同各利益相关者进行咨询是至关重要的。部长们同时还指示高官们同私营部门进行更具实质性的合作。据此，APEC 高官们协商建立了"粮食安全政策伙伴关系"（Policy Partnership on Food Security, PPFS）。PPFS 的长期目标是在 2020 年之前完成"亚太粮食系统"的构建，进而保障 APEC 各成员经济体的粮食安全。如今，PPFS 已经成为私营部门参与 APEC 粮食安全工作的主要途径。

（四）能源

另一个美国私营部门在 APEC 框架内重点参与的领域即为能源合作——早期主要是基于"APEC 能源商业网络"的合作，其后则主要是通过 ABAC，致力于积极参与 APEC 能源工作组的合作，重点关注在亚太地区制定并实施适当的能源政策。2008 年，由 NCAPEC 和美国 ABAC 代表合作发布的"能源安全战略框架"将此前的工作推向了新的高度，为 APEC 制定多年期倡议以促进区域内能源安全提供了最基本的原则。该报告包含了四个主要领域：扩大化和多样化能源供应；促进能源节约、提高能源效率、管理能源需求；提高能源市场效率；鼓励使用清洁能源与技术创新。2011 年，该报告进行了更新，反映了更多能源领域的创新和发展。

2011 年，APEC 美国接待委员会的私营部门代表在旧金山组织了一次 APEC 能源安全会议，会议于 APEC 交通和能源部长会议期间举行。会议的主题是"APEC 可持续能源合作解决方案"，共持续了半天。与会人员包括了各经济体能源部长、私营部门领袖以及学术专家等。本次会议的政策建议提交给其后的 CEO 峰会，并在其中一个小组会议上专门进行了关于能源的对话。2012 年，美国私营部门还参与了 ABAC 俄罗斯组织的 APEC 能源部长会议圆桌会议。在巴厘岛举行的 CEO 峰会上，美国私营部门组织了以能源为主题的晚餐会，邀请工商界 CEO 们和政府官员共同参与讨论了本地区面临的能源挑战以及如何更好地实现能源安全。

（五）健康与生命科学

由于充分意识到只有健康的人才能发展健康的经济，并且生命科学创新对增长和社会经济的发展也是至关重要的，来自产业的利益相关者致力于与政府官员和专家展开合作，通过 APEC 发展创新性的伙伴关系，关注健康及与生命科学相关的问题。自 2008 年起，由本地区的卫生官员组成的 APEC 健康工作组便开始实施与健康相关的合作行动，致力于解决威胁各成员经济体发展的健康问题以及区域内的贸易与安全问题。相关工作与 APEC 生命科学创新论坛（the APEC Life Sciences Innovation Forum, LSIF）的设立也相辅相成。LSIF 设立于 2002 年，具有独特的三重结构，能够将私营部门领袖、政府官员和专家学者聚集起来，同时由各方任命一名主席协调内部工作。LSIF 主导的项目主要关注以下几个领域：以病患为导向的高效产品提供，提升人口寿命、健康、生产率和商业潜力的服务等。

APEC 的健康相关议程已将私营部门的专业性知识纳入其中，例如关于治疗费用高昂的非传染性疾病和与卫生保健相关的传染病的相关行动计划，改善医疗产品监管环境的培训研讨会，防止假冒药品进入国际供应链的措施等。美国 ABAC 代表最近参与 LSIF 的工作将有助于传递来自工商界的信息，从而更好地理解可持续经济增长中健康的重要作用，鼓励 APEC 成员经济体投资建立强有力的卫生保健系统，寻求应对区域内健康挑战的创新性解决方案。

（六）反腐败

腐败会导致商业活动成本上升，从而阻碍长期的经济增长。因此，多年以来，反腐败都在 APEC 的议程中占据了十分重要的地位。在这一领域的工作充分证明了，产业界（包括美国 NCAPEC 董事会成员和美国 ABAC 代表们）可以通过与政府部门的紧密合作创造出有益并且可长期持续的成果。2011 年，即美国 APEC 年期间，APEC 在该领域的工作取得了长足的进展，提出了开创性的“APEC 中小企业商业道德”倡议，该倡议获得了 16 个成员经济体的支持及充足的资金保障。同年，由私营部门代表、相关政府官员和专家共同组成的专家组分别在吉隆坡、墨西哥城和河内进行会面，制定了《中小企业道德准则》，适用于医疗设备、生物医药以及建筑/工程等部门。该道德准则获得了 APEC 部长们全体一致的通过，并在年底赢得了 ABAC 的支持，从而为其后多年的成功实施打下了坚实的基础，在产、官、学三界的利益相关者间建立起了广泛的共识。

（七）基础设施建设投资

过去的几年间，美国 ABAC 代表同专家、政府官员及 APEC 成员经济体内部的其他同人通力合作，努力促进本区域内的政府机构更好地理解基础设施建设领域的投资者需求，重视吸引外国直接投资的政策制定和实施。

2011 年，美国私营部门对于通过 APEC 加强公私部门关于基础设施建设投资的对话非常感兴趣，希望在 APEC 既有的工作组中创建伙伴关系。美国私营部门同意在 ABAC 会议上提交一份报告，以便企业界可以利用更有效的方式在 APEC 会议上阐述自己的观点。

这份题为“投资为发展：利用外国直接投资促进基础设施建设发展与经济增长”的报告，为消除吸引 FDI 的政策壁垒提供了实务指导，同时强调了基础设施建设投资的重要性，也呈现了促进亚太地区 FDI 流动的国际法律体制的整体概况。报告的结尾向 APEC 提出了实质性的建议，如完成一系列由 APEC 投资专家组制定的投资便利化行动计划中包含的建议行动，从而提高经济体对 FDI 的吸引力。美国 ABAC 代表大力地推介了该报告，并在 2011 年底的夏威夷 APEC CEO 峰会上组织了一次专题研讨会，ABAC 代表们和来自秘鲁、菲律宾的财政部长共同出席了此次研讨会。

其后的几年间，上述报告提出的政策建议被相关政府官员广泛分享。为了创造一个扩大对话的机会，2012 年，ABAC 在胡志明市组织了一次投资会议，会上美国 ABAC 代表同当地的投资官员与专家讨论了上述报告的具体内容及其主题。除此之外，美国 ABAC 代表还同 APEC 投资专家组进行合作，在新加坡会议期间组织了一次公私部门对话，促进双方就如何吸引外国直接投资进行了意见交换。

2013 年，上述报告在 ABAC 内部形成了新的倡议，通过与专家的合作，美国 ABAC 代表提交了“基础设施投资利因清单”。制定利因清单的初衷是为政府提供一个自我评估的工具，促使政府部门更好地理解私营部门在资本密集的基础设施建设领域的需求，以作出更好的项目决策。为了更好地说明利因清单的相关政策和建议，美国 ABAC 代表还完成了一份附带报告《吸引与利用外国直接投资、促进安全持久的经济增长》。报告包含绪论和正文两部分，绪论由菲律宾财政部长 Cesar Purisima 执笔，正文则由亚太地区基础设施建设领域的专家撰写，为利因清单中的政策建议提供相关的背景支撑。在 APEC 巴厘岛 CEO 峰会上，ABAC 代表、APEC 高级官员和部分部长级与会者共同出席了该报告和利因清单的发布活动。为了持续推进本项工作，美国 ABAC 代表还鼓励 APEC 各成员经济体开展利因清单的自我评估进程。

（八）APEC 数据隐私框架和互联网经济

互联网的发展改变了国际贸易开展的方式，跨境数据流动的能力便是其中至关重要的一部分，同时也是企业日常经营活动不可缺少的一部分。现实中，如果不具备跨境数据传递的能力，企业便无法开展商业活动或是参与国际贸易。如果采取统一协调的手段促进跨境数据流动，消费者、企业和政府便都能从中获益。

2004 年，APEC 领导人支持实施《APEC 私密性保护框架》，明确了有效的隐私保护、移除阻碍信息流动的壁垒以及保障 APEC 区域内持续的贸易活动和经济增长的重要性。《APEC 私密性保护框架》提倡在 APEC 各成员经济体间采用灵活的信息隐私保护方式，同时避免形成不必要的、阻碍信息流动的壁垒。2007 年，APEC 部长们又支持实施了“数据私密性保护探路者计划”。

2011 年，区域内公私部门的官员同专家们一道，制定了“数据私密性保护探路者计划”的具体方案，即“APEC 跨境私密性保护规则”（CBPR）系统。CBPR 系统的目标在于满足商业需求，降低私密性保护成本，为企业提供有效的补救措施，促进监管者高效工作，同时最小化监管负担。同年，该系统获得 APEC 领导人们的认可。

2013 年，美国 ABAC 代表还组织了两次圆桌会议，讨论跨境数据流动相关的商业活动，从而对 APEC 各成员经济体在跨境私密性保护领域的工作进行补充。这两次圆桌会议重点关注了私营部门如何利用数据流动、数据流动的安全性与私密性以及来自新立法的挑战等问题。美国 ABAC 代表将继续支持发展数据私密性保护的方法，推动制定促进数据流动同时确保数据私密性与安全性的本地化条例。

（九）金融服务

金融是经济系统的生命线，强健的地区金融体系对支持 APEC 地区长期可持续的增长也是至关重要的。在本地区实现区域金融一体化是非常有必要的，这不仅仅是为了实现亚太地区金融市场的规模经济，使其更具深度与流动性，更是为了保障市场参与者能够更有效率、更具创新性、更有竞争力，同时也有助于加强金融包容性。

2012 年，美国 ABAC 代表提出设立亚太金融论坛（an Asia-Pacific Financial Forum, APFF），通过构建区域性的平台促进公私部门合作，加速亚太地区金融一体化的发展。APEC 在 2013 年的财政部长会议上鼓励了关于 APFF 的倡议。

APFF 的目标在于促进共同协作、明确应对差距、加强能力建设以及加速区域合作进程，从而实现区域金融市场发展的连贯性与一致性。APFF 的议程相对有限，倡议构建一个为期 2～3 年的、涵盖具体成果的框架。总体而言，APFF 涉及的事项具备充分的灵活性，因此能够及时反映经济的增长现状。其主要工作范围包括：

1. 保险与退休收入；
2. 贸易与供应链金融；
3. 借贷基础设施（会计报告和担保交易改革）；
4. 资本市场（回购、场外衍生品结算、投资者信息和监管互认）；

5. 金融市场基础设施建设和跨境实例。

除此之外，APFF 还借助监管机构和专家对结构性问题进行检验。

通过 APFF，公私部门可以就优先政策事项进行合作，从而使市场参与者能够更有效地从事商业活动，支持区域金融市场的一体化发展，同时完善正在进行的区域性乃至国际性的倡议，并实现较好的整合。

二、美国工商界参与 APEC 合作的其他途径及成果

（一）APEC 政策伙伴关系

2011 年，APEC 设立了新的公私部门对话平台。APEC 妇女与经济政策伙伴关系便是其中的一项，该伙伴关系为官员、专家和非政府机构创造了进行高规格对话的机会。目前，APEC 框架内除了每年仍在举行的妇女与经济政策伙伴关系之外，还设立了粮食安全政策伙伴关系（PPFS）、环境产品和服务政策伙伴关系（PPEGS）以及科学、技术与创新政策伙伴关系（PPSTI）。ABAC 在这些政策伙伴关系中起到重要作用，有力地促进了各个成员经济体私营部门的有效参与。

（二）与各领域部长级官员加强互动

APEC 部长级会议为工商界直接与高级别 APEC 官员接触、交流信息提供了重要的机会。最近几年，适逢部长级会议召开期间，美国 ABAC 代表都会组织一些活动，使工商界领导人能够与政府官员展开有效的沟通。同时，也会组织贸易部长、能源部长、财政部长、中小企业部长、卫生部长、妇女与经济部长、交通部长、粮食安全部长以及通讯与矿业部长在会议期间同私营部门代表进行对话，并且对话的形式是多种多样的，如非正式的圆桌讨论，或者是更正式一些的论坛形式等。

若干以工商利益为主要关注点的活动也会邀请次部长级机构中的官员参与其中，如 APEC 工作组等。在这方面比较好的例子便是 2013 年印度尼西亚担任轮值主席国时组织的一系列活动，包括一次互联互通圆桌会议和一次服务业圆桌会议。其中，互联互通圆桌会议为工商界提供了一个影响 APEC 互联互通议程的重要机会，该议程致力于促进本地区的基础设施建设发展、机

制合作以及人员交流。会议邀请了工商界人士与 APEC 高级官员直接对话并分享观点。服务业圆桌会议则是在 2013 年印尼泗水 APEC 贸易部长会议期间举行的。应 ABAC 的要求，会议为工商界代表呼吁关注服务业跨境贸易自由化和便利化提供了一个重要的机会。得益于圆桌会议的成果，美国 ABAC 代表进一步推动了服务业相关工作的进展，有助于消除私营部门在该领域面临的主要壁垒。

为了延续此项传统，促进私营部门的大力参与，今年担任轮值主席国的中国采取了一系列具体的措施，包括组织工商界在贸易部长会议和矿业、能源及其他部长级活动上同政府官员进行对话。今年余下的时间里，还有若干公私部门对话正在筹备当中。

（三）积极参与 APEC CEO 峰会

除了前述促进私营部门参与的倡议之外，APEC 每年还会在领导人非正式会议期间召开 CEO 峰会，使得私营部门能够运用更灵活的方式来与 APEC 领导人进行互动。APEC 领导人可以通过峰会对话工商界领导人以及媒体，其间，还可以借助一些小型的、非正式的形式与 CEO 们展开各式各样的讨论。如今，CEO 峰会俨然已经成为"亚太地区的董事会"，并且 APEC 领导人的积极参与也使其在全球众多商业聚会中更加独树一帜。

今天，CEO 峰会已经成为私营部门参与 APEC 最重要的一种形式，不仅有全球最资深的工商界代表、思想领袖的积极参与，峰会分享的重要信息和建议也在国际媒体间广泛传播。通过确定主题、演讲者和会议议题，峰会主办者还可以强调本年度的主要成就或是优先事项。此外，尤其重要的是，CEO 峰会努力提供高质量的讨论机会，从而使全世界的 CEO 们始终将该峰会列入其日程当中。具体而言，高质量的峰会系列会议、思维敏锐且准备充分的会议主席和演讲者、APEC 领导人同亚太地区 CEO 们动态互动的机会、积极参与的赞助商广泛受益，这一系列要素都有助于 CEO 峰会保持自身特质，吸引更多级别较高的工商业和领导人参与其中。

三、工商界参与未来 APEC 合作的政策建议

1993 年的 APEC 领导人非正式会议正确地预见到了工商界将成为 APEC 合作的支柱。商业运作成功的核心在于贸易问题，如海关协调、监管标准与一致性、交通及基础设施建设发展、商务人员移动等。而私营部门的参与对于 APEC 在这些领域取得成功无疑是至关重要的。因此，工商界应当继续深化同 APEC 官员、各专业工作组的交流，为政策改革提供建议和咨询，从而促进创新、扩大贸易，使整个 APEC 地区共享贸易和投资的利益。私营部门也必须继续强调既存的贸易壁垒，呼吁采取切实的措施促进本地区的可持续增长。此外，私营部门关于经济走势的长期愿景对政府也是十分有益的，它能够促使政府重点关注未来几年可能出现的增长瓶颈，从而避免其最终演变成现实问题。为了巩固私营部门、APEC 领导人、部长和各级别官员间的合作，应该做到以下几点：

- 确保 APEC 各项活动仔细考虑 ABAC 的观点和建议；
- 持续创造领导人和部长们同工商界领导人进行会晤的机会，在 APEC 主要的活动和会议上开展具有实质性意义的讨论；
- 在 CEO 峰会品牌的基础上，确保高质量的项目和成果，吸引本地区顶级的 CEO、企业以及 APEC 领导人参与其中。

2014 年，中国担任 APEC 轮值主席国。迄今为止，中国已经有效地推动了私营部门参与整个 APEC 进程的合作。对此，NCAPEC 表示衷心的祝贺，我们也期待未来该进程能够取得更大的发展。

作者简介：

莫妮卡·哈蒂·惠莉于 2009 年 1 月被任命为美国 APEC 国家中心（NCAPEC）的主席。1994 年 NCAPEC 成立伊始，她即担任副理事长（Deputy Director）；从 2002 年 11 月份起，开始担任执行理事长一职（Executive Director）。惠莉女士全面负责 NCAPEC 的工作，包括政策制定、员工管理、会员管理、筹集资金以及财务管理。她还是 NCAPEC 的公共发言人和全权代

表。

加入 NCAPEC 之前，惠莉女士是华盛顿州国际贸易理事会（WCIT）的临时主席和项目主管。在华盛顿州这个美国最为依赖国际贸易的一个州里面，WCIT 是最重要的贸易政策组织，并在 1993 年美国主办 APEC 系列年会中担任重要的协调角色。

惠莉女士毕业于圣克拉拉大学，在取得了政治学和法语学士学位之后，赴法国巴黎政治学院深造。

惠莉女士还是美国—亚太经合组织工商联盟（U.S.-APEC Business Coalition）的主席，太平洋地区国际政策理事会以及华盛顿州社区发展圆桌会议的成员。她还在西雅图世界事务理事会以及大西雅图地区贸易发展联盟的咨询委员会中任职。惠莉女士还热衷参与当地支持儿童慈善事业、学校教育和社区团体建设等各种组织的活动。

（李文韬　译）

中国私营部门参与 APEC 合作研究
——来自国际同行的观点

托尼·诺威尔[1]

我非常荣幸能够应 ABAC 中国友人之邀，针对私营部门在 APEC 中的作用发表一些个人的观点。

APEC 是一个具有远见卓识的创造。任何一个经济体都无法单独实现亚太地区的经济繁荣与人民共同富裕。因此，区域内的所有经济体应当联合起来，为了共同的利益而努力奋斗。这也是 APEC 核心的理念，即通过为亚太各经济体提供一个合作框架，使我们能够分享观点、资源及专业性知识，从而实现更进一步的区域经济一体化。自 1989 年创立伊始，APEC 便以此为其愿景。

现阶段，APEC 意味着一系列庞杂的政府间合作议程，而中国则是本年度的 APEC 轮值主席国。对于任何一个 APEC 成员经济体而言，承担这一责任都不是一件轻而易举的事。今年，APEC 致力于摆脱金融危机的影响，推动亚太地区的可持续发展与繁荣进入新的阶段，而中国将为此提供更多新的能量与热情。大部分的 APEC 议程都是与工商活动直接相关的。因此，尽管 APEC 不是一个谈判机制，但大量的 APEC 合作项目都致力于寻找降低商业成本、提升开展商业活动的便利性和有效性的可行办法。此外，APEC 还能起到孵化器的作用，为成员经济体制定政策、参与诸如 TPP 或是 RCEP 之类

① 托尼·诺威尔（Tony Nowell），ABAC 区域经济一体化工作组主席，ABAC 新西兰代表。

的谈判提供良好的政策建议。同时，APEC 始终坚持茂物目标，致力于在亚太地区实现自由开放的贸易和投资。迄今为止，APEC 已经举行了一系列领导人非正式会议以促进亚太自贸区（FTAAP）的建立。

对 ABAC 而言，将 APEC 大量合作倡议同工商界最富有成果的研究领域联系起来始终是其关注的焦点。ABAC 是一个具有独特形式的组织，尽管来自工商界，却能同 APEC 领导人进行直接的沟通联系。这赋予了 ABAC 对 APEC 政策进程施加重要影响的权利与能力。对于该项责任，ABAC 始终严肃对待，借由每年召开的四次会议形成自身的反馈，并向领导人提出相应的建议。今年 ABAC 的工作由宁高宁先生和来自 ABAC 中国的同人主导展开。宁高宁先生十分清楚，我们需要来自工商界宝贵的建议，重视贸易和投资对各成员经济体的重要作用。能够受邀承办 2014 年第一次 ABAC 会议，新西兰方面感到非常荣幸。本次会议为新一年的工作开了一个好头，其后在圣地亚哥举行的第二次会议同样也是硕果累累。ABAC 提交领导人的建议也已经在西雅图举行的 ABAC 第三次会议上最终确定，将于 11 月份在北京召开的 ABAC 同习近平主席及其他领导人一年一度的对话中提交。

多年来，参与 ABAC 的经历让我深深地体会到：当 ABAC 代表们协同一致，努力提供他们深思熟虑、精心研究后的建议时，他们便能产生重要的影响。有三个例子可以用来佐证我的观点，APEC 商务旅行卡（ABTC）便是其中之一。现今，成千上万的商务人士都持有 ABTC。由此，他们便可以享受到免签的优势，也能够更加便利地进入到更多的经济体中。第二个例子就是 FTAAP。2004 年，ABAC 首次提出 FTAAP 的概念，并于两年后为 APEC 所采纳。ABAC 始终坚持推进 FTAAP 的发展，并在之后每一年提交给领导人的报告中都有所体现。令人欣喜的是，今年在中国担任轮值主席国后，对 FTAAP 的关注更甚从前了。最后一个例子是一个比较新的例子。为了提高供应链互联互通，加快货物流通速度，增强货物流动安全性，ABAC 提出使用全球数据标准。这些标准将有助于协调产品数据的收集与存储，对海关和寻求追踪本公司产品在本国以外地区流动的公司而言，全球数据标准也有助于其作出及时的跟踪与评估。ABAC 相信，全球数据标准的采用将显著地降低交易成本，尤其是与单一窗口倡议相关交易的成本。同时，在产品召回的实例中，全球数据标准也被证明是十分有效的。

全球数据标准符合当今商业开展模式的要求，而这亦是 ABAC 使命中重要的一部分，即促使 APEC 对商业活动的现状有充分的认识，并努力使 APEC 的倡议和项目具有商业意义。就我长期服务的食品工业而言，这一点具有独特意义，即使是对整个工商界以及或大或小的各个企业来说，同样也是如此。

如果工商界的思想和私营部门的力量能够在某些优先议题中发挥重要影响，对于整个 APEC 地区将大有裨益，尤其是我重点关注的粮食安全领域。粮食安全对中国和许多其他的经济体来说，都是主要的政策领域。新西兰作为粮食出口大国，我们更关心如何在整个地区承担起粮食供应的责任，而不仅仅是保障本国人民的粮食需求。当粮食供应与需求相互匹配、产品能在区域内自由流通的时候，粮食安全便能得到保障。此前，ABAC 推动“APEC 粮食系统”理念的传播，希望通过相互依存的方式来满足本地区未来的粮食需求。最近，ABAC 还帮助设立了 APEC 粮食安全政策伙伴关系（PPFS），借此收集来自公共和私营部门的建议与资源，以达到在 2020 年之前实现粮食安全的目标。除此之外，在 APEC 内部还有许多其他产业对话的例子。这些对话为构建良好的公私伙伴关系提供了具有实际意义的平台，因此起到了良好的效果。正如我们所看到的，没有一个单独的经济体可以为所有问题给出答案，也没有一个政府能够在缺少私营部门和利益相关者帮助的前提条件下解决所有复杂的经济和社会问题。

伙伴关系的理念，尤其是政府间、公私部门间的伙伴关系，是 APEC 经验的核心。而这也是能够推动整个地区发展的重要价值所在。2014 年，中国应当在这一领域中继续发挥重要的作用。今年，中国的目标是重视区域经济可持续增长的重要性——“推进区域经济一体化，促进创新发展、经济改革和经济增长”以及“增强全面互联互通，促进基础设施建设发展”。我个人的希望是，APEC 今年可以在中国的领导下推动实现茂物目标的进程，以实现自由开放的贸易和投资，同时采取具体措施促进 FTAAP 的发展。具体来看，中国能够通过推动一系列重要的议程，促进本地区的金融状况、粮食安全、能源安全、中小微型企业的贡献、妇女赋权以及基础设施建设等领域的发展。所有这些都是重要的基础性策略，也是区域经济一体化实现的必要前提。

对 ABAC 而言，展示其重要的领导力，引导其他公司和商业机构融入 APEC 合作进程是十分重要的。这也是为什么我们欢迎设立 APEC 中国工商理事会，将中国更广泛的商业利益同 APEC 联系起来。我们很高兴，中国派出一个高规格的代表团出席了 2 月份在奥克兰举行的本年度 ABAC 第一次会议。同时，我们也期待在 7 月份的西雅图 ABAC 第三次会议以及 11 月份的北京 APEC CEO 峰会上能有更进一步的参与。APEC 和 ABAC 均致力于在政策领域加强合作，在这当中，工商界的参与极具意义，而 ABAC 也扮演着一个重要的角色。

中国的企业可以通过多种多样的方式参与其中。首先，通过 ABAC 的平台，影响设立若干有益于企业成长的优先议题。对 ABAC 和 APEC 来说，能够更明确应该采取何种措施以满足企业的需求是非常有必要的。因此，中国工商界应当围绕普遍关心的重大问题设立某种议程。其次，中国工商界应当抓住机会将该议程提交相关的政府官员、部长以及领导人。ABAC 可以在中国组织合适的聚会，但中国工商界应当更积极地参与区域内的商业活动。我十分期待今年的 CEO 峰会可以呈现一个重大的转变，因为 CEO 峰会将会提供一个同 APEC 官员进行接触的重要机会，有助于本地区未来的发展。今年还会有其他若干机会，在未来的几年中，相似的机会也会不断出现，而这都需要来自中国工商界大力的支持。最后，ABAC 应当建立起同区域内其他同类型的组织稳固的联系，如美国的 NCAPEC、新西兰国际商业论坛等。这样的联盟对于设立商业发展导向的政策议程十分重要，在接下来的几年中，该政策议程将逐渐成形。

我在本篇文章的开头便提到了 APEC 愿景的重要性。人们通常说：没有计划的愿景不过是白日做梦而已。ABAC 的作用便在于帮助制定能够实现 APEC 愿景的具体计划。据此，整个地区未来的经济增长才能够实现。因此，作为今年 APEC 的轮值主席国，中国及其工商界也应当帮助推动这个重要的议程向前发展。

作者简介：

托尼·诺威尔是世界领先的新西兰奇异果行销公司佳沛国际的原首席执行官，并在 2000 年至 2006 年担任达能集团格里芬食品（Griffin’s Foods）的总经理。在此之前，诺威尔先生在亚洲生活过 13 年，其间在印尼、印度和中国的合资企业工作过，担任过欧莱雅、莎莉集团等多家跨国公司的综合管理职位，负责巴基斯坦、日本、印度尼西亚等 11 个亚洲经济体的市场。

2008 年，他成立 Valadenz 有限公司和 Collaborenz 有限公司，前者致力于促进新西兰中小企业出口和贸易的发展，后者致力于为寻找投资机会的新西兰中型餐饮企业提供更多机会。

诺威尔先生目前是新西兰森林研究机构 Scion 的主席和惠灵顿驱动技术公司（一家上市高科技公司）的总裁，同时也是新西兰食品创新委员会、新澳食品标准委员会、新西兰出口咨询委员会的委员。他曾担任过新西兰食品和杂货委员会、新西兰政府餐饮业特别小组、东盟—新西兰商务委员会、新西兰包装理事会的主席以及新西兰国际贸易论坛的副主席。

（李文韬　译）

附　录

附录一：

发挥亚太引领作用，维护和发展开放型世界经济

——在亚太经合组织领导人会议第一阶段会议上关于全球经济形势和多边贸易体制的发言①

（2013年10月7日）

中华人民共和国主席　习近平

尊敬的苏西洛总统，各位同事：

很高兴能在美丽的巴厘岛同大家共商世界经济大计，共谋亚太合作未来。首先，我谨对苏西洛总统和印尼政府为本次会议所作的周到安排表示衷心的感谢！

当前，世界经济形势总体朝好的方向发展，但不稳定不确定因素依然突出。国际金融危机深层次影响仍未消除，跨境金融风险不可忽视。主要发达经济体结构性问题远未解决，加强宏观经济政策协调必要性突出。一些亚太新兴市场经济体面临的外部风险和压力增大，金融市场波动，经济增速放缓。世界贸易组织多哈回合谈判进展缓慢，贸易和投资保护主义有新的发展。实现世界经济全面复苏和健康成长仍然面临严峻挑战。

亚太经合组织承载着推动本地区和全球发展的重要使命，面对上述挑战，应该展示勇气和决心，发挥引领和协调作用，维护和发展开放型世界经济，

① 摘自《人民日报》，2013年10月8日，星期二，第2版，总第23831期。

推动亚太地区继续在世界经济复苏方面发挥引擎作用。

第一，加强宏观经济政策协调，携手推动亚太共同发展。经济全球化背景下各经济体一荣俱荣、一损俱损，应该争取通过宏观经济政策协调，放大正面联动效应，防止和减少负面外溢效应。我们要秉持开放包容、合作共赢精神，不能互相踩脚，甚至互相抵消。主要储备货币发行经济体要实施负责任的宏观经济政策，对有关政策特别是货币政策调整尤其需要慎重，不管是进入还是退出，都要考虑对本地区的影响，加强同其他经济体的沟通和协调。

亚太经合组织也应该发挥同样作用，推动形成亚太地区政策协调、增长联动、利益融合的开放发展格局。

第二，客观判断形势，沉着应对挑战，全力维护亚太经济金融稳定。当前，世界经济变动对亚太金融市场、资金流动、汇率稳定带来挑战，增加了本地区经济金融风险。我们要注意防范风险叠加造成亚太经济金融大动荡，以社会政策托底经济政策，防止经济金融风险演化为政治社会问题。

同时要看到，亚太地区谋和平、求稳定、促发展的共同愿望没有改变，亚太地区在世界政治经济版图中的地位和作用上升的历史趋势没有改变，亚太地区经济持续快速增长的动力和潜力没有改变。亚太经济体已经从过去的经历中吸取了教训，抵御风险能力显著增强。我们有理由对亚太发展前景保持信心。

第三，着眼长远，推动各成员深化经济结构调整，为亚太持久发展注入更大动力。人无远虑，必有近忧。在解决当前问题的同时，更要谋划长远。长远发展的关键，在于改革创新。要转变经济发展方式，调整经济结构，推进改革创新，释放内需潜力、创新动力、市场活力，为经济持续健康发展提供内生动力。改革之路从无坦途，无论发达成员还是发展中成员，都要做好为改革付出必要成本的准备。惟其艰难，才更显勇毅；惟其笃行，才弥足珍贵。

亚太各经济体应该加快自身经济结构调整，加深产业链和价值链融合，推动亚太地区在全球率先形成新的增长产业群，继续担负起世界经济引擎的重要责任。

各位同事！

两个月后举行的世界贸易组织第九届部长级会议，将对多哈回合谈判命运、多边贸易体制前途产生重要影响。与此同时，区域贸易安排呈现并进格局，规则标准各异、路径选择不同。对此，我愿意提出以下主张。

一是形成合力，共同推动亚太经济一体化进程。中方对任何有利于亚太区域融合的机制安排都持开放态度。同时认为，有关安排应该建立合作而非对立的关系，倡导开放而非封闭的理念，寻求共赢而非零和的结果，实现一体化而非碎片化的目标。要相互借鉴、相互促进，形成彼此融合、互为补充的局面。

亚太经合组织成员应该秉持开放、包容、透明原则，体现灵活性，建立并尽早启动自由贸易区信息交流机制，发挥亚太经合组织引领和协调作用，推动有关区域贸易安排向亚太经合组织领导人汇报谈判进展及落实情况，加强沟通交流，为最终实现亚太自由贸易区创造有利条件。

二是致力于开放式发展，坚决反对贸易保护主义。各成员经济，开放则共进，封闭则自困。今年会议回归茂物目标诞生地，具有特殊意义。我们要秉持茂物目标精神，坚持开放的区域主义，不能“各家自扫门前雪，莫管他人瓦上霜”。发达成员要在扩大市场开放上作好表率，更加重视经济技术合作，帮助发展中成员提升竞争力。

三是坚定信心，为多边贸易体制注入新的活力。亚太经合组织曾经为结束乌拉圭回合谈判发挥过重要作用，更是多哈回合的坚定支持者。历史又来到了同样的时刻，我们应该勇于担当，为推动多哈回合谈判发出强有力政治信号，给予贸易部长们更多政治指导和灵活性，力促各方达成早期收获，坚定全面完成多哈回合的决心，并确定具体路线图。

各位同事！

亚太经合组织正在进入新的发展时期。站在历史新起点上，让我们携起手来，秉持开放包容、合作共赢的思想，推动亚太经合组织发挥更大作用！

谢谢大家。

附录二：

深化改革开放 共创美好亚太
——在亚太经合组织工商领导人峰会上的演讲[①]

（2013年10月7日）

中华人民共和国主席 习近平

尊敬的瓦尔达纳主席，女士们，先生们，朋友们：

今天，这里高朋满座、群英荟萃。有机会同亚太工商界的朋友们相聚在美丽的天堂之岛，我感到十分高兴。

这里不仅是举世闻名的旅游胜地，也是巴厘进程、巴厘路线图等的诞生地。这次亚太经合组织领导人非正式会议在巴厘岛举行，承载着亚太和世界的期待。

当前，世界经济复苏艰难曲折，亚太经济保持了良好发展势头，同时也面临着新的挑战。人们期待这次会议能为本地区乃至全球经济增长注入新的活力。

女士们、先生们、朋友们！

世界经济仍然处于深度调整期，既有复苏迹象，也面临基础不稳、动力不足、速度不均的问题。主要发达经济体的结构性问题远未解决，加强宏观经济政策协调的必要性突出。新兴市场经济体增速放缓，外部风险和挑战增加。世界贸易组织多哈回合谈判举步维艰，贸易和投资保护主义有新的表现。实现世界经济全面复苏和健康成长，将是一个长期而曲折的过程。

面对世界经济形势带来的新挑战，无论是发达经济体还是发展中经济体，都在努力寻求新的增长动力。

增长动力从哪里来？我的看法是，只能从改革中来，从调整中来，从创新中来。亚太一直是世界经济增长的重要引擎，在世界经济复苏缺乏动力的

① 摘自《人民日报》，2013年10月8日，星期二，第3版，总第23831期。

背景下，亚太经济体应该拿出敢为天下先的勇气，推动建立发展创新、增长联动、利益融合的开放型经济发展方式。只有这样，才能做到“山重水复疑无路，柳暗花明又一村”，使亚太经济在世界经济复苏中发挥引领作用。

中国正在进行着这样的努力。上半年，中国经济同比增长 7.6%，较之以往 8%以上的增速确实有所放缓。一些朋友对中国经济前景有些担心，有的人提出了一些问题：中国经济会不会“硬着陆”？中国经济能不能持续健康发展？中国将如何应对？中国经济形势会给亚太带来什么影响？对此，我愿谈几点看法。

首先，我要强调的是，综合分析各方面情况，我对中国经济发展前景充满信心。

第一，信心来自于中国经济增速处在合理区间和预期目标内。中国经济增速从以前的两位数增长到 2011 年的 9.3%和 2012 年的 7.8%，再到今年上半年的 7.6%，总体上实现了平稳过渡。7.6%的增长，在世界主要经济体中名列前茅。中国经济基本面是好的，经济增长及其他主要经济指标保持在预期目标之内，一切都在预料之中，没有什么意外发生。

中国经济增速有所趋缓是中国主动调控的结果。因为，实现我们确定的到 2020 年国内生产总值和城乡居民人均收入比 2010 年翻一番的目标，只要 7%的增速就够了。我们在提出中长期发展目标时就充分进行了测算。同时，我们认识到，为了从根本上解决中国经济长远发展问题，必须坚定推动结构改革，宁可将增长速度降下来一些。任何一项事业，都需要远近兼顾、深谋远虑，杀鸡取卵、竭泽而渔式的发展是不会长久的。

第二，信心来自于中国经济发展质量和效益稳步提升。今年上半年，中国经济发展的特点是总体平稳、稳中有进。“稳”是指经济增长处在合理区间，“进”是指经济发展方式转变步伐加快。中国经济发展正在从以往过于依赖投资和出口拉动向更多依靠国内需求特别是消费需求拉动转变。从上半年经济数据看，结构调整的拉动作用正在显现，内需拉动经济增长 7.5 个百分点，其中消费拉动 3.4 个百分点。我们不再简单以国内生产总值增长率论英雄，而是强调以提高经济增长质量和效益为立足点。事实证明，这一政策是负责任的，既是对中国自身负责，也是对世界负责。

第三，信心来自于中国经济的强劲内生动力。中国经济发展的内生动力正在不断增加，并将继续增强。持续进行的新型城镇化，将为数以亿计的中国人从农村走向城市、走向更高水平的生活创造新空间。中国教育水平不断提高，新一代劳动者成长为素质更高、视野更广、技能更强的现代化、专业化人才。中国大力实施创新驱动发展战略，推动科技和经济紧密结合，推动科技创新和新兴产业发展。中国不断拓展的内需和消费市场，将释放巨大需求和消费动力。中国坚持以人为本的理念，推动发展成果惠及更广泛地区、更广大民众。这些都将转化为推动中国经济发展的强劲内在动力。

第四，信心来自于亚太发展的良好前景。在亚太各经济体共同努力下，亚太地区资金、信息、人员流动已经达到很高水平，产业分工日渐清晰，亚太大市场初具轮廓。正在酝酿的新科技革命和产业革命将为亚太地区积聚优势。亚太各经济体抗风险能力大大增强，汇率机制更加灵活，外汇储备水平显著提高，各种多边和双边金融安排为应对复杂局面提供了机制保障。中国对亚太发展前景抱有信心。受益于亚太经济增长大环境，中国实现了自身发展，同时又以自身发展为亚太经济增长作出了贡献。我相信，这一互动势头会越来越强劲，为亚太地区发展创造更多机遇。

我对中国经济持续健康发展抱着坚定信心。同时，我们对需求下滑、产能过剩、地方债务、影子银行等问题和挑战保持着清醒认识，对外部环境可能带来的冲击高度关注，正在采取稳妥应对举措，防患于未然。

女士们、先生们、朋友们!

中国经济已经进入新的发展阶段，正在进行深刻的方式转变和结构调整。这就要不断爬坡过坎、攻坚克难。这必然伴随调整的阵痛、成长的烦恼，但这些都是值得付出的代价。

彩虹往往出现在风雨之后。有句话说得好，没有比人更高的山，没有比脚更长的路。再高的山、再长的路，只要我们锲而不舍前进，就有达到目的的那一天。

中国要前进，就要全面深化改革开放。面对人民群众新期待，我们必须坚定改革开放信心，以更大的政治勇气和智慧、更有力的措施和办法推进改革开放，进一步解放思想、解放和发展社会生产力、解放和增强社会创造活力。

中国正在制定全面深化改革的总体方案，总的是要统筹推进经济、政治、文化、社会、生态文明建设等领域的改革，努力破解发展过程中出现的难题，消除经济持续健康发展的体制机制障碍，通过改革为经济发展增添新动力。

我们将完善基本经济制度，加强市场体系建设，推进宏观调控、财税、金融、投资领域体制改革，深化利率和汇率市场化改革，增强人民币汇率弹性，逐步实现人民币资本项目可兑换。我们将推进行政体制改革，进一步转变职能、简政放权，理顺政府和市场关系，更大程度更广范围发挥市场在资源配置中的基础性作用。我们将健全科技体制，提高科技创新能力，着力构建以企业为主体、市场为导向、产学研相结合的技术创新体系。我们将以保障和改善民生为重点，促进社会公平正义，推动实现更高质量的就业，深化收入分配制度改革，健全社会保障体系和基本公共服务体系。我们将加强生态环境保护，扎实推进资源节约，为人民创造良好生产生活环境，为应对全球气候变化作出新的贡献。

我们将实行更加积极主动的开放战略，完善互利共赢、多元平衡、安全高效的开放型经济体系，促进沿海内陆沿边开放优势互补，形成引领国际经济合作和竞争的开放区域，培育带动区域发展的开放高地。坚持出口和进口并重，推动对外贸易平衡发展；坚持“引进来”和“走出去”并重，提高国际投资合作水平；深化涉及投资、贸易体制改革，完善法律法规，为各国在华企业创造公平经营的法治环境。我们将统筹双边、多边、区域次区域开放合作，加快实施自由贸易区战略，推动同周边国家互联互通。

我们认识到，改革是一场深刻的革命，涉及重大利益关系调整，涉及各方面体制机制完善。中国改革已进入攻坚期和深水区。这是因为，当前改革需要解决的问题格外艰巨，都是难啃的硬骨头，这个时候就要一鼓作气，瞻前顾后、畏葸不前不仅不能前进，而且可能前功尽弃。

中国是一个大国，决不能在根本性问题上出现颠覆性错误，一旦出现就无法挽回、无法弥补。我们的立场是胆子要大、步子要稳，既要大胆探索、勇于开拓，也要稳妥审慎、三思而后行。我们要坚持改革开放正确方向，敢于啃硬骨头，敢于涉险滩，敢于向积存多年的顽瘴痼疾开刀，切实做到改革不停顿、开放不止步。

女士们、先生们、朋友们！

亚太是个大家庭，中国是大家庭中的一员。中国发展离不开亚太，亚太繁荣也离不开中国。中国经济持续健康发展，将会给亚太发展带来更大机遇。

中国将坚定维护地区和平稳定，为亚太共赢夯实基础。我在今年博鳌亚洲论坛等多个场合说过，和平犹如空气和阳光，受益而不觉，失之则难存。没有和平，发展就是无源之水、无本之木。家和万事兴，中国是亚太大家庭的一员，愿意同所有家庭成员和睦相处、守望相助，也希望亚太各方能珍惜来之不易的和平稳定局面，共同推动建设一个持久和平、共同繁荣的和谐亚太。

中国将大力促进地区发展繁荣，为亚太共赢拓展机遇。中国是亚太许多经济体的最大贸易伙伴、最大出口市场、主要投资来源地。2012年，中国对亚洲经济增长的贡献率已经超过50%。截至2012年底，中国累计批准外商投资企业76万多家，外商直接投资约1.3万亿美元。中国已经同20个国家和地区签署了12个自由贸易协定，正在谈判的有6个，其中大多数自由贸易伙伴是亚太经合组织成员。今后5年，中国进口商品将超过10万亿美元，对外投资将超过5000亿美元，出境旅游将超过4亿人次。随着中国国内需求特别是消费和投资需求扩大，将给国外投资者带来更多合作机会。

中国将致力于构建横跨太平洋两岸、惠及各方的地区合作框架。太平洋之所以广大，是因为它没有任何自然阻隔，我们不应该为它设定人为的阻隔。我们要发挥亚太经合组织引领和协调作用，秉持开放包容、互利共赢思想，加强宏观经济政策协调、促进区域自由贸易安排的协调，深化区域一体化进程，防止出现“意大利面碗”现象，推动在太平洋两岸构建更紧密伙伴关系，共谋亚太长远发展。

女士们、先生们、朋友们！

“浩渺行无极，扬帆但信风。”亚太是我们共同发展的空间，我们都是亚太这片大海中前行的风帆。亚太未来发展攸关亚太经合组织每个成员的利益。

中国对本次亚太经合组织领导人非正式会议充满期待，希望同亚太伙伴们携手同心，共同创建引领世界、惠及各方、造福子孙的美好亚太。对此，我愿分享4点愿景。

第一，亚太地区应该谋求共同发展。亚太各经济体联系紧密、利益交融，要充分发挥各自优势，优化经济资源配置，完善产业布局，建设利益共享的亚太价值链，培育普惠各方的亚太大市场。发达经济体应该为发展中经济体提供更多支持和帮助，后者也要迎头赶上。只有缩小发展差距，亚太才能水涨船高。

第二，亚太地区应该坚持开放发展。第二次世界大战结束后，全球有13个经济体实现25年多的高速增长，其共同特征就是采取开放政策。我们要顺应时代潮流，维护自由、开放、非歧视的多边贸易体制，反对各种形式的保护主义。我们要携手建设开放型经济和区域合作框架，以开放包容精神推进亚太自由贸易区建设。

第三，亚太地区应该推动创新发展。单纯依靠财政刺激政策和非常规货币政策的增长不可持续，建立在过度资源消耗和环境污染基础上的增长得不偿失。我们既要创新发展思路，也要创新发展手段。要打破旧的思维定式和条条框框，坚持绿色发展、循环发展、低碳发展。要不断提高创新能力，用创新培育新兴产业，用创新发掘增长动力，用创新提升核心竞争力。

第四，亚太地区应该寻求联动发展。亚太各经济体利益交融，命运与共，一荣俱荣，一损俱损。在这个动态平衡的链条中，每个经济体的发展都会对其他经济体产生连锁反应。我们要牢固树立亚太命运共同体意识，以自身发展带动他人发展，以协调联动最大限度发挥各自优势，传导正能量，形成各经济体良性互动、协调发展的格局。

当前，亚洲国家特别是新兴市场和发展中国家的基础设施建设融资需求巨大，特别是近来还面临经济下行风险增大和金融市场动荡等严峻挑战，有必要动员更多资金进行基础设施建设，以保持经济持续稳定增长，促进区域互联互通和经济一体化。为此，中国倡议筹建亚洲基础设施投资银行，愿向包括东盟国家在内的本地区发展中国家的基础设施建设提供资金支持。新的亚洲基础设施投资银行将与域内外现有多边开发银行一道，共同合作，相互补充，共同促进亚洲经济的持续稳定发展。

女士们、先生们、朋友们！

工商界是推动经济和贸易发展的主力军，也是推进亚太经合组织合作不可或缺的重要力量。中国高度重视工商界作用，愿意倾听工商界意见和建议，为工商界尤其是中小微企业深入便利参与经济发展和区域合作搭桥铺路。

今年8月，中国工商界成立了亚太经合组织中国工商理事会，为深入参与亚太经贸规则制定提供了机制保障，体现了中国工商界承担国际责任的积极态度。

朋友多了路好走。在座的许多工商界朋友，都是中国改革开放事业的参与者，是中国人民的老朋友。我们不会忘记老朋友，也愿结交新朋友。中国欢迎和鼓励各经济体特别是亚太经合组织成员企业来华投资兴业，积极参与中国改革开放。朋友越多，中国改革开放事业就越兴旺、越发达。

希望各位工商界朋友充分利用亚太经合组织平台，为改善亚太贸易和投资环境发出自己的声音；积极发挥工商界在市场信息、技术孵化、创新驱动等方面的优势，提出战略性和前瞻性建议，就推动贸易和投资自由化便利化、深化区域经济一体化、亚太经合组织未来发展等建言献策。

女士们、先生们、朋友们！

2014年中国将主办亚太经合组织领导人非正式会议及相关活动。我们将以此为契机，面向未来，谋求建立更紧密伙伴关系，深化务实合作，推动亚太经合组织发挥更大引领作用，勾画亚太长远发展愿景。

希望在座的亚太工商界代表到时共赴北京，共商大事，一起见证亚太发展的又一重要时刻。

谢谢大家。

附录三：

活力亚太，全球引擎
——亚太经合组织第二十一次领导人非正式会议宣言[①]
（2013 年 10 月 7 日至 8 日，印度尼西亚巴厘岛）

一、我们，亚太经合组织各成员领导人，相聚在印度尼西亚巴厘岛，围绕“活力亚太，全球引擎”这一主题，展示我们在亚太地区坚定的领导力。

二、过去 19 年，我们在实现自由与开放贸易的茂物目标方面显示了决心，付出不懈努力，这已经为亚太地区创造了繁荣。以规则为基础的多边贸易体制和开放的地区主义信念，帮助亚太地区数以亿计的人口走出贫困，推动了开放、新兴和创新型地区经济的发展，促进了地区经济增长。

三、我们已经采取大量重要的政策措施，控制重要尾部风险，改善金融市场条件，促进经济持续复苏。尽管如此，全球经济复苏仍然十分脆弱，下行风险依然存在，全球贸易量继续下降。经济前景展望显示全球经济增长可能比预期要慢且更不平衡。我们认为必须通过建立区域性的伙伴关系，创造更有质量和成效的就业，吸引私人投资，减少贫困，提高人民生活水平。我们认识到，需要加强宏观经济政策，共同致力于促进亚太地区的可持续和包容增长。我们将实施审慎和负责任的宏观经济政策，放大正面联动效应，保持本地区经济和金融稳定，防止负面外溢效应。

四、尽管亚太地区贸易增长和投资流动的势头好于世界其他地区，我们仍然要对新型贸易壁垒保持警惕。为此，我们将不采取新的保护主义措施的承诺延长到 2016 年底，并重申反对贸易保护主义和贸易扭曲措施。我们承诺采取果断行动，增强信心，促进金融稳定，加强中期增长潜力。我们要继续按照《横滨愿景》的承诺，共同努力，促进全球经济复苏，确保实现平衡、包容、可持续、创新和安全的增长。

---

① 摘自《人民日报》，2013 年 10 月 9 日，星期三，第 3 版，总第 23832 期。

五、由于亚太地区日益成为世界经济增长的主要引擎，我们有责任着眼长远，适应不断变化的需求，为亚太地区发展注入新的活力。我们已作出加强和深化区域经济一体化、消除亚太地区国际贸易和投资壁垒的集体承诺，将继续坚持。我们将通过更紧密的互联互通，开辟新的发展空间，帮助各经济体创造更有质量和成效的就业，建立面向未来、目标明确的伙伴关系。

六、我们重申实现亚太自贸区的承诺，包括继续推动亚太经合组织在区域经济一体化过程中发挥引领作用并提供智力支持。亚太经合组织在信息共享、透明度和能力建设方面发挥重要协调作用，并就自贸区等区域贸易安排开展政策对话。我们同意加强自贸区等区域贸易安排之间的沟通，同时提升亚太经合组织各经济体参与实质性谈判的能力。

七、我们将把上述承诺转变为广泛的繁荣和机遇。为实现这一目的，我们考虑在以下方面做出努力：

支持多边贸易体制和实现茂物目标

八、我们认识到多哈发展议程谈判正处于关键时刻，对构建更广泛的多边体系具有重要意义。我们发表了一份单独声明，支持多边贸易体制和世界贸易组织第九届部长级会议。

九、我们认识到贸易与投资对创造更高质量就业和提高人民生活水平的重要性。我们再次承诺，支持亚太经合组织在2020年前实现《茂物宣言》中关于自由与开放贸易和投资的目标。

十、此外，为使我们的经济和市场进一步紧密连接，我们将：

（一）推进落实至2015年底将亚太经合组织环境产品清单的实施税率降至5%或以下的承诺。

（二）建立环境产品和服务公私伙伴关系，加强我们在该领域处理贸易投资问题的努力。

（三）探索有利于农村发展、减贫以及可持续和包容增长的产品贸易。

（四）认识到今年在当地含量要求方面开展的工作，欢迎亚太经合组织关于创造就业和提升竞争力的最佳范例。

（五）继续实施亚太经合组织投资便利化行动计划，包括推进投资领域的公私对话，鼓励政府官员与私营部门合作，促进并完善企业社会责任和可持续投资。

（六）根据 2011 年和 2012 年达成的共识，推进应对“下一代”贸易和投资议题的举措，包括尽快完成亚太经合组织创新和贸易范例。

（七）促进私营部门更广泛地参与发展服务贸易，创造更高质量和更有成效的就业岗位，提高工业生产力。

促进互联互通

十一、我们认识到对货物、服务、资本和人员高效流动的需求不断上升，将通过一项长期承诺，加快基础设施、机制衔接和人员交流的互联互通，以塑造本地区的战略前景。

十二、作为 2020 年实现“茂物目标”以及“茂物与后茂物时代横滨愿景”的一部分，我们决心实现亚太无缝、全方位的互联互通和一体化。我们设想的蓝图是，通过建设区域高质量交通网络、降低交易成本、提升竞争力和凝聚力等方式，加快和鼓励平衡、安全和包容的增长，连接地区增长极。为此，我们将实施附件 A 所列具体措施。

十三、在基础设施建设互联互通方面，我们承诺根据《基础设施建设和投资多年期计划》，合作开发、维护和更新基础设施硬件。该规划将协助亚太经合组织经济体改善投资环境，促进公私伙伴关系，加强政府在准备、规划、优先处理、安排和执行基础设施建设项目方面的能力和协调力。作为落实该规划的第一步，我们同意在印尼建立亚太经合组织专家咨询小组和公私伙伴关系示范中心。我们鼓励政府、私营部门和国际机构共同努力，有效分配全球资本，探索和改善基础设施融资渠道。附件 B 列出了促进基础设施发展和投资的具体措施。此外，我们还将：

（一）加快工作，在考虑各经济体具体情况的同时，力争于 2015 年实现在时间、成本和不确定性方面将供应链绩效改善 10%的目标，包括采取系统性措施提高供应链绩效。

（二）指示政府官员制定能力建设计划，协助各经济体，特别是发展中经济体，克服在加强供应链绩效方面面临的具体障碍。

（三）建立用于改善供应链连接的亚太经合组织贸易和投资自由化子基金，并鼓励各成员为执行此项能力建设计划提供必要资金。

十四、在机制衔接互联互通方面，我们将：

（一）通过促进财政透明度和公众问责，推进《2010年亚太经合组织经济结构改革新战略》，帮助实现提高透明度、加强竞争和创造更好的市场运行的最终目标。

（二）采取具体措施，发展、使用或加强落实2011年制定的三个良好规制实践，同时注意到一些经济体选择以下三种方式去实现这一目标：1. 规制信息网上一站式查询；2. 有前瞻性的规制规划；3. 定期对现有规制进行评估。

（三）推进落实我们在2012年所作承诺，促进跨境教育，在考虑各经济体自身情况的同时并以自愿为基础，为亚太地区人民创造获取教育和培训服务的机会，加强区域联系，创造更高质量的就业，支持提高生产率，通过切实合作进一步促进经济增长。

（四）基于已开展的供应链和互联互通领域工作，在亚太区域内促进全球价值链发展与合作。

十五、在人员交流互联互通方面，我们将：

（一）批准2020年实现亚太经合组织范围内跨境大学生每年100万人的目标，支持进一步提高学生、研究人员、教育机构的交流，并推动现有双边协议进一步形成合力。

（二）通过落实《旅行便利化倡议》，使旅行更容易、方便、高效、安全，从而促进旅游业和商业的发展。

（三）开展相应项目，鼓励青年更广泛地定期参与亚太经合组织活动，以培养大家庭精神和促进亚太地区增长的共同责任感。

可持续和公平增长

十六、在当前全球经济形势下，我们决定推进一项发展议程来弥合发展差距，坚持实现可持续和公平增长的道路。我们承诺实施可行的解决方案，以增加活力，维持增长并减少差距，同时提高亚太地区人民的福利。

十七、我们同意考虑通过以下具体行动，进一步增强利益相关者的自主权和参与度，为他们提供机会充分参与经济增长：

（一）创造有利环境，扩大妇女参与经济活动，实施充分考虑性别因素的结构改革及有利于妇女的信息通信技术政策，推广创业文化，推动妇女平等享有良好教育和就业的机会，为妇女、特别是妇女所有的中小企业提供市场进入和融资方面的便利。

（二）提升中小企业的全球竞争力，改善其市场融资渠道，支持创业精神，加速创业增长，加强企业持续经营能力，使中小企业能够拓展国际市场，加入全球供应链。

（三）鼓励区域合作，改善中小企业贸易融资，认识到贸易融资工具可以为贸易提供便利，并支持中小企业开展国际贸易。

（四）推广负责任的创新措施，拓展贫困人口和中小企业的融资资格，同时改进交付渠道，使金融服务扩展到尚无法接触金融体系的企业和个人，从而加强本地区的普惠金融安排。

（五）促进农民和渔民，尤其是小业主和妇女在实现粮食安全方面的关键作用，提高他们的能力，在供应链中发挥作用，并在政府和私营部门之间建立坚实的伙伴关系。

（六）通过建立亚太经合组织反腐败机构和执法部门网络等措施，加强非正式和正式的区域和跨境合作，加强各成员执法机构之间在推进打击腐败、贿赂、洗钱和非法贸易等方面的合作。

（七）加强政府、科学家和商业部门间的合作，促进本地区科学技术创新，并重视亚太地区首席科学顾问会议及类似机构之间，就解决科技创新方面共同面临的挑战开展政策讨论。

十八、我们认识到本地区资源稀缺所造成的制约经济增长的巨大挑战，并关注天灾人祸对经济造成的严重影响，特别是对社会弱势群体的影响。因此，我们决心采取以下步骤：

（一）综合施策，加强合作，解决水资源、能源和粮食安全等相互关联的问题。

（二）落实亚太经合组织面向2020年的粮食安全路线图，以在2020年前加强供应链的连接，提高效率，减少粮食收获后的损耗和浪费，优化食品体系结构，确保各经济体持久的粮食安全。

（三）认识到粮食出口禁令及其他限制措施会引起价格波动，特别是对于主食依赖进口的经济体更是如此，我们重申亚太经合组织领导人反对保护主义的承诺。

（四）积极就海洋合作主流化倡议开展跨领域工作，包括根据亚太经合组织海洋部长级会议工作重点开展工作，维护海洋和海洋资源的健康和可持续性，这对维护粮食安全、减贫、保护传统文化和知识、保护生物多样性以及促进贸易和投资便利化具有积极意义。

（五）继续加强区域能力建设，协助亚太经合组织成员规范并逐步取消低效和鼓励浪费的化石燃料补贴，同时注意向有需求的人群提供基本的能源服务。

（六）针对低效和鼓励浪费的化石燃料补贴，欢迎制定自愿参与同行审议的办法，并欢迎一些经济体开展由经济体主导的同行审议。

（七）鼓励建立公私伙伴关系，发展清洁和可再生能源，并通过此项具有广阔前景的措施，确保新技术获得可持续的投资和发展，同时促进能源安全，提高能效，降低温室气体排放。一些经济体采用联合信用机制，这种跨境合作方式值得注意。

（八）通过野生动物执法网络及其他现有机制，加强国际合作，打击野生动物走私，减少野生动物非法贸易的供给与需求，提高公众对野生动物走私及其影响的认识并加强相关教育，严肃处理走私野生动物犯罪。

（九）发展可持续医疗卫生体系，实现全面医疗卫生覆盖，重视促进预防措施，建设健康和富有活力的社会，各成员老龄化速度不同将带来机遇。

（十）加强能力建设，建立有效的地区和全球公私部门伙伴关系，应对突发传染性疾病，加强公共医疗卫生体系。

（十一）根据各成员的需求和具体情况，积极促进社会对于安全有效地使用传统药物的理解。作为当地文化医疗理念的一部分，传统药物成本较低、较易获得和易被接受，在某些经济体作为补充和替代药品的使用量不断增加。

（十二）继续开展防治传染性疾病工作，包括采取措施落实《联合国艾滋病规划署“实现零”战略2011—2015》中提出的目标，通过有针对性的预防和治疗措施，扩大投资和加强公私伙伴关系，建设医疗卫生体系和提高社区参与等措施，逐步实现艾滋病零新发感染、零歧视和艾滋病相关疾病零死亡。

（十三）提高救灾人员及其装备的快速反应能力，实现灾后早期生命救援，同时加强减灾合作，包括吸收私营部门参加保障灾后商业持续性的规划。

展望

十九、鉴于亚太经合组织经济体的发展水平、经验和制度的不同，我们重申支持建立无缝连接的区域经济愿景的重要性，并将继续落实开展有效经济技术合作的承诺。

二十、我们认识到妇女参与经济对实现经济绩效和繁荣至关重要。鉴于妇女参与经济具有跨领域的特征，我们承诺在开展亚太经合组织各项合作时把促进性别平等作为优先领域，包括加大私营部门参与此项工作。

二十一、我们赞赏亚太经合组织工商咨询理事会以伙伴关系的方式推动亚太经合组织工作。我们认识到私营部门参与亚太经合组织工作的重要性，并欢迎亚太经合组织工商咨询理事会的进一步参与。

二十二、我们呼吁与其他多边组织、重要的区域和全球机制继续加强合作，进一步形成合力。我们鼓励亚太经合组织和其他国际组织加强互补，增进理解，确保有效解决当前的复杂挑战。

二十三、我们承认，促进和深化经济一体化并创建无缝型经济将增强本区域抵御内部经济动荡的能力。为使各经济体向价值链上游迈进，并实现1994年《茂物宣言》中提出的可持续和平等经济增长的愿景，我们指示政府官员继续确保本区域经济活力，实现包容性增长，增强各经济体间的联系，使人民公平分享安全与可持续增长。

二十四、我们对亚太经济发展前景充满信心，并致力于在新一轮全球经济复苏中发挥引领作用。我们期待共同建立发展创新、增长联动、利益融合的开放型经济，推动亚太地区实现强劲、可持续、平衡和包容增长。我们强调未来应采取行动，转变增长方式，调整经济结构，这包括但不局限于结构改革、亚太经合组织增长战略、城镇化、创新以及粮食安全等领域。

二十五、我们欢迎越南、巴布亚新几内亚、智利、马来西亚、新西兰和泰国申办2017、2018、2019、2020、2021和2022年的亚太经合组织会议。

二十六、我们展现的持久决心将推动亚太的和平、稳定和繁荣。因此，我们指示部长和政府官员继续努力，强化亚太大家庭的经济基础。我们期待在2014年中国主办亚太经合组织会议时再次相聚，并取得更大进展。

附录四：APEC 主要经济体宏观经济指标统计

表 1 澳大利亚主要经济指标统计

项 目	年 份				
	2008	2009	2010	2011	2012
GDP（现价澳元：万亿）	1.18	1.25	1.29	1.40	1.47
GDP（现价美元：万亿）	1.06	0.93	1.14	1.39	1.53
GDP（2005 年不变价美元：十亿）	0.77	0.78	0.80	0.82	0.85
人均 GDP（现价美元：千）	49.67	42.72	51.82	62.08	67.44
一般政府最终消费支出（现价美元：十亿）	180.40	162.50	205.65	247.70	272.68
居民最终消费支出（现价美元：十亿）	588.93	499.61	626.46	742.56	820.12
资本形成总额（现价美元：十亿）	304.73	256.87	311.23	372.89	428.42
GDP 增长率（年百分比）	3.77	1.65	2.09	2.43	3.41
官方汇率（1 美元的本币单位，时期平均值）	1.19	1.28	1.09	0.97	0.97
按 CPI 衡量的年通货膨胀率	4.35	1.82	2.85	3.39	1.76
总人口数（百万）	21.25	21.69	22.03	22.34	22.72
15～64 岁的人口（占总人口的百分比）	67.69	67.70	67.61	67.39	67.07
城镇人口（占总人口的百分比）	88.70	88.87	89.05	89.19	89.34
货物和服务进口（现价美元：十亿）	231.13	204.51	228.04	272.13	321.91
货物和服务出口（现价美元：十亿）	209.33	209.03	222.96	293.14	325.80
外商直接投资流入量（现价美元：十亿）	47.01	26.70	35.24	65.30	56.96
对外直接投资流出量（现价美元：十亿）	33.62	16.23	27.27	14.29	16.14

资料来源：外商直接投资流入量和对外直接投资流出量，United Nations Conference on Trade and Development Statistics (UNCTADSTAT) [DB/OL]. [2014-6-18]. http://unctadstat.unctad.org/TableViewer/tableView.aspx?ReportId=88.

其他项目，World Development Indicators (WDI) [DB/OL]. [2014-6-18]. http://data.worldbank.org/data-catalog/world-development-indicators.

表2　文莱主要经济指标统计

项　目	年　份				
	2008	2009	2010	2011	2012
GDP（现价文莱元：十亿）	20.40	15.61	16.87	20.58	21.19
GDP（现价美元：十亿）	14.39	10.73	12.37	16.36	16.95
GDP（2005年不变价美元：十亿）	9.77	9.60	9.85	10.07	10.28
人均GDP（现价美元：千）	37.09	27.21	30.88	40.24	41.13
一般政府最终消费支出（现价美元：十亿）	2.47	2.50	2.77	2.84	2.93
居民最终消费支出（现价美元：十亿）	2.55	2.61	2.87	3.25	3.47
资本形成总额（现价美元：十亿）	1.97	1.89	1.96	2.19	2.31
GDP增长率（年百分比）	-1.94	-1.77	2.60	2.21	2.15
官方汇率（1美元的本币单位，时期平均值）	1.42	1.45	1.36	1.26	1.25
按CPI衡量的年通货膨胀率	2.08	1.04	0.36	2.02	0.46
总人口数（千）	388.02	394.40	400.57	406.51	412.24
15～64岁的人口（占总人口的百分比）	69.05	69.43	69.75	70.00	70.20
城镇人口（占总人口的百分比）	74.77	75.18	75.60	75.96	76.32
货物和服务进口（现价美元：十亿）	3.97	3.84	4.07	4.77	5.29
货物和服务出口（现价美元：十亿）	11.27	7.81	10.07	13.30	13.79
外商直接投资流入量（现价美元：百万）	330.06	371.38	625.67	1208.30	850.00
对外直接投资流出量（现价美元：百万）	16.00	9.00	6.00	10.00	8.00

资料来源：外商直接投资流入量和对外直接投资流出量，United Nations Conference on Trade and Development Statistics (UNCTADSTAT) [DB/OL]. [2014-6-18]. http://unctadstat.unctad.org/TableViewer/tableView.aspx?ReportId=88.

其他项目，World Development Indicators (WDI) [DB/OL]. [2014-6-18]. http://data.worldbank.org/data-catalog/world-development-indicators.

表 3　加拿大主要经济指标统计

项　目	年　份				
	2008	2009	2010	2011	2012
GDP（现价加拿大元：万亿）	1.60	1.53	1.62	1.72	1.78
GDP（现价美元：万亿）	1.50	1.34	1.58	1.74	1.78
GDP（2005 年不变价美元：万亿）	1.20	1.17	1.20	1.23	1.26
人均 GDP（现价美元：千）	45.20	39.78	46.38	50.58	51.21
一般政府最终消费支出（现价美元：十亿）	296.12	295.46	343.22	372.18	381.04
居民最终消费支出（现价美元：十亿）	834.65	785.77	913.08	991.95	1015.18
资本形成总额（现价美元：十亿）	349.19	279.11	350.17	394.04	417.45
GDP 增长率（年百分比）	0.69	-2.77	3.21	2.53	1.71
官方汇率（1 美元的本币单位，时期平均值）	1.07	1.14	1.03	0.99	1.00
按 CPI 衡量的年通货膨胀率	2.37	0.30	1.78	2.91	1.52
总人口数（百万）	33.25	33.63	34.01	34.34	34.75
15～64 岁的人口（占总人口的百分比）	69.52	69.50	69.37	69.14	68.81
城镇人口（占总人口的百分比）	80.38	80.47	80.55	80.66	80.77
货物和服务进口（现价美元：十亿）	504.81	407.08	493.76	561.40	576.31
货物和服务出口（现价美元：十亿）	527.70	384.50	464.13	540.38	541.30
外商直接投资流入量（现价美元：十亿）	61.55	22.70	29.09	41.39	45.37
对外直接投资流出量（现价美元：十亿）	79.28	39.60	34.72	49.85	53.94

资料来源：外商直接投资流入量和对外直接投资流出量，United Nations Conference on Trade and Development Statistics (UNCTADSTAT) [DB/OL]. [2014-6-18]. http://unctadstat.unctad.org/TableViewer/tableView.aspx?ReportId=88.

其他项目，World Development Indicators (WDI) [DB/OL]. [2014-6-18]. http://data.worldbank.org/data-catalog/world-development-indicators.

表 4　智利主要经济指标统计

项　目	年　份				
	2008	2009	2010	2011	2012
GDP（现价智利比索：万亿）	93.85	96.44	111.01	121.49	130.53
GDP（现价美元：十亿）	179.63	171.96	217.56	251.19	269.87
GDP（2005 年不变价美元：十亿）	141.08	139.62	147.67	156.31	164.99
人均 GDP（现价美元：千）	10.67	10.12	12.68	14.51	15.45
一般政府最终消费支出（现价美元：十亿）	20.20	21.79	26.74	30.14	32.74
居民最终消费支出（现价美元：十亿）	109.26	102.27	128.41	153.84	168.78
资本形成总额（现价美元：十亿）	46.63	34.88	48.70	58.98	67.38
GDP 增长率（年百分比）	3.29	-1.04	5.76	5.85	5.56
官方汇率（1 美元的本币单位，时期平均值）	522.46	560.86	510.25	483.67	486.47
按 CPI 衡量的年通货膨胀率	n.a.	n.a.	1.41	3.34	3.01
总人口数（百万）	16.83	16.99	17.15	17.31	17.46
15～64 岁的人口（占总人口的百分比）	68.18	68.46	68.68	68.83	68.92
城镇人口（占总人口的百分比）	88.41	88.68	88.94	89.15	89.35
货物和服务进口（现价美元：十亿）	71.01	50.90	69.09	87.21	91.35
货物和服务出口（现价美元：十亿）	74.56	63.92	82.79	95.44	92.33
外商直接投资流入量（现价美元：十亿）	15.52	12.89	15.37	22.93	30.32
对外直接投资流出量（现价美元：十亿）	9.15	7.23	9.46	20.37	21.09

资料来源：外商直接投资流入量和对外直接投资流出量，United Nations Conference on Trade and Development Statistics (UNCTADSTAT) [DB/OL]. [2014-6-18]. http://unctadstat.unctad.org/TableViewer/tableView.aspx?ReportId=88.

其他项目，World Development Indicators (WDI) [DB/OL]. [2014-6-18]. http://data.worldbank.org/data-catalog/world-development-indicators.

表 5　中国主要经济指标统计

项　目	年　份				
	2008	2009	2010	2011	2012
GDP（现价人民币：万亿）	31.40	34.09	40.15	47.31	51.93
GDP（现价美元：万亿）	4.52	4.99	5.93	7.32	8.23
GDP（2005 年不变价美元：万亿）	3.18	3.48	3.84	4.19	4.52
人均 GDP（现价美元：千）	3.41	3.75	4.43	5.45	6.09
一般政府最终消费支出（现价美元：万亿）	0.60	0.67	0.79	0.98	1.13
居民最终消费支出（现价美元：万亿）	1.61	1.81	2.08	2.61	2.98
资本形成总额（现价美元：万亿）	1.99	2.41	2.86	3.53	4.02
GDP 增长率（年百分比）	9.60	9.20	10.40	9.30	7.80
官方汇率（1 美元的本币单位，时期平均值）	6.95	6.83	6.77	6.46	6.31
按 CPI 衡量的年通货膨胀率	5.86	-0.70	3.31	5.41	2.65
总人口数（十亿）	1.32	1.33	1.34	1.34	1.35
15～64 岁的人口（占总人口的百分比）	73.22	73.42	73.51	73.48	73.34
城镇人口（占总人口的百分比）	46.54	47.89	49.23	50.50	51.78
货物和服务进口（现价美元：万亿）	1.23	1.11	1.52	1.91	2.02
货物和服务出口（现价美元：万亿）	1.58	1.33	1.74	2.09	2.25
外商直接投资流入量（现价美元：十亿）	108.31	95.00	114.73	123.99	121.08
对外直接投资流出量（现价美元：十亿）	55.91	56.53	68.81	74.65	84.22

资料来源：外商直接投资流入量和对外直接投资流出量，United Nations Conference on Trade and Development Statistics (UNCTADSTAT) [DB/OL]. [2014-6-18]. http://unctadstat.unctad.org/TableViewer/tableView.aspx?ReportId=88.

其他项目，World Development Indicators (WDI) [DB/OL]. [2014-6-18]. http://data.worldbank.org/data-catalog/world-development-indicators.

表6 中国香港主要经济指标统计

项目	年份				
	2008	2009	2010	2011	2012
GDP（现价港币：万亿）	1.71	1.66	1.78	1.94	2.04
GDP（现价美元：十亿）	219.28	214.05	228.70	248.73	263.26
GDP（2005年不变价美元：十亿）	211.31	206.11	220.11	230.79	234.25
人均GDP（现价美元：千）	31.52	30.70	32.56	35.17	36.80
一般政府最终消费支出（现价美元：十亿）	19.01	19.67	20.26	21.65	23.90
居民最终消费支出（现价美元：十亿）	131.82	130.76	140.33	157.35	167.63
资本形成总额（现价美元：十亿）	46.14	46.76	54.62	59.97	68.49
GDP增长率（年百分比）	2.13	-2.46	6.79	4.85	1.50
官方汇率（1美元的本币单位，时期平均值）	7.79	7.75	7.77	7.78	7.76
按CPI衡量的年通货膨胀率	4.26	0.61	2.34	5.26	4.06
总人口数（百万）	6.96	6.97	7.02	7.07	7.15
15～64岁的人口（占总人口的百分比）	74.70	74.90	74.96	74.88	74.65
城镇人口（占总人口的百分比）	100.00	100.00	100.00	100.00	100.00
货物和服务进口（现价美元：十亿）	435.50	392.47	488.23	550.72	588.49
货物和服务出口（现价美元：十亿）	457.80	409.32	501.72	560.48	591.72
外商直接投资流入量（现价美元：十亿）	67.04	54.27	82.71	96.13	74.58
对外直接投资流出量（现价美元：十亿）	57.10	57.94	98.41	95.89	83.99

资料来源：外商直接投资流入量和对外直接投资流出量，United Nations Conference on Trade and Development Statistics (UNCTADSTAT) [DB/OL]. [2014-6-18]. http://unctadstat.unctad.org/TableViewer/tableView.aspx?ReportId=88.

其他项目，World Development Indicators (WDI) [DB/OL]. [2014-6-18]. http://data.worldbank.org/data-catalog/world-development-indicators.

表 7 印度尼西亚主要经济指标统计

项 目	年 份				
	2008	2009	2010	2011	2012
GDP（现价印尼卢比：万亿）	4948.69	5606.20	6446.85	7422.78	8241.86
GDP（现价美元：十亿）	510.24	539.58	709.19	846.34	878.04
GDP（2005 年不变价美元：十亿）	340.02	355.76	377.90	402.43	427.48
人均 GDP（现价美元：千）	2.18	2.27	2.95	3.47	3.56
一般政府最终消费支出（现价美元：十亿）	42.98	51.74	64.60	76.23	78.02
居民最终消费支出（现价美元：十亿）	309.32	316.75	400.80	462.16	479.02
资本形成总额（现价美元：十亿）	141.93	167.19	229.18	279.24	316.37
GDP 增长率（年百分比）	6.01	4.63	6.22	6.49	6.23
官方汇率（1 美元的本币单位，时期平均值）	9698.96	10389.94	9090.43	8770.43	9386.63
按 CPI 衡量的年通货膨胀率	9.78	4.81	5.13	5.36	4.28
总人口数（百万）	234.24	237.49	240.68	243.80	246.86
15~64 岁的人口（占总人口的百分比）	65.04	65.06	65.16	65.34	65.60
城镇人口（占总人口的百分比）	48.33	49.13	49.92	50.69	51.45
货物和服务进口（现价美元：十亿）	146.71	115.22	162.44	211.06	226.66
货物和服务出口（现价美元：十亿）	152.10	130.36	174.32	223.00	213.00
外商直接投资流入量（现价美元：十亿）	9.32	4.88	13.77	19.24	19.85
对外直接投资流出量（现价美元：十亿）	5.90	2.25	2.66	7.71	5.42

资料来源：外商直接投资流入量和对外直接投资流出量，United Nations Conference on Trade and Development Statistics (UNCTADSTAT) [DB/OL]. [2014-6-18]. http://unctadstat.unctad.org/TableViewer/tableView.aspx?ReportId=88.

其他项目，World Development Indicators (WDI) [DB/OL]. [2014-6-18]. http://data.worldbank.org/data-catalog/world-development-indicators.

表 8 日本主要经济指标统计

项 目	年 份				
	2008	2009	2010	2011	2012
GDP（现价日元：万亿）	501.21	471.14	482.38	470.62	475.64
GDP（现价美元：万亿）	4.85	5.04	5.50	5.90	5.96
GDP（2005 年不变价美元：万亿）	4.70	4.44	4.65	4.62	4.71
人均 GDP（现价美元：千）	37.97	39.47	43.12	46.13	46.73
一般政府最终消费支出（现价美元：万亿）	0.90	1.00	1.08	1.21	1.22
居民最终消费支出（现价美元：万亿）	2.83	3.02	3.26	3.57	3.63
资本形成总额（现价美元：万亿）	1.11	0.99	1.09	1.18	1.23
GDP 增长率（年百分比）	-1.04	-5.53	4.65	-0.57	1.96
官方汇率（1 美元的本币单位，时期平均值）	103.36	93.57	87.78	79.81	79.79
按 CPI 衡量的年通货膨胀率	1.37	-1.35	-0.72	-0.28	-0.03
总人口数（百万）	127.70	127.56	127.45	127.82	127.56
15～64 岁的人口（占总人口的百分比）	64.89	64.34	63.75	63.13	62.49
城镇人口（占总人口的百分比）	88.72	89.63	90.54	91.14	91.73
货物和服务进口（现价美元：十亿）	849.44	620.79	768.05	946.90	992.05
货物和服务出口（现价美元：十亿）	858.85	639.24	833.70	893.23	873.96
外商直接投资流入量（现价美元：十亿）	24.43	11.94	-1.25	-1.76	1.73
对外直接投资流出量（现价美元：十亿）	128.02	74.70	56.26	107.60	122.55

资料来源：外商直接投资流入量和对外直接投资流出量，United Nations Conference on Trade and Development Statistics (UNCTADSTAT) [DB/OL]. [2014-6-18]. http://unctadstat.unctad.org/TableViewer/tableView.aspx?ReportId=88.

其他项目，World Development Indicators (WDI) [DB/OL]. [2014-6-18]. http://data.worldbank.org/data-catalog/world-development-indicators.

表 9 韩国主要经济指标统计

项 目	年 份				
	2008	2009	2010	2011	2012
GDP（现价韩元：万亿）	1026.45	1065.04	1173.27	1235.16	1272.46
GDP（现价美元：十亿）	931.40	834.06	1014.89	1114.47	1129.60
GDP（2005 年不变价美元：十亿）	955.45	958.51	1019.09	1056.61	1078.21
人均 GDP（现价美元：千）	19.03	16.96	20.54	22.39	22.59
一般政府最终消费支出（现价美元：十亿）	142.41	133.39	154.31	171.03	178.86
居民最终消费支出（现价美元：十亿）	496.11	438.58	519.03	591.35	604.33
资本形成总额（现价美元：十亿）	290.70	219.16	299.66	328.89	311.25
GDP 增长率（年百分比）	2.30	0.32	6.32	3.68	2.04
官方汇率（1 美元的本币单位，时期平均值）	1102.05	1276.93	1156.06	1108.29	1126.47
按 CPI 衡量的年通货膨胀率	4.67	2.76	2.96	4.00	2.20
总人口数（百万）	48.95	49.18	49.41	49.78	50.00
15～64 岁的人口（占总人口的百分比）	72.23	72.48	72.68	72.83	72.94
城镇人口（占总人口的百分比）	82.30	82.62	82.93	83.20	83.47
货物和服务进口（现价美元：十亿）	504.69	383.88	504.43	601.99	603.47
货物和服务出口（现价美元：十亿）	493.73	414.78	530.57	624.49	638.25
外商直接投资流入量（现价美元：十亿）	11.20	8.96	10.11	10.25	9.90
对外直接投资流出量（现价美元：十亿）	20.29	17.39	28.36	29.00	32.98

资料来源：外商直接投资流入量和对外直接投资流出量，United Nations Conference on Trade and Development Statistics (UNCTADSTAT) [DB/OL]. [2014-6-18]. http://unctadstat.unctad.org/TableViewer/tableView.aspx?ReportId=88.

其他项目，World Development Indicators (WDI) [DB/OL]. [2014-6-18]. http://data.worldbank.org/data-catalog/world-development-indicators.

表 10 马来西亚主要经济指标统计

项 目	年 份				
	2008	2009	2010	2011	2012
GDP（现价林吉特：十亿）	769.95	712.86	797.33	884.46	941.24
GDP（现价美元：十亿）	230.99	202.25	247.53	289.26	305.03
GDP（2005 年不变价美元：十亿）	168.88	166.32	178.67	187.83	198.43
人均 GDP（现价美元：千）	8.46	7.28	8.75	10.06	10.43
一般政府最终消费支出（现价美元：十亿）	26.57	26.39	30.26	37.63	41.22
居民最终消费支出（现价美元：十亿）	103.27	98.78	117.60	136.79	149.03
资本形成总额（现价美元：十亿）	49.57	36.07	57.67	67.32	78.61
GDP 增长率（年百分比）	4.83	-1.51	7.43	5.13	5.64
官方汇率（1 美元的本币单位，时期平均值）	3.34	3.52	3.22	3.06	3.09
按 CPI 衡量的年通货膨胀率	5.44	0.58	1.71	3.20	1.66
总人口数（百万）	27.30	27.79	28.28	28.76	29.24
15～64 岁的人口（占总人口的百分比）	66.70	67.10	67.48	67.84	68.19
城镇人口（占总人口的百分比）	70.23	71.12	72.01	72.68	73.36
货物和服务进口（现价美元：十亿）	178.25	143.89	188.98	217.46	229.62
货物和服务出口（现价美元：十亿）	229.83	184.89	230.99	264.98	265.79
外商直接投资流入量（现价美元：十亿）	7.17	1.45	9.06	12.20	10.07
对外直接投资流出量（现价美元：十亿）	14.96	7.78	13.40	15.25	17.11

资料来源：外商直接投资流入量和对外直接投资流出量，United Nations Conference on Trade and Development Statistics (UNCTADSTAT) [DB/OL]. [2014-6-18]. http://unctadstat.unctad.org/TableViewer/tableView.aspx?ReportId=88.

其他项目，World Development Indicators (WDI) [DB/OL]. [2014-6-18]. http://data.worldbank.org/data-catalog/world-development-indicators.

表 11 墨西哥主要经济指标统计

项 目	年 份				
	2008	2009	2010	2011	2012
GDP（现价比索：万亿）	12.26	12.09	13.23	14.42	15.51
GDP（现价美元：十亿）	1099.07	895.35	1047.37	1159.89	1178.13
GDP（2005 年不变价美元：十亿）	955.70	910.78	956.93	995.03	1032.69
人均 GDP（现价美元：千）	9.56	7.69	8.88	9.72	9.75
一般政府最终消费支出（现价美元：十亿）	119.60	107.32	123.27	136.13	137.14
居民最终消费支出（现价美元：十亿）	735.19	596.99	704.03	775.27	801.82
资本形成总额（现价美元：十亿）	268.25	204.82	231.63	260.07	269.77
GDP 增长率（年百分比）	1.40	-4.70	5.07	3.98	3.78
官方汇率（1 美元的本币单位，时期平均值）	11.13	13.51	12.64	12.42	13.17
按 CPI 衡量的年通货膨胀率	5.13	5.30	4.16	3.41	4.11
总人口数（百万）	114.97	116.42	117.89	119.36	120.85
15～64 岁的人口（占总人口的百分比）	63.30	63.63	63.97	64.34	64.73
城镇人口（占总人口的百分比）	77.22	77.52	77.83	78.11	78.39
货物和服务进口（现价美元：十亿）	331.62	257.45	326.82	380.23	406.08
货物和服务出口（现价美元：十亿）	306.62	244.25	314.03	365.52	387.31
外商直接投资流入量（现价美元：十亿）	27.85	16.56	21.37	21.50	12.66
对外直接投资流出量（现价美元：十亿）	1.16	8.46	15.05	12.14	25.60

资料来源：外商直接投资流入量和对外直接投资流出量，United Nations Conference on Trade and Development Statistics (UNCTADSTAT) [DB/OL]. [2014-6-18]. http://unctadstat.unctad.org/TableViewer/tableView.aspx?ReportId=88.

其他项目，World Development Indicators (WDI) [DB/OL]. [2014-6-18]. http://data.worldbank.org/data-catalog/world-development-indicators.

表 12 新西兰主要经济指标统计

项 目	年 份				
	2008	2009	2010	2011	2012
GDP（现价新西兰元：十亿）	185.55	189.72	199.11	206.55	211.38
GDP（现价美元：十亿）	130.67	118.57	143.25	162.63	171.28
GDP（2005 年不变价美元：十亿）	117.68	119.44	119.63	122.24	126.16
人均 GDP（现价美元：千）	30.61	27.47	32.80	36.92	38.64
一般政府最终消费支出（现价美元：十亿）	26.36	24.02	28.68	32.72	34.33
居民最终消费支出（现价美元：十亿）	77.29	70.55	84.58	97.24	103.30
资本形成总额（现价美元：十亿）	28.57	22.09	27.40	30.81	33.99
GDP 增长率（年百分比）	-1.76	1.50	0.15	2.19	3.20
官方汇率（1 美元的本币单位，时期平均值）	1.42	1.60	1.39	1.27	1.23
按 CPI 衡量的年通货膨胀率	3.96	2.12	2.30	4.43	0.88
总人口数（百万）	4.27	4.32	4.37	4.41	4.43
15～64 岁的人口（占总人口的百分比）	66.65	66.61	66.51	66.34	66.11
城镇人口（占总人口的百分比）	86.14	86.17	86.19	86.24	86.29
货物和服务进口（现价美元：十亿）	42.56	31.70	40.52	47.74	49.73
货物和服务出口（现价美元：十亿）	41.02	33.61	42.68	49.23	49.04
外商直接投资流入量（现价美元：十亿）	4.33	-0.83	0.45	4.32	2.91
对外直接投资流出量（现价美元：十亿）	0.40	-1.03	0.53	2.52	-0.49

资料来源：外商直接投资流入量和对外直接投资流出量，United Nations Conference on Trade and Development Statistics (UNCTADSTAT) [DB/OL]. [2014-6-18]. http://unctadstat.unctad.org/TableViewer/tableView.aspx?ReportId=88.

其他项目，World Development Indicators (WDI) [DB/OL]. [2014-6-18]. http://data.worldbank.org/data-catalog/world-development-indicators.

表 13　巴布亚新几内亚主要经济指标统计

项　目	年　份				
	2008	2009	2010	2011	2012
GDP（现价基纳：十亿）	21.63	21.84	25.78	29.38	32.62
GDP（现价美元：十亿）	8.01	7.91	9.48	12.39	15.65
GDP（2005 年不变价美元：十亿）	5.75	6.07	6.55	7.14	7.71
人均 GDP（现价美元：千）	1.22	1.18	1.38	1.77	2.18
一般政府最终消费支出（现价美元：十亿）	1.31	1.42	1.47	2.18	2.77
居民最终消费支出（现价美元：十亿）	3.58	4.95	6.79	6.57	10.51
资本形成总额（现价美元：十亿）	1.23	1.68	2.19	3.04	3.61
GDP 增长率（年百分比）	6.70	5.50	8.00	9.00	8.00
官方汇率（1 美元的本币单位，时期平均值）	2.70	2.76	2.72	2.37	2.08
按 CPI 衡量的年通货膨胀率	10.76	6.92	6.02	8.44	2.24
总人口数（百万）	6.55	6.70	6.86	7.01	7.17
15～64 岁的人口（占总人口的百分比）	57.75	57.93	58.17	58.45	58.77
城镇人口（占总人口的百分比）	12.49	12.46	12.43	12.50	12.57
货物和服务进口（现价美元）	4.19	4.66	6.92	6.25	7.39
货物和服务出口（现价美元）	6.06	4.71	6.17	7.38	6.17
外商直接投资流入量（现价美元：百万）	-30.37	423.21	29.05	-309.20	28.80
对外直接投资流出量（现价美元：百万）	-0.07	4.43	0.22	0.63	n.a.

资料来源：外商直接投资流入量和对外直接投资流出量，United Nations Conference on Trade and Development Statistics (UNCTADSTAT) [DB/OL]. [2014-6-18]. http://unctadstat.unctad.org/TableViewer/tableView.aspx?ReportId=88.

其他项目，World Development Indicators (WDI) [DB/OL]. [2014-6-18]. http://data.worldbank.org/data-catalog/world-development-indicators.

表 14 秘鲁主要经济指标统计

项 目	年 份				
	2008	2009	2010	2011	2012
GDP（现价索尔：十亿）	378.25	391.78	444.46	497.78	538.01
GDP（现价美元：十亿）	129.54	130.06	157.61	181.01	203.79
GDP（2005 年不变价美元：十亿）	102.21	103.15	112.22	119.96	127.56
人均 GDP（现价美元：千）	4.53	4.50	5.39	6.11	6.80
一般政府最终消费支出（现价美元：十亿）	11.41	13.10	14.99	16.67	19.56
居民最终消费支出（现价美元：十亿）	81.52	82.67	95.25	107.57	123.07
资本形成总额（现价美元：十亿）	35.22	28.95	41.98	48.77	57.47
GDP 增长率（年百分比）	9.76	0.92	8.79	6.90	6.33
官方汇率（1 美元的本币单位，时期平均值）	2.92	3.01	2.83	2.75	2.64
按 CPI 衡量的年通货膨胀率	5.79	2.94	1.53	3.37	3.65
总人口数（百万）	28.63	28.93	29.26	29.61	29.99
15～64 岁的人口（占总人口的百分比）	63.45	63.73	64.01	64.29	64.57
城镇人口（占总人口的百分比）	76.16	76.54	76.91	77.24	77.58
货物和服务进口（现价美元：十亿）	33.83	25.76	35.07	43.82	48.57
货物和服务出口（现价美元：十亿）	35.22	31.11	40.46	51.82	52.26
外商直接投资流入量（现价美元：百万）	6923.65	6430.65	8454.63	8232.64	12239.67
对外直接投资流出量（现价美元：百万）	735.80	410.71	265.89	113.34	-57.48

资料来源：外商直接投资流入量和对外直接投资流出量，United Nations Conference on Trade and Development Statistics (UNCTADSTAT) [DB/OL]. [2014-6-18]. http://unctadstat.unctad.org/TableViewer/tableView.aspx?ReportId=88.

其他项目，World Development Indicators (WDI) [DB/OL]. [2014-6-18]. http://data.worldbank.org/data-catalog/world-development-indicators.

表 15 菲律宾主要经济指标统计

项目	年份				
	2008	2009	2010	2011	2012
GDP（现价比索：万亿）	7.72	8.03	9.00	9.71	10.56
GDP（现价美元：十亿）	173.60	168.33	199.59	224.10	250.18
GDP（2005 年不变价美元：十亿）	120.45	121.83	131.13	135.90	145.16
人均 GDP（现价美元：千）	1.92	1.83	2.14	2.36	2.59
一般政府最终消费支出（现价美元：十亿）	15.33	16.60	19.40	21.74	26.35
居民最终消费支出（现价美元：十亿）	129.05	125.70	142.81	164.67	185.61
资本形成总额（现价美元：十亿）	33.48	27.93	41.00	45.85	46.19
GDP 增长率（年百分比）	4.15	1.15	7.63	3.64	6.81
官方汇率（1 美元的本币单位，时期平均值）	44.32	47.68	45.11	43.31	42.23
按 CPI 衡量的年通货膨胀率	8.26	4.22	3.79	4.65	3.17
总人口数（百万）	90.37	91.89	93.44	95.05	96.71
15～64 岁的人口（占总人口的百分比）	60.38	60.69	61.00	61.32	61.64
城镇人口（占总人口的百分比）	48.40	48.53	48.65	48.89	49.12
货物和服务进口（现价美元：十亿）	68.35	56.15	73.08	79.82	85.03
货物和服务出口（现价美元：十亿）	64.08	54.26	69.46	71.64	77.07
外商直接投资流入量（现价美元：百万）	1544.00	1963.00	1298.00	1816.00	2797.00
对外直接投资流出量（现价美元：百万）	259.00	359.00	616.00	539.00	1845.00

资料来源：外商直接投资流入量和对外直接投资流出量，United Nations Conference on Trade and Development Statistics (UNCTADSTAT) [DB/OL]. [2014-6-18]. http://unctadstat.unctad.org/TableViewer/tableView.aspx?ReportId=88.

其他项目，World Development Indicators (WDI) [DB/OL]. [2014-6-18]. http://data.worldbank.org/data-catalog/world-development-indicators.

表 16 俄罗斯主要经济指标统计

项 目	年 份				
	2008	2009	2010	2011	2012
GDP（现价卢布：万亿）	41.28	38.81	46.31	55.80	62.60
GDP（现价美元：十亿）	1660.85	1222.65	1524.92	1899.09	2014.77
GDP（2005 年不变价美元：十亿）	943.88	870.06	909.25	948.26	980.90
人均 GDP（现价美元：千）	11.70	8.62	10.71	13.28	14.04
一般政府最终消费支出（现价美元：十亿）	296.14	254.15	285.54	341.73	375.44
居民最终消费支出（现价美元：十亿）	812.12	668.01	785.15	932.49	991.53
资本形成总额（现价美元：十亿）	423.54	231.40	344.86	483.55	523.48
GDP 增长率（年百分比）	5.25	-7.82	4.50	4.29	3.44
官方汇率（1 美元的本币单位，时期平均值）	24.85	31.74	30.37	29.38	30.84
按 CPI 衡量的年通货膨胀率	14.11	11.65	6.86	8.44	5.07
总人口数（百万）	141.95	141.91	142.39	142.96	143.53
15～64 岁的人口（占总人口的百分比）	71.83	71.97	71.98	71.85	71.59
城镇人口（占总人口的百分比）	73.36	73.51	73.65	73.82	74.00
货物和服务进口（现价美元：十亿）	366.60	250.61	322.37	414.00	446.09
货物和服务出口（现价美元：十亿）	520.00	341.58	445.51	576.57	593.11
外商直接投资流入量（现价美元：十亿）	74.78	36.58	43.17	55.08	51.42
对外直接投资流出量（现价美元：十亿）	55.66	43.28	52.62	66.85	51.06

资料来源：外商直接投资流入量和对外直接投资流出量，United Nations Conference on Trade and Development Statistics (UNCTADSTAT) [DB/OL]. [2014-6-18]. http://unctadstat.unctad.org/TableViewer/tableView.aspx?ReportId=88.

其他项目，World Development Indicators (WDI) [DB/OL]. [2014-6-18]. http://data.worldbank.org/data-catalog/world-development-indicators.

表 17 新加坡主要经济指标统计

项 目	年 份				
	2008	2009	2010	2011	2012
GDP（现价新加坡元：十亿）	269.66	274.66	315.92	334.09	345.56
GDP（现价美元：十亿）	190.59	188.83	231.70	265.62	276.52
GDP（2005 年不变价美元：十亿）	151.13	149.94	172.10	180.98	183.37
人均 GDP（现价美元：千）	39.38	37.86	45.64	51.24	52.05
一般政府最终消费支出（现价美元：十亿）	20.24	19.84	24.20	27.03	26.70
居民最终消费支出（现价美元：十亿）	75.82	73.51	86.31	101.70	108.47
资本形成总额（现价美元：十亿）	55.90	47.13	49.62	58.94	74.66
GDP 增长率（年百分比）	1.75	-0.79	14.78	5.16	1.32
官方汇率（1 美元的本币单位，时期平均值）	1.41	1.45	1.36	1.26	1.25
按 CPI 衡量的年通货膨胀率	6.52	0.60	2.80	5.25	4.53
总人口数（百万）	4.84	4.99	5.08	5.18	5.31
15～64 岁的人口（占总人口的百分比）	73.35	73.52	73.65	73.74	73.78
城镇人口（占总人口的百分比）	100.00	100.00	100.00	100.00	100.00
货物和服务进口（现价美元：十亿）	402.58	322.56	403.38	476.98	493.55
货物和服务出口（现价美元：十亿）	443.83	370.16	471.70	550.34	554.86
外商直接投资流入量（现价美元：十亿）	12.20	24.94	53.62	55.92	56.65
对外直接投资流出量（现价美元：十亿）	6.81	24.05	25.34	26.25	23.08

资料来源：外商直接投资流入量和对外直接投资流出量，United Nations Conference on Trade and Development Statistics (UNCTADSTAT) [DB/OL]. [2014-6-18]. http://unctadstat.unctad.org/TableViewer/tableView.aspx?ReportId=88.

其他项目，World Development Indicators (WDI) [DB/OL]. [2014-6-18]. http://data.worldbank.org/data-catalog/world-development-indicators.

表 18 中国台北主要经济指标统计

项 目	年 份				
	2008	2009	2010	2011	2012
GDP（现价新台币：万亿）	12.62	12.48	13.55	13.71	14.08
GDP（现价美元：十亿）	400.21	377.57	428.22	464.03	474.15
GDP（2005 年不变价美元：十亿）	401.76	394.49	436.94	454.70	460.71
人均 GDP（现价美元：千）	17.39	16.36	18.50	19.99	20.37
一般政府最终消费支出（现价美元：十亿）	49.59	49.01	51.89	57.63	58.74
居民最终消费支出（现价美元：十亿）	241.33	229.11	250.40	279.43	285.83
资本形成总额（现价美元：十亿）	89.63	66.81	95.91	96.25	93.69
GDP 增长率（年百分比）	0.73	-1.81	10.76	4.07	1.32
官方汇率（1 美元的本币单位，时期平均值）	31.53	33.06	31.65	29.47	29.62
按 CPI 衡量的年通货膨胀率	3.53	-0.87	0.96	1.43	1.93
总人口数（百万）	23.00	23.08	23.14	23.19	23.27
15～64 岁的人口（占总人口的百分比）	n.a.	n.a.	n.a.	n.a.	n.a.
城镇人口（占总人口的百分比）	n.a.	n.a.	n.a.	n.a.	n.a.
货物和服务进口（现价美元：十亿）	272.35	203.29	285.99	322.21	313.11
货物和服务出口（现价美元：十亿）	292.02	235.93	316.02	352.92	349.00
外商直接投资流入量（现价美元：十亿）	5.43	2.81	2.49	-1.96	3.21
对外直接投资流出量（现价美元：十亿）	10.29	5.88	11.57	12.77	13.03

资料来源：GDP(现价新台币)，World Economic Outlook Database, April 2014 [DB/OL]. [2014-6-18]. http://www.imf.org/external/pubs/ft/weo/2014/01/weodata/weoselgr.aspx.

其他项目，United Nations Conference on Trade and Development Statistics (UNCTADSTAT) [DB/OL]. [2014-6-18]. http://unctadstat.unctad.org/TableViewer/tableView.aspx?ReportId=88.

表 19 泰国主要经济指标统计

项 目	年 份				
	2008	2009	2010	2011	2012
GDP（现价泰铢：万亿）	9.08	9.04	10.10	10.54	11.38
GDP（现价美元：十亿）	272.58	263.71	318.91	345.67	365.97
GDP（2005 年不变价美元：十亿）	199.52	194.87	210.09	210.25	223.90
人均 GDP（现价美元：千）	4.12	3.98	4.80	5.19	5.48
一般政府最终消费支出（现价美元：十亿）	33.65	35.41	41.34	45.83	49.68
居民最终消费支出（现价美元：十亿）	150.08	145.64	171.36	188.34	202.47
资本形成总额（现价美元：十亿）	79.39	56.01	82.71	92.04	108.84
GDP 增长率（年百分比）	2.48	-2.33	7.81	0.08	6.49
官方汇率（1 美元的本币单位，时期平均值）	33.31	34.29	31.69	30.49	31.08
按 CPI 衡量的年通货膨胀率	5.47	-0.85	3.27	3.81	3.01
总人口数（百万）	66.19	66.28	66.40	66.58	66.79
15～64 岁的人口（占总人口的百分比）	71.09	71.49	71.80	72.00	72.12
城镇人口（占总人口的百分比）	33.13	33.43	33.73	34.11	34.49
货物和服务进口（现价美元：十亿）	201.38	152.44	203.64	250.29	270.25
货物和服务出口（现价美元：十亿）	208.37	180.25	227.34	265.97	274.40
外商直接投资流入量（现价美元：十亿）	8.45	4.85	9.15	7.78	8.61
对外直接投资流出量（现价美元：十亿）	4.06	4.17	4.47	8.22	11.91

资料来源：外商直接投资流入量和对外直接投资流出量，United Nations Conference on Trade and Development Statistics (UNCTADSTAT) [DB/OL]. [2014-6-18]. http://unctadstat.unctad.org/TableViewer/tableView.aspx?ReportId=88.

其他项目，World Development Indicators (WDI) [DB/OL]. [2014-6-18]. http://data.worldbank.org/data-catalog/world-development-indicators.

表 20 美国主要经济指标统计

项 目	年 份				
	2008	2009	2010	2011	2012
GDP（现价美元：万亿）	14.72	14.42	14.96	15.53	16.24
GDP（2005 年不变价美元：万亿）	13.65	13.26	13.60	13.85	14.23
人均 GDP（现价美元：千）	48.41	47.00	48.36	49.85	51.75
一般政府最终消费支出（现价美元：万亿）	2.37	2.44	2.52	2.53	2.55
居民最终消费支出（现价美元：万亿）	10.01	9.84	10.20	10.71	11.15
资本形成总额（现价美元：万亿）	3.06	2.53	2.75	2.86	3.09
GDP 增长率（年百分比）	-0.29	-2.80	2.51	1.85	2.78
官方汇率（1 美元的本币单位，时期平均值）	1.00	1.00	1.00	1.00	1.00
按 CPI 衡量的年通货膨胀率	3.84	-0.36	1.64	3.16	2.07
总人口数（百万）	304.09	306.77	309.33	311.59	313.91
15～64 岁的人口（占总人口的百分比）	67.25	67.20	67.10	66.94	66.74
城镇人口（占总人口的百分比）	81.58	81.86	82.14	82.38	82.63
货物和服务进口（现价美元：万亿）	2.56	1.98	2.36	2.67	2.74
货物和服务出口（现价美元：万亿）	1.84	1.58	1.84	2.10	2.20
外商直接投资流入量（现价美元：十亿）	306.37	143.60	197.91	226.94	167.62
对外直接投资流出量（现价美元：十亿）	308.30	266.96	304.40	396.66	328.87

资料来源：外商直接投资流入量和对外直接投资流出量，United Nations Conference on Trade and Development Statistics (UNCTADSTAT) [DB/OL]. [2014-6-18]. http://unctadstat.unctad.org/TableViewer/tableView.aspx?ReportId=88.

其他项目，World Development Indicators (WDI) [DB/OL]. [2014-6-18]. http://data.worldbank.org/data-catalog/world-development-indicators.

表 21　越南主要经济指标统计

项　目	年　份				
	2008	2009	2010	2011	2012
GDP（现价越南盾：万亿）	1616.05	1809.15	2157.83	2779.88	3245.42
GDP（现价美元：十亿）	99.13	106.01	115.93	135.54	155.82
GDP（2005 年不变价美元：十亿）	69.79	73.56	78.28	83.17	87.53
人均 GDP（现价美元：千）	1.16	1.23	1.33	1.54	1.76
一般政府最终消费支出（现价美元：十亿）	5.58	6.13	6.95	8.01	9.24
居民最终消费支出（现价美元：十亿）	70.26	72.61	77.17	89.93	100.50
资本形成总额（现价美元：十亿）	36.18	39.40	41.38	40.32	42.45
GDP 增长率（年百分比）	5.66	5.40	6.42	6.24	5.25
官方汇率（1 美元的本币单位，时期平均值）	16302.25	17065.08	18612.92	20509.75	20828.00
按 CPI 衡量的年通货膨胀率	23.12	7.05	8.86	18.68	9.09
总人口数（百万）	85.12	86.03	86.93	87.84	88.77
15～64 岁的人口（占总人口的百分比）	68.78	69.44	69.97	70.34	70.58
城镇人口（占总人口的百分比）	29.15	29.77	30.39	31.04	31.68
货物和服务进口（现价美元：十亿）	83.25	77.75	92.99	113.21	119.24
货物和服务出口（现价美元：十亿）	69.72	66.76	83.47	107.61	124.70
外商直接投资流入量（现价美元：百万）	9579.00	7600.00	8000.00	7430.00	8368.00
对外直接投资流出量（现价美元：百万）	300.00	700.00	900.00	950.00	1200.00

资料来源：外商直接投资流入量和对外直接投资流出量，United Nations Conference on Trade and Development Statistics (UNCTADSTAT) [DB/OL]. [2014-6-18]. http://unctadstat.unctad.org/TableViewer/tableView.aspx?ReportId=88.

其他项目，World Development Indicators (WDI) [DB/OL]. [2014-6-18]. http://data.worldbank.org/data-catalog/world-development-indicators.

（南开大学 APEC 研究中心整理）

南开大学出版社网址：http://www.nkup.com.cn

投稿电话及邮箱：　022-23504636　　QQ：1760493289

QQ：2046170045(对外合作)

邮购部：　022-23507092

发行部：　022-23508339　　Fax：022-23508542

南开教育云：http://www.nkcloud.org

App：南开书店 app

南开教育云由南开大学出版社、国家数字出版基地、天津市多媒体教育技术研究会共同开发，主要包括数字出版、数字书店、数字图书馆、数字课堂及数字虚拟校园等内容平台。数字书店提供图书、电子音像产品的在线销售；虚拟校园提供 360 校园实景；数字课堂提供网络多媒体课程及课件、远程双向互动教室和网络会议系统。在线购书可免费使用学习平台，视频教室等扩展功能。